HR 3.0
성공사례 ROI
ROI in Action Casebook

Patricia Pulliam Phillips · Jack J. Phillips 편저
이 성 · 임강모 · 조현지 공역

학지사

역자 서문

교육담당자라면 누구나 교육훈련에 대한 성과 측정에 관심이 많을 것이다. 관심 정도가 아니라 교육에 따른 성과를 측정해야 한다는 부담감을 안고 있을 것이다. 그러나 우리나라에서는 ROI 측정을 시도하는 사례가 많지는 않은 것 같다.

역자는 ROI에 관련해서 많은 강의를 해 왔다. 강의 때마다 가장 많이 듣는 질문은 'ROI 측정이 가능한가?'였다. 이러한 질문을 하는 사람의 의중은 두 가지다. 하나는 실제로 하고 싶은데 방법을 모르겠다는 것이고, 다른 하나는 'ROI 측정이 불가능한데 어떻게 측정한다는 것인가?'다. 역자는 당연히 ROI 측정은 가능하다고 대답한다. 수많은 ROI 사례집과 관련 논문이 발간되고 있고, 자격과정이 운영되는 등 다양한 사례가 있다는 점에서, ROI를 측정하는 사람들이 우리를 속이고 있는 것이 아니라면 분명 ROI 측정은 가능하다.

그런데 왜 우리나라에서는 ROI 측정 사례가 많지 않은 것일까? 여러 가지 이유가 있겠지만 무엇보다도 국내의 HR 관계자들이 ROI에 대해 잘못된 이해와 시도를 하고 있기 때문이라고 생각한다.

이 책에는 이러한 우려를 불식시키는 좋은 사례가 담겨 있다. 특히 이러한 사례집의 하나인 코칭프로그램의 경우에는 ROI 측정을 위해 코칭

성과와 직결된 부분을 코칭 영역으로 선정하여 코칭프로그램을 개발하고 있다. 즉, ROI를 고려하면 ROI 산출식의 분자에 해당하는 교육효과 요소나 역량이 무엇인지를 사전에 정확히 파악하고, 이를 교육프로그램을 통해 갖추도록 프로그램을 설계하게 된다는 것이다. ROI를 고려하지 않고 코칭프로그램을 기획한다면 대상자에 대한 요구분석을 기반으로 하여 코칭 내용을 결정한다. 그 역시 의미가 있을 수 있지만 ROI를 기획하면 대상자의 요구 중에서 경영성과와 밀접한 관계가 있는 요구를 선별하여 코칭프로그램에 반영하게 되고 이 코칭프로그램의 성과가 더 높아진다. 이러한 의미에서 ROI의 의미가 있다. 그러나 우리나라의 적지 않은 전문가들은 ROI가 200%로 나오면 측정 과정에서의 발생 가능한 오류나 문제점을 제기하며 정확하지 않은 방법이라고 지적하는 경향이 많다. 그러나 동일한 측정 방법과 기준을 적용했을 때, 유사 과정이나 이전 과정과의 비교가 가능할 것이며 이러한 ROI가 나오게 하는 성과 요소가 무엇인지에 대한 확인이 가능하다는 점에서 매우 유용한 정보가 될 것이다.

어떤 사람은 ROI 측정이 가능하다고 생각하고 다양한 방법을 통해 ROI 측정을 시도한다. 반면 어떤 사람은 ROI 측정은 불가능한 것이라고 가정하고 어떠한 시도도 하지 않는다. ROI 연구소를 운영하고 있는 Jack Phillips는 ROI 측정 가능성과 관계없이 후자보다 전자가 교육성과 측정 및 교육훈련 프로그램 개발, 운영, 경영층의 지원 측면에서 훨씬 더 많은 성공을 얻고 있다고 말하고 있다. ROI의 근본적인 목적이 여기에 있다. 이러한 점에서 이 책을 기반으로 국내의 많은 조직에서 보다 많은 ROI 측정 시도가 있었으면 하는 바람이다.

역자를 대표하여

이 성

이 책에 대하여

이 주제는 왜 중요한가

금융분야에서의 ROI는 공장, 장비, 회사의 가치를 측정하는 데 100년 이상 활용되어 왔지만 최근에야 이 개념이 학습과 개발, 인적자원, 기술, 품질, 마케팅 등 다른 지원 영역에 응용되었다. 많은 기관에서 학습과 개발 분야에서의 ROI 사용이 일상적인 것이 되었다. 지난 10여 년간 수백 개의 조직에서 많은 프로젝트와 프로그램의 효과를 입증하기 위해 ROI 과정을 이용해 왔다.

이런 와중에서 전문가들과 현장 실천자들에게는 이러한 과정을 성공시키는 데 도움이 되는 도구, 기본 틀, 조언, 설명, 예시와 세부사항이 필요했다. 이런 도움 없이 프로젝트와 프로그램의 가치를 보여 주는 ROI 방법론을 이용한다는 것은 어렵다. 쉽게 말하면, 현장의 실천자들에게는 이 과정을 수행하는 데 필요한 자원을 최소화하기 위한 왕도와 증명된 기법이 필요하다. 이러한 현장 실천자들의 요구가 이 책 시리즈와 이어지는 사례연구 모음을 만들게 하였다. 이 시리즈에는 조직 안에서 ROI 방법론이 성공하는 데 필요한 자세한 사항을 실었다.

이 책이 왜 중요한가

ROI 방법론은 세계에서 가장 많이 적용된 평가 방법이고, 그 활용은 대단하다. 이것을 적용하기 위해 만든 5일짜리 인증 프로그램에 5천 명 이상이 참가하였다.

이 방법으로 모든 프로그램을 평가할 수 있다. 회사 임원들은 프로그램 리더와 팀에 신뢰도를 요구하는데, 이 책과 시리즈에 나온 정보를 활용하면 유용하다. 이 책에는 회사에서 프로그램, 프로젝트, 정책의 가치를 증명하는 데 ROI 방법론을 어떻게 사용하는지에 대한 14편의 실제 사례연구가 실려 있다.

이 책은 어떻게 조직되어 있는가

이 책에는 ROI 실행의 시작부터 끝까지 과정에 대한 14편의 사례연구가 실려 있다. 각 장에서는 평가를 받는 프로그램에 대한 초록을 제공하고, 자세한 회사 상황과 평가의 목적을 기술하고 있다. 또한 각 장에서는 자료를 수집하고, 프로그램의 효과를 분리하며, 금전적 이익을 계산하고, 자료를 금전적으로 변환하며, 결과를 이해 관계자들에게 보고하는 데 ROI 방법론을 어떻게 사용하는지에 대해서 자세히 제시하고 있다. 저자들은 측정 과정을 통해서 배운 교훈을 분석하고, 방법론을 어떻게 사용할지에 대한 토론을 이끄는 데 활용할 수 있도록 독자를 위한 질문들을 제공하고 있다.

제1장에서는 통신장비 제조회사가 효과적인 회의 기술프로그램의 ROI를 어떻게 측정하는지를 보여 주고 있다. 제2장에서는 글로벌 호텔 체인이 ROI 방법론을 활용하여 비즈니스 코칭프로그램에 대한 ROI를 측정한 방법을 보여 주고 있다.

제3장, 제5장, 제9장에서는 각각 제약회사, 국제적인 호텔 체인, 비영리 조직 정보 기술 산업 협회에서 영업교육 프로그램을 어떻게 평가하는지에 관한 사례를 소개하고 있다. 제7장에서는 가공식품 산업에서 제조업을 하는 회사에 대한 실행과 품질교육 프로그램의 ROI를 평가하는 방법을 소개하고 있다.

제4장에서는 글로벌 컴퓨터 회사의 경력개발 프로그램의 성과를 측정하는 데 ROI를 활용하고 있고, 제6장에서는 글로벌 미디어 회사에서 신입직원의 유지를 위한 코칭프로그램의 ROI 측정 및 활용방법론을 소개하고 있다.

제8장에서는 다양한 프로그램 중 하나로서 전문대학의 전문성 개발 의 날 프로그램에 대한 ROI를 측정하는 것을 소개하고 있다. 제10장은 약국 수익관리회사의 전자문서화 툴(tool)에 대한 ROI 측정 사례다. 제11장은 건강관리회사의 성과향상훈련프로그램의 ROI를 예측한 사례다. 제12장에서는 담보대출 회사의 협상기술 훈련에 관한 ROI 측정 사례를 보여 주고 있다.

제13장에서는 자동차 바퀴를 제조하는 회사의 '사실 경영(Manage By Fact: MBF)' 프로그램의 운영에 대한 ROI 측정 사례를 보여 주고 있고, 제14장에서는 글로벌 구리채굴 회사에서 직원 재교육훈련 프로그램의 가치를 ROI 방법론을 활용해서 증명하고 있다.

이 책에 소개된 사례들에서는 인적자원, 학습과 개발, 성과향상프로그램을 평가하는 데 다양한 방법을 소개하고 있다. 이 사례들은 최종적으로 투자대비 효과에 대한 평가에 초점이 맞춰져 있다. 전체적으로 이 책에서는 폭넓은 분야의 상황, 방법, 기술, 전략, 접근법 등을 제공하고 있으며, 제조업, 서비스업, 정부조직의 사례를 담고 있다. 프로그램의 목표 집단은 모든 사원에서부터 관리자, 기술전문가에 이른다. 또한 현장에서 가장 뛰어난 실행가, 컨설턴트, 연구자들의 성공 전략에 대한 풍부한 정보가 포함되어 있다.

각 사례에서는 구체적인 상황에 대한 이상적인 방법을 불필요하게 제시하지는 않는다. 모든 사례에 있어서 개선과 향상으로부터 이익을 얻을 수 있는 영역을 확인할 수는 있는데, 이는 다른 사람의 사례를 통해 개선하는 학습과정의 한 방법이다. 비록 실행과정이 그 상황에 따라 다르지만 다른 조직에서도 유사한 방법과 기술의 사용이 가능하다.

다음의 '사례연구 개요'에는 이 책에 나와 있는 사례들을 순서대로 간략히 소개하고 있다. 이 표는 특정 프로그램, 대상, 산업에 대한 실행방식을 점검하길 원하는 독자가 쉽게 참고할 수 있도록 만들었다.

사례를 어떻게 이용할 것인가

이 책을 활용하는 여러 가지 방법이 있다. 투자대비 효과에 대한 실례를 보고자 하는 사람이라면 누구에게나 도움이 될 것이다. 편저자들은 다음 네 가지 방식을 추천한다.

1. 이 책은 측정과 평가에 대한 실제적인 적용에 관한 기초자료로 전문가들에게 유용할 것이다. 독자는 각 사례를 분석하고 쪼개서 이슈나 접근법, 가능한 수정 · 보완 또는 향상을 도모할 수 있을 것이다.
2. 이 책은 개인들이 관심 있는 자료를 분석하고, 다른 의견을 제시하며, 방법과 기술에 대한 결론을 도출하는 집단토론에 유용하다. 각 예시 끝에 제공된 질문들은 생동감 있고 흥미로운 토론의 시발점을 제공하고 있다.
3. 이 책은 다른 교재의 부교재로써도 활용할 수 있다. 이 책은 인적자원, 학습개발, 실행향상 프로그램의 결과를 보여 주는 실질적인 예시를 싣고 있다.

4. 마지막으로 이 책은 특히 기본적인 인적자원, 학습개발, 성과향상의 책임이 없는 관리자들에게도 유용하다. 왜냐하면 관리자들이 이런 과정에 지원을 해 주기 때문에 이 프로그램이 생산하는 결과를 이해하는 것 자체가 관리자에게 도움이 된다.

각 조직에서 실행하는 각 프로그램이 독창적이라는 것을 꼭 기억하기 바란다. 비록 비슷한 상황일지라도 한 곳에서 잘된 것이 다른 곳에서는 잘되지 않을 수도 있다. 이 책은 다양한 방법을 제시하고 평가 프로그램이 필요할 때 선택할 수 있는 도구들을 제공하고 있다.

후기

공간의 제약으로 저자들이 의도했던 것보다 몇몇 예시가 짧게 수록되었다. 어떤 정보는 배경, 가정, 전략, 결과에 관한 사항이 삭제되기도 하였다. 예시에 대한 추가적인 정보가 필요하면 다음 주소(jack@roiinstitute.net 또는 patti@roiinstitute.net)로 연락을 주면 좋겠다.

Patricia Pulliam Phillips, Ph.D.와 Jack J. Phillips, Ph.D.

사례연구 개요

회사명	업 종	프로그램	목표 대상
TechnoTel사	텔레커뮤니케이션	효과적 회의 기법	관리자, 감독자, 프로젝트 리더
Nations 호텔	호텔 접객	경영성과 코칭	임원
Biosearch 제약사	제약	영업훈련 효과	영업사원
혁신적 컴퓨터사	컴퓨터	경력개발 프로그램	매니저
Le Meridien 호텔 및 리조트	호텔 접객	영업훈련 프로그램	영업부서장, 미팅 챔피언, 지역영업소 대표
Ruche 미디어 주식회사	미디어	신입직원 유지를 위한 코칭	신입직원
플라스틱 제조회사	가공식품용 플라스틱 용기 제작	조업 및 품질교육	매니저
연합부족 기술대학	교육	전문성 개발의 날 프로그램	교직원
CompTIA	정보 기술	비영리 조직의 세일즈 교육	영업직원
CVS Caremark 약국 관리회사	약국	전자 문서처리시스템	전 직원
지역 병원	건강관리	성과향상 훈련 프로그램	전 직원
ACC 캐피털 홀딩스	대출업	협상 기술 훈련	영업직원
Quality Wheels International	자동차 바퀴 제조업	'사실경영' 훈련	1차 및 2차 매니저
Codelco사	구리 채산 및 제조	직원 훈련	광산 장비 운영, 추출 트럭 운전

머리말

이 책의 필요성

이 사례연구는 ROI 워크숍, 발표, 자격과정에서 사용할 수 있도록 엄선됐으며, 교재로 활용할 수 있도록 설계되었다. 또한 스스로 학습해서 경험할 수 있게 작성되었다. 이 ROI 방법론을 처음 도입한 초기부터 사례연구에 대한 요구가 있었다. 대부분의 청중은 자신의 특정한 상황에 맞는 실제 사례를 보고 싶어 하였다. 이러한 사례연구에 대한 요구가 사례연구의 출판으로 확대되는 계기가 되었다. 이런 요구는 계속되었다. 현장의 실행가들은 다양한 프로젝트, 프로그램, 상황 속에서 활용할 수 있는 여러 사례를 원했다. 그들은 관련된 모든 이슈와 관심, 기회가 다양한 실제 상황에서 어떻게 ROI가 작동되는지를 보고 싶어 했다.

활용 대상

이 책은 인적자원, 학습개발, 성과향상과 관련된 일을 하는 누구에게나 관심거리가 될 수 있다. 주된 대상은 프로그램의 가치를 결정하고 프로그램이 조직의 전략적 목표에 어떻게 기여하는지를 보이려는 현장 실천자들이다. 이런 현장 실천자들은 실제 현장의 예를 요구하는데, 모델, 방법, 전략, 이론이 너무 많고 실제로 적용해서 변화를 만드는 것은 정말 있을 수 없다고 우려를 표시한다. 이 책은 체계적인 평가과정 실행의 예를 보여 주고 있기 때문에 현장 실천자들의 요구를 충족시킬 것이다.

독자는 이 사례집이 재미있고 흥미롭다는 것을 알게 될 것이다. 추가적인 논의가 필요한 질문들을 각 사례의 끝 부분에 제시하였는데, 생각과 토론의 자극제가 될 것이다. 사례연구의 내재적인 약점은 각 사례의 끝에 나온 질문들에 포함되어 있다. 이 책을 가장 효과적으로 사용하는 방법 중의 하나는 집단토론을 통해서 이슈, 기법, 방법론, 결과를 개발하고 분리해 보는 질문들을 활용하는 것이다.

사 례

우리는 구체적인 지침에 부합한 사례만을 선택했다. 각 사례연구는 금전적 가치로 환산할 수 있는 자료를 포함하고 있어서 ROI를 계산할 수 있다. 선택된 사례연구는 프로그램의 효과를 분리하는 방법을 사용하고 있는데, 이 분리단계는 프로그램의 진정한 가치를 보이는 데 매우 중요하다. 이 책의 사례연구에 포함된 분리 방법론은 통제집단, 추세분석, 예측, 참가자와 관리자 추정이다.

비슷한 사례들을 정렬해 보려는 시도는 있었지만 양상과 내용이 동일하지는 않다. 개발된 프로그램을 독자가 경험하는 것이 중요하며, 각 특정 상황에 중요한 이슈들을 파악하는 것이 중요하다. 결과는 다양한 형태에 맞춰 발표 형태로 진행된다. 어떤 사례에서는 간략하게 무엇이 일어났고, 무엇이 성취됐는지를 정확하게 요점만을 기술하기도 한다. 어떤 사례에서는 자세한 배경정보를 제공하고 있다. 예를 들면, 프로그램의 필요성이 어떻게 결정됐는지, 사람들의 성격들이 어떻게 반영이 됐는지, 배경과 편견들이 어떻게 특이한 상황을 만들었는지에 대한 것들이다.

감사의 말

우리는 이 사례들을 출간할 수 있도록 허락해 준 고객에게 감사한다. 또한 이 방법론을 함께 적용하면서 얻은 고객의 도움에 크게 감사드린다.

여러 가지 이유로 일부 고객은 자신의 이름과 조직의 이름을 포함시키지 말라고 하였다. 요즘처럼 경쟁이 심하고 새로운 영역에서 탐험을 하는 상황에서 조직과 자신을 밝히지 않은 이유는 이해할 만하다. 그러나 신분을 밝히는 것은 중요한 일이 아니다. 이 사례들은 실제 사람들이 직면했던 실제 상황을 기반으로 하고 있다.

제 안

우리는 여러분의 생각을 환영한다. 우리는 많은 사례를 출간하고 있다. 여러분이 발표, 사례 선택, 사례의 질에 대한 아이디어와 제안이 있다면 우리에게 보내 주기 바란다. 여러분의 의견과 제안을 다음 주소로 연락해 주기 바란다.

ROI Resource Center, P.O.Box 380637, Birmingham, AL 35238-0637, www.roiinstitute.net

Jack and Patti Phillips,

ROI Institute, Inc.

차 례

 제1장

효과적 회의 기법 도입에 따른 ROI 측정 • 21

미국 통신장비 제조회사 사례 —Patricia Pulliam Phillips

 제2장

경영성과 향상 코칭프로그램의 ROI 측정 • 65

글로벌 호텔 체인 사례 —Jack J. Phillips

제13장
사실경영 교육의 ROI 측정 · 361
자동차 바퀴 제조회사 사례 —Alaster Nyaude

 제14장
직원 재훈련 프로그램의 ROI 측정 · 379
글로벌 구리채광 및 제조회사 사례

—Christian Faune Hormazabal, Marcelo Mardones Coronado,
Jaime Rosas Saraniti, & Rodrigo Lara Fernández

제 1 장

효과적 회의 기법 도입에 따른 ROI 측정

-미국 통신장비 제조회사 사례*-

* 본 사례는 토론을 위해 준비된 것으로, 효율적이거나 비효율적인 행정 및 운영 실태를 파악하기 위한 것이 아니다. 따라서 본 사례에 거명되는 이름, 날짜, 장소, 기업은 저자와 기업의 요청에 의해 가명으로 처리하였다.

Patricia Pulliam Phillips

요 약

지루한 긴 회의로 인해 많은 직장에서의 업무 생산성이 심각하게 저하되고 있다. 이 사례는 미국의 통신장비 제조회사에서 회의 진행 시간, 회의 횟수, 회의 참가자 수를 줄인 결과에 대한 ROI를 측정한 것이다. 구체적으로 2일 동안 관리자와 감독관을 대상으로 회의의 계획부터 회의를 관리하고 진행하는 기법까지를 교육한 워크숍에 대한 ROI 측정 사례다. 교육담당 임원(Chief Learning Officer: CLO)과 대표이사와의 면담을 포함한 요구분석을 통해 현업 적용도와 경영성과 기여도 항목을 선정하였다.

교육 전 자료는 회의 관련 자료를 분석하여 수집하였고, 교육 후 자료는 질문지를 통해 수집하였다. 회의 진행 시간의 축소, 횟수의 감소, 회의 참가자 수의 감소 등의 자료는 참가자에 대한 설문조사를 통해 분석하였다. 회사가 보유하고 있는 급여와 복지에 대한 표준값을 활용하여 시간당 참가자들의 비용을 분석한 후, 교육효과의 금전적 가치를 계산하기 위해 교육 결과로 절약된 회의 참가자들의 시간을 분석하였다. 교육과정 운영에 따른 제반 비용도 역시 계산하였다.

프로그램 개발의 필요성

TechnoTel사는 전기통신 장비 제조회사다. 세계적으로 22개의 공장이 있는데, 이 사례는 독일의 프랑크푸르트 공장을 대상으로 한 사례다. 요구분석 결과, 관리자와 감독자들이 회의 준비, 진행, 회의 후의 사후 관리 능력 등 효과적인 회의 진행 기술이 부족한 것으로 밝혀졌다. 프랑크푸르트 공장 교육담당 임원과 사장을 대상으로 요구분석을 실시했다.

사장은 교육담당 임원에게 교육이 프로그램 개발과 운영에만 너무 많은 관심이 집중되고 있다면서, 사장이 참석한 회의 석상에서 교육담당 임원이 다른 임원들 앞에서 상당히 많은 교육 프로그램을 개발하여 운영하고 있다고 설명한 사례를 예로 들었다. 그는 교육담당 임원에게 제조업에서 가장 중요한 것은 품질을 향상시키면서 동시에 적은 비용으로 보다 많은 산출을 만들어 내는 효율성이라고 강조하였다.

사장: 제조 부문에서는 품질 향상은 물론이고 적은 비용으로 최대의 산출을 내는 효율성을 강조합니다. 우리 회사가 재무적으로는 건실하게 운영되고 있지만 우리의 자원들을 좀 더 잘 활용하는 방안이 필요하다고 생각합니다. 사람에 대한 투자라 할지라도 우리가 하는 투자에 대해서 최대의 성과를 내고 있다는 사실을 확인할 수 있기를 바랍니다.

하지만 주위를 둘러보면 낭비 요소가 많다고 생각합니다. 특히 시간이 가장 큰 낭비 요소라고 생각합니다. 회의와 교육이 대표적으로 비생산적인 활동이라고 생각합니다. 예를 들면, 우리 공장의 관리자와 감독자들은 기술적으로는 우수하지만 효과적인 회의를 운영하지 못하는 것 같습니다. 회의 시 자신들이 생각해서 필요하다고 판단되는 사람들은 회의에 다 참석하도록 하고 있는데, 실제 회의 참가자들의 절반 정도는 시계를 보거나 블랙베리 폰 확인 또는 디자인 모델 프로세스를 생각하고 있는 등 관심을 딴 데 두고 있습니다. 일단 회의가 진행되면 회의 진행을 위한 절차나 안건을 확인하기 힘듭니다. 회의는 항상 예정된 시간을 초과해서 끝납니다. 더구나 사소한 건에 대한 회의를 갖습니다. 회의에 많은 시간을 보내는데, 회의에 참석하기만 하고 회의 결과로 남는 것은 아무것도 없는 경우가 많습니다.

사장의 주요 관심사는 회의에 많은 시간을 허비하고 있다는 것이었다. 즉, 사장은 다음과 같은 지적을 한 것이다.

- 회의가 지나치게 많음
- 회의에 참석하는 직원의 수가 매우 많음
- 회의가 매우 장시간 동안 이루어짐

사장은 회의 시간은 곧 예산의 낭비와 생산성 저하를 의미한다고 설명했다. 회의 개최에 따른 정확한 예산 낭비의 정도는 계산하진 않았지만 회의에 따른 생산성 저하에 따른 비용은 연간 수십만 달러인 것으로 밝혀졌다.

왜 그렇게 회의가 많고, 회의 참가자가 많으며, 또한 회의를 길게 하는지에 대한 분석이 필요하다는 결론을 내렸다. 사장은 필요 이상으로 생산성을 해치지 않는 범위 내에서 교육담당 임원이 회의 문제에 대해 보다 심도 있게 분석하는 데 동의했다. 관리자, 감독자, 프로젝트 리더, 회의에 자주 참가하는 직원 등 8명이 포함된 3개의 포커스 그룹(focus groups)을 구성하여 사장이 지적한 회의 문제의 원인을 분석하였다.

포커스 그룹

포커스 그룹을 선정하기 전에 사장은 자신이 많은 회의가 있었던 원인을 파악하는 데 교육이 도움이 되었다고 공식적으로 언급하면서 원인이 파악되면 다양한 해결책에 대한 고려가 필요하다고 하였다. 해결 방안을 선정하는 기준은 잠재적인 효과성 및 비용, 편리성 등이었다.

각 포커스 그룹은 최대 2시간까지 공장에서 모임을 가졌다. 포커스 그룹에는 일반 직원을 포함한 150명의 관리자, 감독자, 프로젝트 리더를 선정하였고, 각 포커스 그룹으로 다시 무작위로 배정하였다. 특정 포커스 그룹에 참여하기로 되어 있는 직원이 문제가 발생하여 지정된 시간에 참여하지 못하는 경우도 있었다. 이러한 경우에는 자신이 참여할 수 있는 시간을 고려하여 다른 사람과 포커스 그룹 회의 참가 시간을 맞바꾸도록 하였다. 특히, 선정된 참가자가 참여 의지가 약할 경우에는 새로운 포커스 그룹 참가자로 교체하였다.

포커스 그룹은 매우 체계적으로 구성되었고, 주로 사장이 지적한 경영상 문제점의 원인 분석에 초점을 맞췄다. 각각의 경영상의 문제점을 플립차트 한 장에 하나씩 적은 후 포커스 그룹 전원에게 커다란 포스트잇을 나눠 주었다.

퍼실리테이터가 포커스 그룹에게 포커스 그룹을 구성한 목적을 설명했으며, 각각의 플립차트에 적힌 경영상의 문제점을 보여 주었다.

- 지나치게 많은 회의가 있음

각 참가자들에게 주어진 주제에 대해 각각 2분씩 의견을 말하도록 한 다음, 퍼실리테이터가 플립차트에 적힌 두 번째 문제를 설명하였다.

- 그렇게 많은 회의와 관련하여 현업에서는 무슨 일이 발생하고 있으며, 무슨 일이 진행되지 않고 있는가?

포커스 그룹 참가자들에게 각자가 생각하는 원인을 포스트잇 한 장에 하나씩 적도록 한 후 플립차트에 붙이도록 하였다. 퍼실리테이터가 참가자와 함께 포스트잇을 비슷한 의미가 있는 내용끼리 유목화한 후, 유목별로 토론을 거쳐 각각의 문제를 구체화하였다.

그런 후 퍼실리테이터가 플립차트에 다른 문제를 적었다.

- 현장에서 많은 회의 개최의 원인이 되는 문제(일이 발생하거나 발생하지 않는 현상)를 해결하기 위해 필요한 지식, 기술, 정보는 무엇인가?

포커스 그룹 참가자들은 반복하여 포스트잇에 의견을 제시하였으며, 퍼실리테이터는 그 의견을 비슷한 의견끼리 모아 플립차트에 배열하였다. 마지막으로 다음과 같은 질문을 플립차트에 적었다.

- 많은 회의의 원인이 되는 현장에서의 문제점을 해결하는 데 필요하다고 파악된 지식, 기술, 정보를 어떤 방식으로 가장 잘 표현할 수 있을까?

다시 한번 참가자들이 자신들의 의견을 적었으며, 역시 응답한 내용을 비슷한 유목끼리 묶었다. 다른 두 개의 경영상의 요구사항을 분석하기 위해 직무성과 요구(job performance needs), 학습 요구(learning needs), 지식을 습득하는 방식에 대한 해결 방안을 파악하기 위해 앞과 같은 절차를 반복하였다.

퍼실리테이터가 교육담당 임원의 도움을 받아 참가자들이 내놓은 의견을 검토한 후 해결 방안과 함께 사장에게 요약표를 제출하였다. 〈표 1-1〉이 포커스 그룹이 내놓은 결론을 정리한 것이다.

⟨표 1-1⟩　요구분석의 요약

요구 수준	요구
경제적 요구	경제적 기회요인 및 문제는 무엇인가? －분석되지 않은 금액 －회의에 소요된 시간을 금액으로 환산했을 때의 가치
경영상 요구	경영상의 구체적 요구는 무엇인가? －지나치게 많은 회의 －지나치게 많은 회의 참가자 －지나치게 긴 회의 시간
직무 성과 요구	현업에서 경영상의 요구의 원인이 되는 일은 어떤 것들이 있는가? －회의가 비계획적임 －회의 전에 회의의 주제를 정하지 않음 －회의의 주제를 제시하지 않음 －불필요한 회의에 대한 시간 및 비용 개념이 부족함 －회의 진행 기술이 미숙함 －회의 결과가 실행으로 옮겨지지 않음 －회의 중 발생하는 갈등이 적절하게 해결되지 않음 －적절한 회의 참가자 선정이 이루어지지 않음 －효율적인 회의 관리 관행이 없음 －회의가 비용이라는 개념이 부족함
학습 요구	현업의 문제를 해결하는 데 필요한 지식, 기술, 정보는 어떤 것이 있는가? －회의의 범위와 비용을 파악하는 능력 －기본적인 회의의 이슈 및 역동성에 대한 긍정적·부정적 함의를 파악하는 능력 －효과적인 회의 진행 능력
해결 방안	어떻게 하면 이러한 지식, 기술, 정보를 가장 잘 전달하여 현장에서 이러한 문제를 해결할 수 있도록 할 수 있을까? －퍼실리테이터 주도의 워크숍 －현업 활용 도구(job aids and tools) 제공 －필요한 관련 정보 및 유용한 정보 제공

해결 방안

요구분석 및 이틀간의 워크숍 요약 결과를 사장에게 보고하였으며, 다음 내용들을 워크숍을 통한 프로그램의 목표로 결정하였다.

- 회의 준비, 진행, 사후관리를 위한 활용 도구와 기법의 습득
- 회의 참석자들의 다양성에 대한 이해
- 회의에 보다 효율적으로 참석하고 주도하는 전략 습득

이러한 프로그램 목표 이외에도 회의를 보다 짧게 여는 것, 회의 개최 횟수를 줄이는 것, 회의 참석자 수를 줄이는 것 등도 프로그램의 결과물로 정했다.

프로그램 설계

결정된 프로그램의 목표를 달성하기 위한 2일짜리 효과적 회의 기법 습득 워크숍에는 기법 중심의 실습과 과제, 그리고 다양한 지식 중심의 실습이 포함되었다. 〈표 1-2〉는 프로그램의 전체 개요다.

회의 기법을 현업에서 적극 활용할 수 있도록 하기 위해 간단한 실행 계획을 작성하도록 하여 참가자들이 새로운 사항이나 자신의 바뀐 회의 진행 행동을 파악할 수 있도록 하였으며, 향후에 회의를 진행할 때 개선된 내용들을 점검할 수 있도록 하였다. 실행계획이 프로그램의 중요한 부분이기도 하지만 프로그램이 끝난 후에 실행계획을 활용하여 참가자들이 현업에서 실제로 회의 지식과 기법을 활용하는 데 사용할 수 있도록 설계한 것이다.

〈표 1-2〉 효과적 회의 프로그램의 개요

1. 회의 참가자가 작성한 회의 활동 프로파일
2. 효과적 회의에 대한 정의
3. 효과적 회의에 대한 기준
4. 비효율적 회의의 원인들
5. 효과적 회의를 진행하는 비결(tips)
   ① 회의 목적을 결정하라.
   ② 회의 유형을 인식하라.
   ③ 회의 좌석을 적절하게 배치하라.
   ④ 회의 의제를 준비하라.
   ⑤ 적절한 회의 참가자를 소집하라.
   ⑥ 회의 진행 시 기본 규칙을 정하라.
   ⑦ 회의를 종료한 후 향후 계획을 세워라.
6. 기법 실습
7. 회의에서의 주요 역할들
8. 회의 과제(meeting tasks)
9. 회의 참가자들의 개인적 특성
10. 회의 후 설명 모델(debriefing model)
11. 브레인스토밍
12. 의사결정
13. 참여 촉진
14. 집단역동 관리
15. 문제성 있는 참가자 관리
16. 피드백 제공하기
17. 갈등 관리
18. 회의 시뮬레이션/실습
19. 실행계획 요구사항

　실행계획과 함께 회의 프로파일을 제공하여 현재의 회의 수준과 비용을 파악할 수 있도록 하였으며, 프로그램 결과로 향상된 내용을 비교하기 위한 기초자료도 제공하였다. 〈표 1-3〉은 프로그램에서 활용된 회의 프로파일이다.

〈표 1-3〉 회의 프로파일

현재 회의 활동(프로그램 시행 1개월 전)		
매달 개최되었던 회의 수	_____	A
매달 각 회의에 참가했던 참가자 수	_____	B
각 회의의 평균 진행 시간(시간으로 표시)	_____	C
회의에 소요된 전체 시간(A×B×C)	_____	D
참가자의 시간당 평균 임금(급여 및 복리후생)	_____	E
전체 회의 비용(D×E)	_____	F

프로그램 대상 집단

프로그램의 대상에는 TechnoTel사에 근무하는 모든 관리자, 감독자, 프로젝트 리더가 포함되지만 생산부서에서의 회의 문제가 더 심각하였다. 사장은 150명인 관리자 전원에 대해 회의 감소 프로그램을 시행하기를 바랐다. 하지만 생산 차질에 대한 염려와 새로운 교육 프로그램을 시행하는 것에 대해 회의적인 태도를 보이면서 이번 프로그램에 투자한 만큼의 성과를 가져왔다는 것을 보여 줄 것을 요구했다. 사장은 관리자들을 24명씩 3개 반으로 편성하여 교육을 실시하고 프로그램 성과에 대한 종합적인 평가를 하도록 최종 승인하였다. 그는 프로그램에 대한 효과 분석이 전체 150명 중 72명을 대상으로 실시될 예정이므로 비용도 72명에 대한 것만 반영된다는 사실을 이해함과 동시에, 이번 프로그램의 프로세스에 대한 가치 확인과 교육이 교육활동 자체 이상의 것이라는 확신을 가져다주기를 바랐다. 사장은 프로그램에 투자된 것보다 많은 가치가 창출되어야 한다는 전제 또한 강조하였다.

평가 요구

본질적으로 사업적인 측면에서의 관심사나 사장의 관심사는 투자효과에 대한 분석이다. 사장은 프로그램을 실시한 결과로 어느 정도의 회의감소나 회의 참가자 감소를 가져올 것인지에 대한 관심뿐만 아니라 프로그램 운영에 직원들이 참여함에 따른 투입 비용을 초과하는 이익이 있는지 여부에도 관심이 있었다.

프로그램을 전반적으로 향상시키기 위한 자료 수집을 바라는 교육부서의 요구사항과 투자수익률 보장을 바라는 사장의 바람을 충족하기 위해 교육부서의 직원들은 종합적인 평가계획을 수립하였다. 이에 따라 교육부서 담당자는 ROI 방법론에서 제시하고 있는 모든 단계에 대해 평가를 실시하였다.

평가 방법론

TechnoTel사에서 효과적 회의 기법 프로그램을 시작하기 2년 전부터 회사의 교육에 Phillips가 2003년에 제시한 ROI 방법론을 적용해 왔다. TechnoTel사는 다음과 같은 사항을 충분히 지키고 있었기 때문에 Phillips의 ROI 방법론을 적용할 수 있었다.

- 균형 있는 측정치를 보고하고 있다.
- 방법론적으로 순차적인 프로세스를 따르고 있다.
- 보수적이며 신뢰할 만한 결과치를 유지하려는 기준과 철학을 고수하고 있다.

〈표 1-4〉에 나온 것처럼 ROI 방법론에서는 평가를 위해 5단계의 평가 자료를 유목화한다. 이 5단계의 평가 단계는 프로그램의 성공 여부를 나타내 주며, 프로그램의 경제적 효과뿐만 아니라 참가자들의 프로그램에 대한 생각과 학습 전이의 성공 여부까지도 나타내 준다.

〈표 1-4〉 평가 방안

단 계	측정 주안점
Ⅰ. 반응도, 만족도 및 실행 계획	프로그램에 대한 참가자 만족도를 측정하고, 필요한 경우 실행 계획 변화를 파악한다.
Ⅱ. 학습 성취도	프로젝트와 관련된 지식, 기술, 태도에서의 변화를 측정한다.
Ⅲ. 현업 적용 및 이행	현업의 행동 또는 활동에서의 변화를 측정한다.
Ⅳ. 경영성과 기여도	사업성과상의 변화를 측정한다.
Ⅴ. 투자 수익률(ROI)	프로그램의 편익을 비용과 비교한다.

1단계: 반응도, 만족도 및 실행 계획

가장 아래 단계인 1단계는 TechnoTel사에서 흔히 활용해 온 단계다. 반응도 또는 만족도 측정은 과정이 끝날 때 취합하는 표준화된 질문지를 활용하여 자료를 수집하여 실시한다. 실행 계획은 주로 실행계획을 이용해 측정하나, 실행계획을 활용하기 어려운 경우에는 교육생들이 교육 과정에서 학습한 내용을 활용하려는 의지를 묻는 질문을 교육과정이 끝나는 마지막 시간에 질문지에 포함하여 측정하기도 한다.

TechnoTel사의 교육부서에서는 주로 교육담당자만 관심이 있거나 단순히 학습 프로세스를 개선에 활용할 목적으로 다양한 방식으로 반응도나 만족도를 측정하는 데 많은 관심이 있었다. 평가 1단계는 주로 학습 환경에 대한 학습자의 인식이나 교육과정 설계와 운영에 대한 내용이다. TechnoTel사의 경영층이 모든 프로그램에 대해 현업에서의 활용 가능성

에 관심이 많았기 때문에 1단계 평가를 위한 질문지에 다음과 같은 5개의
질문을 포함시켰다.

1. 프로그램이 참가자들의 실무와 관련되어 있는가?
2. 프로그램이 참가자들의 직무에 중요한가?
3. 참가자들이 프로그램에서 배운 내용을 활용하려고 하는가?
4. 프로그램이 참가자들에게 새로운 정보를 제공하고 있는가?
5. 참가자들이 교육 후에 다른 직원들에게 해당 과정을 추천하겠는가?

1점에서 5점(1=매우 불만족, 5=매우 만족)까지의 평가척도를 활용하여
측정한 결과, 4점 이상인 경우에만 적절한 과정으로 인정하였다. 4점 이
하를 받은 과정은 별도 관리하였으며, 향후에 있을 과정을 개선하기 위한
조치를 취했다.

2단계: 학습 성취도

교육과정 중에 교육 참가자들이 숙지한 지식과 기술은 자신의 행동을
변화시키는 능력과 직결된다. TechnoTel사에서의 학습 성취도 측정은 시
험, 퍼실리테이터에 의한 측정, 동료 평가, 자가측정, 관찰, 성찰적 사고
기록 등 다양한 방법을 활용하여 이루어지고 있다. TechnoTel사에서는
학습 성취도 측정을 통해 다음과 같은 내용을 파악하고자 하고 있다.

1. 교육 참가자들이 자신이 해야 할 것과 어떻게 하는지에 대해 이해하
   고 있는가?
2. 교육 참가자들은 자신이 새로 습득한 지식과 기술을 현장에서 활용
   하겠다는 확신을 갖고 있는가?

3단계: 현업 적용 및 이행

대부분의 프로그램에 대해 TechnoTel사의 감독자나 관리자는 직원들이 배운 내용을 현장에서 어떻게 활용하고 있는가에 관심이 많다. 이런 경우에는 자가작성 질문지, 360도 다면평가, 관찰, 포커스 그룹, 인터뷰 등 다양한 방법을 활용해서 3단계를 측정한다. 학습전이가 잘 일어나기 위해서는 단순히 프로그램에 참가하는 것 이상으로 조직의 관리, 기술 등의 조직시스템이 중요하기 때문에 조직 차원에서 학습전이를 얼마나 잘 지원해 주고 있는지에 대한 자료 수집도 중요하다. 이러한 점에서 다음과 같은 3개의 기본적인 질문을 3단계 측정을 위해 고려하였다.

1. 참가자들이 자신의 방법, 행동, 성과를 얼마나 변화시켰는가?
2. 참가자들이 지식, 기술을 현업에 적용하려고 할 때, 이러한 활동을 지원해 주는 것들은 무엇인가?
3. 참가자들이 자신이 습득한 지식, 기술 등을 적용하려고 하지 않는다면 그 이유는 무엇인가?

4단계: 경영성과 기여도

TechnoTel사에서 운영하는 대부분의 프로그램은 프로그램 운영에 따른 교육효과, 품질, 비용, 시간 등을 매우 중요시하고 있다. 각 프로그램 운영과 관련하여 회사에서는 금전적으로 환산한 것은 아니지만 회사의 관련 자료 분석을 통해 회사의 성공과 밀접한 고객 만족 및 직원 만족에 프로그램이 영향을 미친 정도에 관심이 많다. 4단계에서 질문의 핵심은 "그래서 어떻다는 것이냐?"다. 이러한 기초적인 질문을 통해 회사의 이해관계자들은 교육에 참가한 직원들이 학습을 통해 새로 습득한 지식을 현장에서 적용한 결과를 알 수 있는 것이다.

5단계: ROI

교육과정 운영의 성공 여부를 파악하는 마지막 단계인 ROI는 "프로그램의 운영 결과, 비용을 초과하는 이익이 있느냐?"라는 질문에 대한 답을 준다.

TechnoTel사는 모든 프로그램에 대해 ROI를 측정한 것은 아니지만 비용이 많이 들거나 회사의 경영성과와 관련되어 있는 프로그램, 경영층이 특별히 관심이 있는 과정에 대해서는 ROI를 중요시한다. ROI를 측정하는 교육 프로그램의 ROI 목표는 25%로 결정되었는데, 이 수치는 그간 TechnoTel사에서 다른 분야에 투자한 경우의 투자회수율을 조금 웃도는 수준이다.

1단계부터 5단계까지의 교육효과 측정을 통해 TechnoTel사의 교육부서에서는 교육 프로그램의 성공 여부에 대한 모든 내용을 파악할 수 있는데, 이러한 평가 결과를 활용하여 교육 프로세스를 즉시 개선하거나 학습한 내용의 성공적인 현업전이 및 프로그램이 기대한 성과를 달성할 수 있도록 전반적인 시스템 개선을 도모할 수 있다. TechnoTel사에서는 비용, 금전적 가치 등 ROI 측정 요소와 각 단계의 평가 결과를 활용하여 프로그램에 자원을 투자하기로 한 결정이 현명한 것이었는지를 판단하는데, 해당 프로그램에 대해서만 판단하는 경우도 있고 유사한 결과를 가져올 수 있는 다른 프로그램에 대한 투자와 비교하여 판단하는 경우도 있다.

순차적 측정 프로세스

ROI 측정은 10단계의 방법론적인 절차에 따라 시행된다. [그림 1-1]에 제시한 것처럼, 프로그램의 목표와 평가 계획을 수립하는 것에서부터 시작하여 ROI는 최종 보고서 작성 전에 실행에 필요한 자료를 수집하여 분석하여야 한다.

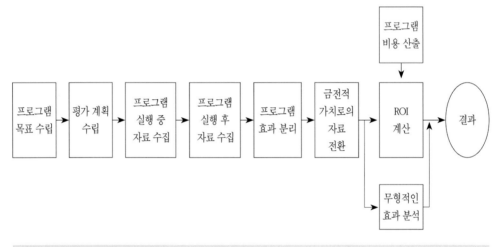

[그림 1-1] ROI 측정 절차™

자료 수집 절차

교육부서에서는 효과적 회의 기법 프로그램 교육과정의 예산이 충분하지 않았기 때문에 신뢰할 만한 결과를 얻으면서도 평가비용을 낮추기 위해 평가에 신중한 접근방법을 활용해야 했으며, 이 때문에 실용적인 방법으로 자료를 수집했다. 자료 수집 절차는 학습 목표와 성공 지표에 대한 검토, 적절한 자료 수집 방법과 가장 신뢰할 수 있는 자료 제공처의 파악,

자료 수집 시기를 결정하는 것에서부터 시작하였다.

프로그램 목표 및 성공지표

요구분석 결과, 관리자들이 효과적인 회의를 진행하는 데 필요한 지식과 기술이 부족한 것으로 밝혀졌다. 효과적 회의 기법 프로그램의 요구분석 과정과 설계 과정을 통해 구체적인 결과물과 관리자들이 교육과정을 통해 배운 새로운 회의 지식과 기술을 적용했을 때의 구체적인 성공지표를 결정하였다. 1단계 평가의 성공지표는 표준적으로 4점(5점 만점)이었고, 5단계 평가인 ROI는 25%로 결정되었다. 2단계, 3단계, 4단계에 대한 성공지표는 프로그램이나 고객의 기대 수준에 따라 다양하게 결정되었다. 이번 프로그램의 경우 워크숍을 진행하는 회사의 사장이 성공지표의 개선에 관심이 있고, 자신이 바라는 수준의 향상이 어느 정도인지에 대해 구체적으로 밝히지는 않았지만 그의 분명한 요구사항은 프로그램 시행에 따른 비용이 이익보다 많아서는 안 된다는 것이었다. 결론적으로 말하면, 프로그램 시행으로 얻은 성과를 금전적으로 환산했을 때 ROI가 적어도 플러스가 되어야 한다는 것이었다. 〈표 1-5〉는 프로그램의 목표와 프로그램의 성공 여부를 판단하는 데 사용된 측정지표를 요약한 것이다.

〈표 1-5〉 효과적 회의 기법 과정 목표 및 성공지표

	광의의 목표	성공지표
만족도 목표	교육과정에서 습득한 지식, 기술과 관련하여 긍정적 반응 및 실행 계획	5점 만점에 4점: • 과정의 연관성 • 과정의 중요성 • 현업 적용 의향 • 신기술 습득 • 타직원에의 추천 여부

	계획된 활동	현업에 복귀해서 각 참가자가 수행할 3가지 활동
학습성취 목표	회의 범위와 비용을 파악할 능력	주어진 비용 가이드라인을 활용하여 지난 3개 회의의 비용을 결정하시오.
	회의 관련 기본적 이슈와 역학관계에서의 긍정적인 점, 부정적인 점, 시사점 등을 파악하는 능력	회의와 관련하여 주어진 30가지의 긍정적 및 부정적 회의 행동에 대해 각 행위의 시사점을 정확하게 파악하시오.
	효과적 회의 기법의 습득	주어진 10개의 역할 연기 시나리오 중에서 8개에 대해 적절한 반응을 서술하시오.
현업 적용 목표	효과적인 회의 기법의 적용	회의 기획과 진행에 관련한 파악된 행동 변화
	현업 적용의 장애 요소	보고된 현업 적용 장애 요소의 수와 종류
	현업 적용의 촉진 요소	보고된 현업 적용 촉진 요소의 수와 종류
경영성과 목표	회의 시간 단축	보고된 단축된 회의 시간
	회의 횟수 감소	보고된 회의 횟수 감소
	회의 참가자 감소	보고된 참가자 감소(감소 시간)
	생산성 향상과 관련한 기타 성과	보고된 시간 감소, 비용 절약, 성과 개선, 품질 향상, 프로젝트 소요 시간 등
ROI	25%	

자료 수집 방법

교육과정을 마친 후 질문지, 실행 계획서, 회의 프로파일, 지필 평가, 실습 관찰, 사후 질문지 등 다양한 방법을 활용하여 자료를 수집하였다. 성공적인 회의를 위한 프로파일을 작성하였는데(〈표 1-3〉 참조), 이 자료는 프로그램 초기에 현재의 회의 수준과 비용을 파악하는 데 활용되었다. 이러한 적용과정을 통해 참가자들이 회의에 소비하는 시간과 회의의 전반적인 비용을 알 수 있었다. 이 자료를 사후 질문지를 통해 파악한 교육 프로그램의 성과를 측정하는 기초자료로 활용하였다. 지필 평가를 통해 기본적인 이슈와 회의 역학과 관련한 지식을 측정하였으며, 실습을 통해 효과적 회의 기법 습득 정도를 측정하였다.

참가자들이 현업에 복귀했을 때 배운 내용들을 어떻게 적용할 것인가를 이해하는 데 실행계획서를 중요하게 활용하긴 했지만, 3단계와 4단계의 사후 자료를 측정하는 방법으로는 사후 질문지를 주로 사용하였다. 〈표 1-6〉은 사후 질문지다.

평가에 소요되는 비용을 최소화하려는 목적으로 교육담당 부서에서는 실행하기 가장 쉬운 자료 수집 방법을 선택하였다. 비용은 회의 관련 자료를 활용하여 산출하였으며, 〈표 1-7〉은 기타 자료 수집 방법을 요약한 것이다.

〈표 1-6〉 효과적 회의 기법 사후 효과분석 질문지

관리자 역할을 담당하고 있습니까?　　　예 □　　　아니요 □

1. 다음은 효과적 회의 교육과정의 목표입니다. 이 교육과정을 마친 후에 여러분이 다음의 각 학습목표에 대해 동의하는 정도에 V표 해 주시기 바랍니다.

이 프로그램을 이수한 결과 참가자들은 다음의 내용을 갖출 것이다.	실패	제한적 성공	성공	매우 성공
회의를 준비하고, 진행하고, 적절히 관리하는 도구와 기법	□	□	□	□
회의에서의 인간 역학에 대한 이해	□	□	□	□
보다 효과적으로 회의에 참석하고, 회의를 주도하는 전략	□	□	□	□

2. 효과적인 회의를 위한 현장 실천 계획을 개발하고 완수했습니까? 예 □ 아니요 □
　 '예'라고 응답한 경우 실천계획의 내용과 결과를 기술하시오. '아니요'라고 응답한 경우, 그 이유를 쓰시오.

_____

_____

3. 1점에서 5점을 활용해서 교육 프로그램과 여러분 직무와의 연계성을 전혀 관련 없음은 1, 매우 관련성이 있음은 5로 표시하시오.

	1	2	3	4	5
상호 활동	☐	☐	☐	☐	☐
집단토론	☐	☐	☐	☐	☐
네트워킹 기회	☐	☐	☐	☐	☐
독서 자료/비디오	☐	☐	☐	☐	☐
프로그램 내용	☐	☐	☐	☐	☐

4. 교육 프로그램에 참여한 이후 제공된 자료를 활용해 왔습니까? 예 ☐ 아니요 ☐ 그 내용을 기술하시오.

_____

_____

5. 효과적 회의 교육과정에 참여한 결과로 다음의 항목, 활동, 행동이 향상된 정도를 표시해 주기 바랍니다.

	변화 없음	조금 변함	다소 변함	상당히 변함	매우 많이 변함	활용 기회 없었음
회의에 효과적으로 참여하기	☐	☐	☐	☐	☐	☐
필요하지 않은 회의 안 하기	☐	☐	☐	☐	☐	☐
회의 참석 인원 최소화	☐	☐	☐	☐	☐	☐
회의 목표 설정	☐	☐	☐	☐	☐	☐
회의 의제 개발	☐	☐	☐	☐	☐	☐
회의 시간 관리	☐	☐	☐	☐	☐	☐
회의 참석자 만족도 향상	☐	☐	☐	☐	☐	☐
적절한 회의 장소 설정	☐	☐	☐	☐	☐	☐
회의 시간의 최적화	☐	☐	☐	☐	☐	☐
회의에 대한 원칙 확인시키기	☐	☐	☐	☐	☐	☐
회의 참가자에 대한 역할 배분	☐	☐	☐	☐	☐	☐
적정 시기에 회의에 대한 공감대 확보	☐	☐	☐	☐	☐	☐
회의에서의 적극적 경청	☐	☐	☐	☐	☐	☐
회의 참가자의 회의 참여 독려	☐	☐	☐	☐	☐	☐
필요시 브레인스토밍 기법 활용	☐	☐	☐	☐	☐	☐
비협조적인 회의 참가자 관리	☐	☐	☐	☐	☐	☐

회의 참가자에게 피드백 제공	☐	☐	☐	☐	☐	☐
회의에서의 갈등 관리	☐	☐	☐	☐	☐	☐
회의 중 회의 주제에 집중하기	☐	☐	☐	☐	☐	☐
회의 목표 달성	☐	☐	☐	☐	☐	☐
회의 프로세스 평가하기	☐	☐	☐	☐	☐	☐
실행계획 수행	☐	☐	☐	☐	☐	☐
사후 활동 계획하기	☐	☐	☐	☐	☐	☐

6. 교육참가 결과, 여러분이 가장 자주 활용한 효과적 회의 활동 다섯 가지를 기술하시오.

_____

_____

_____

7. 여러분의 회의 관련 활동 중에서 어떤 점들이 변했습니까?(회의 횟수 감소, 참가자 수 감소, 회의 시간 단축 등)

_____

_____

_____

8. 다음 양식에 회의와 관련해서 한 달간 절약된 시간을 추정하시오. 이번 프로그램에 참여하기 전 달(month)과 비교할 가장 최근의 달을 정하고 이번 프로그램과 직접적으로 연계된 향상을 기술하되 절약된 시간이 생산적으로 활용된 경우만 기술하시오.

☐ 새로운 계획과 분석을 통해 열지 않은 회의 횟수 _____
☐ 월 기준으로 회의당 절약된 평균 시간(시간 단위) _____
☐ 월 기준으로 회의당 감소한 참가자 수의 평균 _____

9. 앞에서 여러분이 추정한 회의 관련 시간 절약에 대해서 얼마만큼 신뢰합니까? (0% = 전혀 신뢰하지 않음, 100% = 확실히 신뢰함)　(_____)%

10. 여러분이 이번 프로그램과 관련하여 특별한 성취/향상이 있었으면 기술하시오(정확한 시간 준수, 프로젝트 완수, 고객 응대 시간, 의사결정 개선, 보다 많은 아이디어 도출 등).

_____

_____

_____

11. 앞의 성취/향상이 금전적 가치로 얼마나 되겠습니까? 첫 한 해의 가치만 계산하
시오. 이 질문이 어렵긴 하지만 앞의 성취/향상을 금전적으로 환산할 수 있는 구
체적인 방법을 생각해 보기 바랍니다. 금전적 가치와 함께 여러분의 계산 식의
산출 근거를 제시하기 바랍니다.

금전적 가치: _____

계산식 _____

12. 앞에서 여러분이 추정한 회의 관련 시간 절약에 대해서 얼마만큼 신뢰합니까?
(0% = 전혀 신뢰하지 않음, 100% = 확실히 신뢰함)　　　　　(　　　)%

13. 앞의 성취/향상에 다른 요인들이 영향을 미칠 수 있습니다. 앞의 성취/향상에 프
로그램이 직접적으로 영향을 미친 정도를 적으시오.　　　　(　　　)%

상세 내용: _____

_____

14. 여러분은 TechnoTel사의 입장에서 효과적 회의 교육과정이 좋은 투자였다고 생각
합니까?　　　　　　　　　　　　　　　　　　예 □　　　아니요 □

자세한 설명 _____

_____

여러분의 시간 투입은 좋은 투자였다고 생각합니까?　　예 □　　　아니요 □
자세한 설명 _____

_____

15. 여러분이 생각하기에 효과적 회의과정이 귀하의 업무 현장(팀, 과, 본부 단위)에
서 다음 요소들에 영향을 준 정도를 표시하기 바랍니다.

	영향 없음	조금 영향	다소 영향	상당히 영향	매우 많은 영향
생산성	□	□	□	□	□
고객 응대 시간	□	□	□	□	□
비용 통제	□	□	□	□	□
직원 만족도	□	□	□	□	□
고객 만족도	□	□	□	□	□
품질	□	□	□	□	□
기타_____	□	□	□	□	□

16. 이 프로그램에서 습득한 지식, 기술을 활용하는 데 어떤 장애 요인이 있었습니까? 가능하면 기술하여 주시오.

_____

_____

17. 이 프로그램에서 습득한 지식, 기술을 활용하는 데 어떤 촉진 요인이 있었습니까? 가능하면 기술하여 주시오.

_____

_____

18. 이 프로그램에서 기타 어떤 이익이 있었습니까?

_____

_____

19. 이 프로그램을 향상시키기 위한 구체적인 제안을 기술하여 주시오.

_____

_____

20. 기타 제안 사항:

_____

_____

_____

_____

〈표 1-7〉 자료 수집 방법

요구 수준	1단계	2단계	3단계	장애/촉진 요인	4단계	비 용
프로그램 종료 후 질문지	×					
회의 프로파일		×				
지필 평가		×				
실기 실습 관찰		×				
실행계획	×		×			
질문지			×	×	×	
회사 기록						×

자료원

자료가 ROI 분석의 신뢰성과 타당성에 가장 큰 영향을 미치기 때문에 자료 수집 시 ROI 관련 자료를 선정하는 것은 매우 중요한 과정이다. 그렇다면 현재 측정해야 하는 자료에 대해 가장 잘 아는 사람은 누구일까? 효과적 회의 기법 과정의 경우에 가장 중요한 자료원은 참가자들인데, 다음과 같은 점에서 이들이 가장 중요한 자료원이다. 첫째, 워크숍에 참여하고 있는 관리자나 프로젝트 리더들은 자신이 습득한 지식과 기술을 어느 정도 적용해야 할지 잘 알고 있다. 둘째, 이들은 실제로 회의를 계획하고 주도할 사람들이다. 셋째, 지나치게 많은 비생산적인 회의(실제 이들이 회의를 소집하지만)의 비용을 잘 알고 있는 사람들이다. 회의에 참석하는 직원들에게 설문 조사를 하는 것도 유용한 방법일 수 있지만 추가 비용을 수반할 수 있었다. 즉, 직원들이 제공한 정보가 가치가 있겠지만 이러한 직원들이 제공한 정보의 가치가 자료 수집과 분석에 들어가는 비용보다 크지 않을 것 같았다. 따라서 프로그램에 참석한 관리자만을 대상으로 자료를 수집하기로 결정하였다.

원래 150명의 관리자와 감독관을 대상으로 프로그램을 실시할 예정이었으나, 사장의 지시에 의해 72명(3개 반으로 분반)을 대상으로 우선 실시하고 평가하는 것으로 결정되었다. 이렇게 함으로써 평가를 위한 비용과 시간을 줄일 수 있고, 프로그램의 성공 여부를 정확하게 측정할 수 있는 자료를 사장이 원하는 대로 제공할 수 있을 것이다. 이 평가는 기본적으로 72명의 참가자가 성과에 기여한 부분과 이들의 교육에 소요된 비용에 근거해 산출될 것이다.

자료 수집 시기

효과적 회의 기법 워크숍의 경우처럼 종합적 평가를 수행하고자 할 때는 다음 두 가지의 시간적 간격을 두고 자료를 수집해야 한다. 즉, 1단계와 2단계 자료는 프로그램 운영 중에 수집하고, 3단계와 4단계 자료는 참가자들이 학습한 지식과 기법을 일상에서 적용한 적정 시간 이후에 수집한다. 효과적 회의 기법 워크숍의 경우, 이 워크숍에서 습득해야 할 기법의 특성과 관리자가 현업에서 기법을 적용해야 할 다양한 기회를 고려했을 때, 워크숍 후 3개월이 습득한 지식과 기법을 현업에 적용하고 결과를 얻어 내는 데 충분하다는 결론을 얻었다. 이에 따라 워크숍이 끝난 뒤 3개월 후에 각 참가자들을 대상으로 사후 조사를 실시하기로 했다.

〈표 1-8〉은 전체 자료 수집 계획이다. 회사 교육담당자는 프로그램 시행 전에 자료 수집 계획과 ROI 분석 계획을 부서장에게 보고하였다.

자료 수집의 성공

자료 수집 절차는 적절한 규모의 자료를 확보할 수 있어야 한다는 점이 중요하다. 이 워크숍의 경우 충분한 자료 확보를 위한 방안은 다음과 같이 네 가지였다.

1. 프로그램 시작 시 성과 측정 전략에 대해 설명했다.
2. 프로그램 종료 시기에 강사가 워크숍 참석자들에게 효과 측정을 위한 추후 질문지에 응답해야 함을 재강조하였다.
3. 부서장이 질문지가 발송되기 3일 전에 발송된 편지에 서명했다.
4. 응답자의 이름이나 개인 정보를 질문지에 기입할 필요가 없었다. 이에 따라 응답은 무기명 처리되었다.

〈표 1-8〉 자료 수집 계획

평가 목적:

프로그램: 효과적 회의 기법　　책임자:

단계	프로그램 목표	측정값	자료 수집 방법/도구	자료원	시기	책임자
1	**반응도, 만족도 및 실행 계획** • 긍정적 반응 • 실행 계획	• 프로그램 목표의 질, 유용성, 성취도에서 최소 평균 4.0(5.0 만점) 이상 • 실행 계획 100% 제출	• 질문지(종료 시) • 제출된 실천 계획	참가자	• 종료 직후	퍼실리테이터
2	**학습 성취도** • 회의의 범위와 비용 파악 • 기본적 회의 이슈와 회의 개최 관련 역학관계의 긍정적·부정적 사실 및 시사점 파악 • 효과적 회의 기법 습득	• 주어진 비용분석표를 활용하여 최근 3개 회의의 비용을 분석한다. • 30개의 잘못된 회의 활동과 절문 회의 활동 중에서 각 회의 활동의 시사점을 찾는다. • 8~10개의 역할 수행 시나리오에서 적절한 반응을 수행한다.	• 회의 프로파일 • 지필 평가 • 실습 관찰	참가자	• 프로그램 시작 시 • 프로그램 시작 시 (사전) • 프로그램 마무리 (사후) • 프로그램 시행 중	퍼실리테이터
3	**현업 적용 및 이행** • 효과적 회의 기법 사용하기 • 회의 필요성 점검 및 참석 대상자 검토	• 보고된 효과적 회의를 위해 적용한 개선된 행동 • 보고된 효과적 회의 기획 및 실행의 적용 사례	• 실천계획	참가자	3개월 후	프로그램 책임자
4	**경영성과 기여도** • 회의 횟수 감소, 시간 및 참가자 감소로 인한 시간 감축 • 보다 성공적인 회의로 인한 경영성과 측정치 다양화	• 시간 절약 • 보고된 시간 절약, 비용 감소, 산출물 개선, 질적 개선, 프로젝트 턴어라운드 등	• 질문지(3개 집단용) • 질문지(3개 집단용)	참가자	3개월 후	프로그램 책임자
5	**ROI** 최소 25%의 ROI 목표					

코멘트:

모든 참석자가 1단계, 2단계 평가에 응답했지만 3단계, 4단계는 쉽지 않을 것으로 예상되었다. 전체 응답률은 67%(48명)로 분석을 위해 적절한 수준이었다. 하지만 43%(31명)만이 8번 문항과 9번 문항에 유용한 자료를 제공하였다(〈표 1-6〉 참조). 이 두 문항은 성과 측정과 직접적으로 연결된 문항이었다. 워크숍 효과를 질문지에 응답한 참가자들의 응답 결과만을 반영한다는 사실을 이해하고 있는 부서장은 응답률에 만족해했다.

자료 분석 절차

자료 수집은 5개 핵심 단계로 구성되어 있는데, 각 단계는 본 워크숍 평가 중에 신중하게 적용되었다.

1. 개선 성과 중 프로그램이 영향을 준 효과 분리
2. 효과를 금전적 가치로 전환
3. 총비용 산출
4. 무형의 이익 파악
5. 금전적인 측면에서 비용 대비 이익 비교

자료 분석 절차

ROI 측정 절차를 잘 살펴보면 "운영한 프로그램이 측정한 성과에 영향을 준 것을 어떻게 아느냐?"라는 질문에 대한 답을 찾을 수 있다. 성과에 프로그램이 미친 영향을 분리하기 위해서는 성과에 영향을 줄 수 있는 다른 모든 요소를 고려해야 한다. 본 워크숍이 회의 시간 감소, 회의 횟수 감소 및 참석자 수 축소에 미친 영향을 파악하기 위해 10개의 활용 가능한 방법 중에서 통제집단 활용법, 추세선 분석법, 예측기법, 참가자 추정 등 4개의 방법을 적용하였다.

150명 중에서 72명만이 워크숍에 참여했고, 이들에 대한 효과를 분석했기 때문에 워크숍에 참여하지 않은 통제집단을 활용하는 것이 프로그램이 성과에 미친 영향을 분리하는 방법으로 우선 고려되었다. 즉, 워크숍에 참석하지 않은 관리자나 감독자를 통제집단으로 활용한다는 것이다. 하지만 고민 결과 실험집단을 완전히 격리하는 것이 곤란하고, 실험집단이 통제되지 못할 수 있다는 점이 우려되었다.

참가자들은 워크숍 도중에 회의에 따른 비용과 함께 회의 시간, 횟수, 참석 수 등을 결정하기 위한 회의 프로파일을 작성했다. 하지만 워크숍에 참여하지 않은 통제집단으로부터 유사한 자료를 수집하기 위해 통제집단에 속한 관리자와 감독자도 앞과 똑같은 방법으로 회의 프로파일을 작성하도록 해야만 했다. 이렇게 하면 실험에 영향을 주게 되어 실험이 오염될 수 있을 뿐만 아니라 통제집단에게 추가적인 작업을 요구하는 것이 될 수 있었다. 부서장에게는 워크숍 효과 측정에 지나치게 많은 추가적인 작업이나 회사의 업무를 간섭하지 않는 수준에서 진행되기를 원했다. 이러한 이유로 인해 통제집단 방법은 사용하지 않기로 결정했다.

회의 관련 소요 시간에 대한 이전 자료가 없었기 때문에 추세선 분석도 적절하지 않았다. 워크숍의 효과를 분리하는 데 활용 가능한 유일한 방법이 참가자들의 추정인데, 짧아진 회의 시간, 감소된 회의 횟수, 참가자 수의 축소를 추정하는 것이었다.

금전적 가치로의 자료 전환

4단계에서 5단계 평가 단계로 이동할 때는 환산하는 금전적 가치가 ROI 산출식에서 분자(top number)가 되기 때문에 자료를 금전적 가치로 환산하는 단계가 매우 중요하다. 자료를 금전적 가치로 환산하는 방법은 10가지 정도가 있다. 하지만 이번 평가에서는 금전적 가치로 환산하는 방법이 명확했다. 측정하는 자료 전부가 시간과 관련이 있었고, 회의에 참가한 사람을 포함한 회의 주관자에 대한 복리후생비가 포함된 시간당 급여 기준이 있었기 때문에 이를 활용하여 절약된 시간을 금전적 가치로 전환하였다. 워크숍 결과 다른 경영성과가 개선되었다면 이러한 것도 금전적 가치로 전환하기 위한 기준이 없다면 참가자들의 추정을 통해 금전적 가치로 전환될 수 있을 것이다.

총비용 산출

ROI 계산을 위해서는 워크숍에 소용된 제반 비용을 산출해야 한다. 효과적 회의 기법을 위한 워크숍의 비용 분류는 다음과 같았다.

- 요구분석 소요 비용(퍼실리테이터 시간, 참가자 시간, 자료, 간식 등)
- 워크숍 참가비(퍼실리테이터 비용, 자료, 프로그램 설계 및 개발)
- 출장, 숙박, 식사
- 시설비
- 워크숍 참가 기간 중의 복리후생비를 포함한 참가자의 급여
- ROI 측정 비용

무형의 이익 파악

무형의 이익이란 워크숍에서 의도하지 않았던 이익이나 금전적 가치로 환산되지 않은 이익을 의미한다. 본 워크숍에서는 평가 결과 회기(session)에 제시되어 있는 다양한 무형의 이익이 파악되었다.

ROI 계산

ROI는 프로그램의 순이익과 비용을 비교해서 산출한다. 이익을 비용과 비교한 편익비용분석(Benefit Cost Ratio: BCR)으로도 계산할 수 있다. TechnoTel사에서는 ROI를 더 잘 사용하고 있다. 관리자나 전문가들은 어떤 용어를 쓰든지 간에 교육부서의 경영성과를 나타내는 용어로 유사하게 받아들이기 때문에 다음과 같은 산술식을 ROI 보고를 위해 활용하였다.

$$BCR = \frac{프로그램의\ 이익}{프로그램에\ 투입된\ 비용}$$

$$ROI = \frac{프로그램의\ 순이익}{프로그램에\ 투입된\ 비용} \times 100$$

ROI를 측정하는 대부분의 프로그램에서는 25%의 ROI 목표를 기준으로 삼고 있다. 본 프로그램의 특성상 평가팀과 교육부서장은 이 목표가 매우 보수적이라고 생각했다.

〈표 1-9〉는 ROI 분석을 위한 종합 계획이다. 자료 수집 계획의 사례처럼, 실제 평가를 시행하기 전에 교육부서장에게 ROI 분석 계획을 보고하였다. 교육부서장은 평가 계획에 동의했다.

본 효과적 회의 기법 프로그램의 ROI 측정을 위해 〈표 1-10〉에 제시된 ROI 측정 기준과 측정 원칙을 그대로 적용하였다. 12개의 측정 기준과 원칙을 따르면 측정 과정의 일관성과 보수성을 유지할 수 있다.

〈표 1-9〉 ROI 분석 계획

프로그램: 효과적 회의 기법　　책임자: ＿＿＿＿＿　　날짜: ＿＿＿＿＿

자료 항목 (통상 4단계)	효과 분리 방법	금전적 가치로 전환하는 방법	비용 유형	무형의 이익	최종 보고 대상	기타 영향/적용 중 이슈	비 고
• 시간 절약	• 참가자 추정	• 시간당 급여 및 복리후생비	• 요구 분석 • 인당 참가비 • 출장/숙박비 • 시설비 • 참가자 급여와 복리후생비 • 평가 비용	• 다른 곳에서는 나타나지 않는 개인 생산성 향상 • 스트레스 감소 • 개선된 기획 및 시간 계획 • 회의 집중도 향상	• 사업부문장 • 임원 • 참가자 상사 • 참가자 • 교육담당자	• 참가자들은 자료 제공 필요성을 알아야 함 • 워크숍 중에 추후 자료에 대한 수집에 대한 설명 필요 • 측정 대상은 3개 집단임	• 참가자들은 보다 효율적으로 진행되고 있는 회의 결과에 따른 구체적인 개선 사항을 파악할 것임
• 기타 경영성과	• 참가자 추정	• 참가자 추정 (필요시 기준값 활용)					

〈표 1-10〉 ROI 측정을 위한 12개 가이드라인

1. 상위 단계의 평가를 할 때는 하위 측정 단계의 자료를 모아야 한다.
2. 상위 단계 평가 계획 시 이전 단계의 평가를 해야 하는 것은 아니다.
3. 자료를 수집하고 분석할 때는 가장 신뢰성 있는 자료를 사용해야 한다.
4. 자료를 분석할 때는 가장 보수적인 계산 방식을 선택해야 한다.
5. 프로그램의 효과를 분리할 때는 적어도 하나 이상의 방법을 사용해야 한다.
6. 참가자나 구체적인 자료원에서 개선된 부분을 파악하지 못한 경우에는 개선이 거의 없었다고 가정한다.
7. 있을 수 있는 측정의 오류를 감안해서 측정치를 보정해야 한다.
8. 극단치의 자료의 사용이나 확인되지 않은 자료의 사용은 피해야 한다.
9. ROI를 계산할 때는 단기 교육과정의 경우에는 1년치의 이익만 산출한다.
10. ROI를 산출 시 해결 방안, 프로젝트, 프로그램의 제반 비용을 계산해야 한다.
11. 금전적 가치로 적절하게 전환하지 못하는 자료는 무형의 이익으로 정의한다.
12. 주요 이해관계자에게 ROI 방법론에 의한 측정 결과를 잘 설명해야 한다.

평가 결과

ROI 측정 결과, 본 워크숍은 성공적인 것으로 나타났다. 참가자들이 워크숍을 즐겼다는 점도 있었지만 무엇보다도 참가자들이 워크숍을 자신과 관련성이 있고 유용하게 봤다는 것이다. 참가자들은 금방 회의에 따른 비용을 이해하게 되었고, 새로 배운 지식이나 기법을 적용하기 시작했다. 실제 적용 시 약간의 장애 요소가 있었지만 우려할 만한 수준은 아니었다. 하지만 부서장의 입장에서는 회의에 소요된 시간의 영향은 매우 중요했다. 결국, 투자는 긍정적 결과를 가져왔다.

1단계: 반응도, 만족도 및 실행 계획

반응도, 만족도를 포함한 1단계의 목표는 퍼실리테이션, 프로그램의 내용, 자료의 수준을 개선하는 데 중요하다. 하지만 관심이 된 사항은 현업에 돌아가서 활용한 3개의 행동을 포함한 사용 의도였다. 이에 대한 성공 기준은 5점 만점에서 4점이었다. 연관성, 중요성, 사용 의도, 다른 사람에게 워크숍 참가 추천 의도의 측면에서 결과는 성공적이었다. 새로운 정보 습득이라는 한 항목만이 목표였던 4점을 달성하지 못했다. 워크숍에서 사용된 개념 대부분이 이미 익숙한 것이라 이러한 결과는 예상된 것이지만, 참가자들은 효과적 회의를 위한 패키지와 도구를 제공받아 익숙한 방식에 대한 새로운 시각을 갖게 되었다.

참가자들은 업무에 복귀했을 때 본인이 회의와 관련해서 해야 할 행동을 파악했다. 매달의 회의를 되돌아본 결과 가장 눈에 띄는 행동은 일상적 활용 도구로 회의 활동 프로파일을 작성했다는 것이었다. 그들은 〈표 1-2〉에 나열되어 있는 효과적 회의를 위한 일곱 가지 단계를 따를 것이라고 했다.

2단계: 학습 성취도

2단계 평가의 목표에는 다음과 같은 내용이 포함되어 있었다.

- 회의의 범위와 비용 파악하기
- 기본적인 회의 관련 이슈와 역학의 긍정적·부정적 사실 및 시사점 파악하기
- 효과적 회의 기법 습득하기

회의에 따른 비용 분석을 위한 프로파일은 참가자들이 쉽게 작성하였다. 대부분의 참가자들은 프로파일에 익숙해했으며, 현업 복귀 후에도 유사한 항목을 완성할 수 있다고 했다. 참가자들이 회의와 관련해서 기본적인 이슈를 알고 있는지를 확인하기 위해 간단한 선다형 질문을 실시하였

다. 평균 점수는 100점 만점에 92점이었다.

　연습과 실습을 실시한 결과 참가자들이 현업에 돌아갔을 때 회의 시간 단축, 횟수 및 참가자 수 축소를 통해 회의 비용을 줄일 수 있을 정도의 지식과 기법을 충분히 습득한 것으로 판단되었다.

3단계: 현업 적용 및 이행

　〈표 1-6〉에서 제시된 것처럼 워크숍 3개월 후에 워크숍 성과 측정을 실시하였다. 4번, 5번, 6번, 16번, 17번 질문은 습득한 지식의 적용과 관련된 문항이다. 현업 적용과 관련된 가장 중요한 문항은 5번 문항인데, 이 문항은 참가자들이 워크숍에서 배웠던 지식과 기법을 활용해 실제로 현장에서 회의를 기획하고 실행할 때 회의 방법을 바꿨는지에 대한 질문이다. 〈표 1-11〉은 참가자들의 행동 변화가 실제로 일어난 정도를 조사한 것이다. 대부분의 참가자들은 회의 방법을 바꿨으나 일부 영역에서는 약간의 변화만 있었다. 〈표 1-11〉에서 볼 수 있듯이, 회의 참가자에게 피드백을 제공하는 여부(문항 Q), 회의 절차에 대한 평가(문항 U), 사후 활동의 기획(문항 W) 등이 가장 활용되지 않은 회의 기법인 것으로 나타났다.

　〈표 1-6〉에서 워크숍에서 배운 지식과 기법의 현업 적용에의 장애 요인 조사를 위한 질문(질문 16)에 대한 응답 결과를 보면 왜 이러한 항목이 다른 항목보다 적용도가 낮은지를 이해할 수 있다. 가장 빈번한 장애 요인은 시간이었다. 회의 성공을 평가하거나 회의 참가자들에 대해 결과를 알아볼 시간이 없었다는 참가자들도 있었지만 이러한 활동이 회의 프로세스 개선에 매우 유용했다는 참가자들도 있었다.

　현업 적용에 도움이 되는 요소들(질문 17)은 학습한 내용의 적용을 촉진했다. 촉진 요소로 가장 빈번하게 밝혀진 것은 워크숍에서 현업에 적용하도록 제공받은 현업 적용 도구(job aids)와 관련 자료였으며, 워크북이

〈표 1-11〉 3단계 평가 응답 결과 (%)

문 항	무변화	조금 변화	약간 변화	의미 있는 변화 있음	많이 변화	적용 기회 없었음
효과적으로 회의 참석함	0	0	25	44	31	0
불필요한 회의 참석 안 함	0	0	19	46	35	0
회의 참석자 수 최소화	0	0	19	50	31	0
회의 목표 설정함	0	0	25	42	33	0
회의별 의제 개발	0	4	27	44	25	0
회의 시간 관리	0	0	6	44	50	0
회의 참석자 만족도 향상	0	10	31	44	15	0
최적의 회의 장소 선정	0	0	4	65	31	0
회의 최적 시간 선정	0	0	25	42	33	0
회의 기본 규칙 설정	0	4	27	44	25	0
참석자별 적정한 역할 배분	0	0	6	44	50	0
필요시 회의 공감대 끌어내기	0	0	13	52	35	0
참가자에 적극적인 귀 기울이기	0	0	4	65	31	0
회의 참가자 독려하기	0	0	25	42	33	0
필요시 브레인스토밍 활용하기	0	4	27	44	25	0
까다로운 참가자 다루기	0	0	6	44	50	0
참가자에게 피드백 제공하기	0	19	56	25	0	0
회의에서 갈등 다루기	0	4	31	50	15	0
회의 목적에 집중하기	0	0	25	42	33	0
회의 목표 달성하기	0	4	27	44	25	0
회의 프로세스 평가하기	0	10	38	38	15	0
실천 계획 수행하기	0	2	33	46	19	0
사후 활동 계획하기	0	6	42	35	17	0

가장 유용한 도구로 알려졌다. 어떤 참가자들은 회의 도구와 워크숍에 대한 경영층의 관심 때문에 워크숍에서 습득한 내용을 현장에 적용하게 되었다고 밝혔다.

4단계: 경영성과 기여도

이번 워크숍의 기대 성과는 회의 시간 단축, 회의 횟수 감소, 회의 참가자 수 감소였다. 다른 개선 성과도 관심이 있었지만 사장은 이러한 기대 성과에 대한 개선 대비 워크숍 비용에 특히 관심이 많았다. 워크숍에서 습득한 지식과 기법을 활용하여 적용을 기대했던 앞의 세 가지 성과가 실제로 현장에 적용된 것으로 밝혀졌다. 〈표 1–12〉는 앞의 세 가지 성과, 즉 워크숍 참가 전과 참가 후의 회의 시간, 회의 횟수, 회의 참가자 수를 비교한 것으로, 질문지 문항 8에서 파악된 수치의 워크숍 전과 후의 평균

〈표 1–12〉 회의 소요 시간 개선 정도

현재 회의 활동 (프로그램 실시 전 달)		교육 전 평균(X)	교육 후 평균(Y)
매달 개최되는 회의 횟수	A	6.5	5.2
매달 각 회의 참가자 평균 수	B	7.2	5.1
각 회의 평균 시간(시간 단위)	C	2.6	1.7
회의(A×B×C)에 사용한 시간 합계	D	121.68	45.1

질문 8번에 대한 평균 응답 결과(사후 질문지)	
회의 횟수 축소	
매월 감소된 회의 횟수	1.3
회의 시간 단축	
회의당 줄어든 회의 평균 시간	0.9
회의 참가자 감소	2.1
회의당 줄어든 평균 참가자 수	

프로그램 참가자 수	72(3개 분반)
회수된 질문지 수	48(67%)
8, 9번 질문에서 유의미한 응답자 수	31(43%)
9번 질문에서 파악된 평균 신뢰도	81%

을 산출한 것이다. 72명의 참가자 중 43%인 31명만이 8번 질문과 9번 질문에 응답했으며, 응답자가 자신이 응답한 결과에 대한 확신 정도를 나타내는 조사 결과에 대한 신뢰도는 81%였다. 〈표 1-12〉를 살펴보면 워크숍에서 의도했던 결과(회의 시간 단축, 회의 횟수 감소, 회의 참가자 수 감소)가 잘 나온 것을 알 수 있다.

다른 성과도 워크숍 시행 결과로 향상되었다. 참가자들은 전반적인 회의의 생산성과 질 차원에서 향상이 있었다고 했으며, 6명의 참가자들은 이러한 측면에서의 금전적 이익을 기술하기도 했다. 그러나 이 프로그램의 금전적 이익은 앞에서 언급한 회의와 관련한 직접적인 시간 감소에 근거한 것이었다. 따라서 다른 성과들은 시간이 단축된 것으로 간주하기 어렵기 때문에 기타 효과로 보고하였다.

5단계: ROI

이 워크숍의 ROI 계산은 회의와 관련해서 절약된 직원들의 시간으로 계산하였다. ROI를 계산하기 위해 회의 시간 단축, 회의 횟수 감소, 회의 참가자 수 축소에 따른 직원들의 시간 절약분을 금전적 가치로 전환했으며, 워크숍 운영에 소요된 비용과 비교했다.

금전적 이익

회의 개선에 따라 절약된 직원들의 시간을 회의 참가자들의 시간당 평균 급여와 급여의 32%인 복리후생비를 포함해서 환산하였다. 회의 참가자들의 시간당 평균 임금은 31달러였다. 〈표 1-13〉에서 볼 수 있듯이, 회의 시간 단축, 회의 횟수 감소, 회의 참가자 수 축소에 따른 설문에 응답한 워크숍 참석자 1인당 월 평균 비용 감축액은 2,373.98달러였다. 이

〈표 1-13〉 회의 소요 시간 개선에 따른 금전적 이익

현재 회의 활동 (프로그램 실시 전 달)		교육 전 평균(X)	교육 후 평균(Y)	
매달 개최되는 회의 횟수	A	6.5	5.2	
매달 각 회의 참가자 평균 수	B	7.2	5.1	
각 회의 평균 시간(시간 단위)	C	2.6	1.7	
회의(A×B×C)에 사용한 시간 합계	D	121.68	45.1	
회의 참가자에 대한 시간당 급여(임금+복리후생비)	E	31.00$	31.00$	
총 회의 비용(D×E)	F	3,772.08$	1,398.10$	
회의 횟수 축소 　매월 감소된 회의 횟수			1.3	G
회의 시간 단축 　회의당 줄어든 회의 평균 시간			0.9	H
회의 참가자 수 감소 　회의당 줄어든 평균 참가자 수			2.1	I
전체 개선 정도 　월 회의 관련 비용 감소(사전 비용−사후 비용)			2,373.98$	J
연간 총비용 감소(J×12)			28,487.76$	K

수치는 워크숍 이전의 회의 참석에 따른 인건비(3,772.08달러)에서 워크숍 이후의 인건비(1,398.10달러)를 뺀 금액이다. ROI는 1년 동안의 성과를 계산하기 때문에 회의 관련 비용 감소분의 1년분을 산출했다. 매월 평균 절감액을 1년치로 환산하니 워크숍 참석 후 설문지에 응답한 참석자 1명당 28,487.76달러가 감소하였다.

　워크숍의 전체 이익을 계산하기 위해 연 평균 절감액에 쓸 만한 자료를 제공한 응답자 수(31명)를 곱한 다음 신뢰도(81%)를 다시 곱했다. 이번 워크숍의 전체 가치는 (28,487.76$ × 31명) × 0.81 = 715,327.65달러였다.

워크숍 총비용

프로그램 비용에는 자료비, 강사료, 참가자 출장비, 숙박비, 시설비, 워크숍 참가에 따른 참가자 시간(인건비 및 복리후생비), ROI 측정 비용 등이 포함되었다. 요구분석 비용 5,000달러도 포함되었으나 당초 150명의 관리자와 감독자를 대상으로 워크숍을 진행할 예정이었으므로 이번 워크숍에 참석한 72명에 해당하는 부분만 계산하였다. ROI 측정을 위한 워크숍의 효과는 응답한 31명이 회신한 결과만을 분석해서 계산했지만 비용은 참석하지 않은 나머지 사람까지 포함하여 총 72명에게 들어간 모든 비용을 계산하였다. 〈표 1-14〉는 이번 워크숍에 소요된 전체 예산이다.

〈표 1-14〉 ROI 계산에 포함된 프로그램 운영에 따른 비용

항 목	계 산	비용($)
요구분석	150명에 분산 적용 5,000$(실제론 72명 적용)	2,400$
프로그램 비용	회의 참가자당 800$ × 72	57,600$
출장, 숙박, 식사 비용	245$ × 72	17,640$
시설 설비	190$ × 6*	1,140$
참가자 시간 투여	219$/일 × 1.32 × 2 × 72**	41,628$
ROI 평가비용		5,000$
	전체 비용	125,408$

* 시설비 190$/일: 워크숍은 2일 동안 진행되며, 3개 반으로 분반 실시
** 하루 인건비가 평균 219$인 참가자의 시간과 인건비 대비 32%의 복리후생비가 추가됨. 각 참가자는 2일간 워크숍에 참가하였음. 72명의 모든 참가자에 대한 비용을 포함함

이번 효과적 회의 기법 워크숍의 ROI는 다음 계산식에서 알 수 있듯이 470%였다.

$$BCR = \frac{이익}{비용} = \frac{28,487.76\$ \times 31 \times 0.81}{125,408\$} = \frac{715,327.65\$}{125,408\$} = 5.7:1$$

$$ROI = \frac{프로그램 순이익}{프로그램 비용} \times 100 = \frac{715,327.65\$ - 125,408\$}{125,408\$} \times 100 = 470\%$$

이 ROI 결과는 교육담당 부서에서 워크숍 참가자 1명에게 1달러를 지출할 경우 비용 1달러를 제외하고 4.7달러가 경제적 이익으로 돌아온다는 것을 의미한다. 표면적으로 이 ROI는 다른 부분에 대한 투자와 비교했을 때 비교적 높은 것으로 보인다. 교육부서장은 시간이 돈이라는 사실과 과거에 회의를 위해 얼마나 많은 시간이 허비되었는지를 잘 알고 있었기 때문에 이 ROI 측정 결과는 신뢰할 만한 것이었다. 평가를 담당했던 부서는 교육부서장에게 평가 프로세스를 상세히 설명했고, 산출물에 대해 보고하여 전체적인 ROI 측정에 대한 신뢰도를 높이는 데 힘썼다.

무형의 이익

워크숍의 ROI 측정 결과는 재무적 차원에서 TechnoTel사에게 매우 중요한 사안이다. 하지만 다른 중요한 워크숍 산출물도 있었다. 회의 생산성과 질 차원에서 전반적인 개선이 있었지만 TechnoTel사의 임직원들은 낭비적인 회의가 줄어 본연의 업무에 집중할 수 있어 이전보다 더 즐겁게 업무를 수행할 수 있었다. 워크숍 참가자들은 회의 프로세스를 신중하게 적용하였고, 회의 프로세스를 개선하려는 의지가 강했기 때문에 다양한 회의 관련 도구가 현장에서 적용되었다. 이러한 과정은 회사 내부 및 외부 고객의 만족도를 높이는 데 도움이 되었다. 평가 과정에 참여한 워크숍 참가자들은 고객에게 한 발 더 다가설 수 있었고, 고객의 관심사에 더 집중할 수 있게 되었다고 했다.

또 하나의 예상치 못했던 결과는 교육부서장이 자신이 주관하는 회의의 비용을 줄이기 위해 회의 관련 도구를 활용하기 시작했다는 것이다. 그는 자신의 상사도 자신처럼 똑같이 하고 있다고 했다. 교육 관련 부서에서는 워크숍에서 제공된 도구를 시간 관리 도구로 활용하게 된 것이다.

커뮤니케이션 전략

이번 워크숍의 성공은 전체 프로세스를 지속적으로 공유한 덕분이다. 교육부서장은 ROI 측정에 대한 전반적인 프로세스를 파악하고 있었다. 그는 워크숍 기획 단계부터 자료 수집 단계까지 참여했으며, 3단계 평가와 4단계 평가가 진행될 때 평가팀은 지속적으로 그에게 보고했다. ROI 측정이 끝났을 때 교육부서장은 결과를 잘 이해하고 있었으며, 경영진에게 1시간 동안 브리핑하였다. 이번 ROI 측정 과정에 익숙하지 않은 임원들이 있었기 때문에 전반적인 내용에 대한 발표를 진행했다. 발표에는 다음의 주제가 포함되었다.

- 효과적 회의의 필요성
- 프로그램의 설계
- 평가의 필요성
- 평가 방법
- 평가 결과

발표 말미에 참가자들에게 보고서 원본과 요약본을 제공하였다. 발표에 대한 질문과 응답을 바탕으로 경영층은 측정 결과가 신뢰할 만하다는 결론을 내렸다. 더 중요한 것은 경영층이 이번 워크숍의 가치를 인정했다는 것이고, 회사의 다른 분야에도 이러한 프로그램을 실시하도록 요청했다는 사실이다.

시사점

ROI 측정 횟수와 관계없이 항상 평가 이후에 시사점이 있다. 평가팀은 워크숍 참가자들이 ROI 측정 프로세스를 잘 이해하고 있다고 믿었기 때문에 〈표 1-6〉의 8번 질문과 9번 질문을 설명하는 데 많은 시간을 들이지 않았다. 평가팀이 이 두 문항을 설명하는 데 좀 더 신경을 썼더라면 ROI 측정 질문지에 대한 응답률이 높아졌을 것이다.

TechnoTel사에서는 일상적으로 평가를 시행하고 있기 때문에 질문지 관련 업무는 잘 추진된 것으로 보인다. 그러나 67%만이 응답했다는 것은 개선의 여지가 있는 것으로 판단된다.

토론을 위한 질문

1. 사장이 이번 워크숍의 종합적인 평가를 지시하는 것에 긍정적이었는가?
2. 어떻게 했으면 요구 측정 과정이 개선될 수 있었을까?
3. 어떤 절차를 활용했으면 질문지의 7, 8, 9번 문항에 대한 응답률이 높아졌겠는가?
4. 회의 시간 단축 관련 자료가 어느 정도 신뢰할 만한가?
5. 여러분이라면 어떤 평가 전략으로 이번 워크숍을 평가하겠는가?

저자에 관하여

Patricia Pulliam Phillips, Ph.D.

ROI의 대표이사로, 국제개발학 박사학위와 공공 및 민간 경영 부문 석사학위를 취득했다. 초창기에는 고객 입장에서 성과향상 프로그램을 담당한 기업체 관리자였는데 결과가 매우 중요한 것이라고 깨달았다. 국제적으로 책무성, 측정, 평가의 전문가로 알려졌으며, 세계 여러 나라에서 워크숍을 진행해 오고 있고, 미국과 전 세계에 걸쳐 공공영역, 민간영역, 비영리 조직, 교육 조직 등에서 ROI 수행 관련 컨설팅을 수행하고 있다. Patricia는 *Show Me the Money*(Berrett-Koehler, 2007), *The Value of Learning*(Pfeiffer, 2007)의 공저자이며, 2003 ISPI 상을 수상한 *The Bottomline on ROI*(CEP Press, 2002)의 저자다. *ROI Basics*(ASTD, 2006), *ROI at Work: Best-Practice Case Studies from the Real World*(ASTD, 2005), *Proving the value of HR: How and why to Measure ROI*(SHRM, 2005), *The Human Resources Scorecard: Measuring the Return on Investment*(Betterworth-Heinemann, 2001), *Measuring ROI in the Public Sector*(ASTD, 2002)의 편집자 겸 공저자다.

제**2**장

경영성과 향상 코칭프로그램의 ROI 측정

-글로벌 호텔 체인 사례*-

* 본 사례는 토론을 위해 준비된 것으로, 효율적이거나 비효율적인 행정 및 운영 실태를 파악하기 위한 것이 아니다. 따라서 본 사례에 거명되는 이름, 날짜, 장소, 기업은 저자와 기업의 요청에 의해 가명으로 처리하였다.

Jack J. Phillips

요 약

Nations 호텔의 리더십 개발팀은 회사의 효율성, 고객 만족도, 수익성을 개선하고자 노력하는 고위 임원들의 요구에 부응하기 위해 학습 프로그램을 개발하게 되었다. 이 프로그램의 핵심 요소는 체계적으로 경영성과에 기여하는 코칭이었다. 이 회사의 임원들은 코칭프로그램에 대한 실질적인 ROI를 확인하고 싶어 했다. 이 사례 연구는 코칭프로그램이 ROI를 포함한 다른 가치를 어떻게 창출하는지에 대해 매우 중요한 시사점을 제공하고 있다.

배 경

Nations 호텔은 미국에 기반을 둔 거대 기업으로, 15개국에 지사를 운영하고 있다. 이 회사는 세계적으로 300개 이상의 호텔을 보유하고 있으며, 꾸준한 성장률을 보여 왔다. Nations 호텔은 국제 숙박계에서 가장 잘 알려진 기업 가운데 하나이며, 98%의 브랜드 인지도와 72%의 고객 만족도를 자랑한다.

서비스업계는 경쟁이 매우 심하며, 순환이 빠르고, 경제 상황의 영향을 많이 받는다. 가격에 민감한 객실 대여와 고객 만족도는 Nations 호텔에 있어서 매우 중요한 요소다. 운영에 드는 비용을 제대로 통제하지 못하면 이익은 줄어든다. Nations 호텔의 고위 임원들은 운영의 효율성과 고객 만족도, 수익률 제고, 우수한 성과자의 고용 유지를 위해 지속적으로 노력하고 있다. 임원들, 특히 인사업무 관련 임원들은 이러한 핵심 요소들을 개선해야 한다는 지속적인 압박을 받고 있다.

Nations 호텔에서 학습 및 인력 개발을 맡고 있는 부서인 Nations 호텔 학습팀은 경영진들을 대상으로 목표 달성에 필요한 학습요구를 파악하기 위해 간단한 설문조사를 실시하였다. Nations 호텔 학습팀은 개별적인 코칭 회기를 포함하여 각 임원들에게 최적화된 학습과정을 개발하고자 했다. 조사 결과, 대부분의 경영진들은 자신이 처한 다양한 도전과 이슈를 해결하는 데 실질적인 도움을 줄 수 있는 유용한 코칭을 지원받기 바랐다. 경영진들은 학습하고, 학습한 것을 적용하여 결과를 성취하기 위한 효율적인 방식이 코칭이라고 믿고 있었다. 결과적으로 Nations 호텔 학습팀은 공식적이고 체계적인 코칭프로그램을 개발하였다. 이렇게 개발된 '경영성과에 기여하는 코칭프로그램(Coaching for Business Impact: CBI)'을 부사장 이상의 직위에 있는 고위 임원들에게 실시하였다.

이 프로젝트가 시작되면서 고위 임원들은 코칭프로젝트의 투자 수익률(ROI)을 알고 싶어 했다. 물론 코칭을 고위 임원들의 성과 향상을 위한 방법으로 실시했지만, 실질적인 투자수익률을 확인하고 싶어 하였다. CBI 프로그램에 참여한 고위 임원들 중 25명을 임의로 선정하여 평가하는 것이 목표였다.

프로그램

[그림 2-1]은 새로운 코칭프로그램의 시작 단계부터 최종 결과가 나오는 단계까지 여러 단계를 정리한 것이다. 이 프로그램은 14개의 요소와 절차로 구성되어 있다.

1. **자발적 참여:** 참가자들은 이 프로젝트에 자발적으로 참여해야 한다. 자발적 지원자라는 것은 변화, 개선 그리고 배운 것을 적용하는 과정을 공개하겠다는 적극적인 참가자들이면서 동시에 코칭프로그램

을 평가하는 데 필요한 자료들을 제공하는 데 동의한 참가자를 의미한다. 코칭프로그램이 자발적 참여였기 때문에 코칭이 필요한 모든 고위 임원이 참여하지는 않았다. 의무적인 참여와 비교했을 때는 이러한 자발적 노력이 프로젝트의 성공에 있어서 매우 중요한 요소였다고 할 수 있다. 개선된 내용들이 구체화되고, 고위 임원들이 코칭에 대해 긍정적인 인식을 형성하게 된다면, 참여하지 않았던 다른 고위 임원들도 다음에는 참여하게 되리라고 확신하였다.

2. 코칭에 대한 요구 분석: 이 과정에서 중요한 부분 가운데 하나는 고위 임원들과의 면담을 통해 정말 코칭이 필요한지를 결정하게 하는 것이었다. 이 단계에서 Nations 호텔 학습팀의 담당자들은 코칭 내용에 대한 이슈, 요구, 관심 등을 확인하기 위하여 체크리스트를 사용하였다. 이 체크리스트로 요구분석과 함께 코칭에 도움이 될 만한 주요 영역을 찾아낼 수 있었다. 이 단계를 통해 고위 임원들이 원했던 요구사항들이 코칭프로그램에 의해 실제로 제공될 수 있다는 것을 확신할 수 있었다.

3. 자기평가: 자기평가는 코칭을 받는 각 개인과 이들의 직속상관 그리고 직속부하에 의해 실시되었다. 자기평가는 전형적인 360도 평가 도구를 활용해서 경쟁적인 서비스업의 환경에서 필요하다고 여겨지는 능력들인 피드백, 소통, 개방성, 신뢰, 그리고 성공을 위해 필요한 기타 능력을 평가하는 데 초점을 맞추었다.

4. 자료 제공에 대한 동의: 프로그램에 참여한 임원들은 이 프로젝트의 진행에 필요한 자료를 적절한 시기에 제공하기로 사전에 동의하였으며, 이에 따라 충분한 양질의 자료를 수집할 수 있었다. 이렇게 수집된 자료 덕분에 평가를 수월하게 할 수 있었으며, 임원들 또한 자신의 개선 상황을 쉽게 확인할 수 있었음은 물론 코칭의 가치를 깨닫게 되었다.

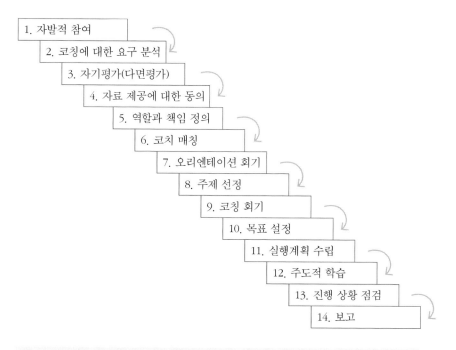

1. 자발적 참여
2. 코칭에 대한 요구 분석
3. 자기평가(다면평가)
4. 자료 제공에 대한 동의
5. 역할과 책임 정의
6. 코치 매칭
7. 오리엔테이션 회기
8. 주제 선정
9. 코칭 회기
10. 목표 설정
11. 실행계획 수립
12. 주도적 학습
13. 진행 상황 점검
14. 보고

[그림 2-1] 경영성과 창출을 위한 코칭 단계

5. 역할과 책임 정의: 코치와 코칭 대상인 고위 임원들 양측의 역할과 책임은 명백하게 정의되었다. 코치의 역할은 주로 고위 임원들의 이야기를 듣고, 피드백을 제공하고, 평가하는 것이라는 사실을 임원들이 이해하는 것이 무엇보다 중요했다. 코치는 고위 임원들의 결정을 대신 내려 주지 않았다. 코칭 회기를 생산적으로 진행하기 위해서 이러한 분명한 역할과 책임의 명확화가 매우 중요했다.

6. 코치 매칭: 코치들은 Nations 호텔 학습팀이 그동안 관계를 맺어 왔던 유명한 코칭 전문기관 소속이었다. 코치들의 프로파일을 참가자들에게 사전에 제공하였고, 선호하는 코치를 잠정적으로 선택하도록 하였다. 선택된 코치들에게는 참가자인 고위 임원들에 대한 정보가 제공되면서 매칭이 이루어졌다. 매칭 이후에 코칭을 시작하였다.

7. 오리엔테이션 회기: 고위 임원들과 코치는 오리엔테이션 회기에서 공식적인 만남을 가졌다. 여기서 Nations 호텔 학습팀 직원들은 프로그램의 과정과 프로그램을 위해 요구되는 것들, 일정표 외의 다른 행정상의 문제들을 설명하였다. 이 오리엔테이션은 매우 간단한 회기로, 보통 단체로 진행하지만 경우에 따라서는 개별적으로 이루어질 수도 있다.

8. 주제 선정: 이 단계에서 무엇보다 중요한 요소는 프로그램에서 다루는 코칭 영역이 사업상의 요구와 관련되어야 한다는 것이다. 통상적으로 코칭 분야는 행동과 관련된 이슈들과 연관되어 있다(예: 고위 임원들이 직원들의 이야기를 경청하지 못하는 것). 경영성과에 기여하기 위해서 행동의 변화는 반드시 경영상의 결과에 연결되어야 한다. 코치는 코칭 영역을 결정하는 초기 단계에서 행동 변화가 어떤 결과를 가져올 것인가를 파악하기 위한 질문들을 통해 코칭을 위한 경영상의 요구를 분석하였다. 이 단계에서는 바람직한 행동 변화가 기술될 때마다 "그래서 어떻게 되었나요(So what)?"나 "만약에 ~했다면(What if?)"과 같은 질문들을 했다. 경영상 필요하다는 것을 밝혀내기 위해서는 생산성, 판매량, 효율성, 직접 운영 비용의 감소, 이직률 관리, 고객 만족도 등 카테고리별로 척도가 있어야 한다. 코칭 주제는 이러한 척도들 중 적어도 세 가지 부분에서의 행동 변화와 연결되어 있어야 한다. 경영상의 필요성과 코칭과의 연계성을 파악하기 위한 노력이 없었다면 경영성과 분석 단계에서 코칭 성과를 평가하는 것은 어려웠을 것이다.

9. 코칭 회기: 개별적인 코칭 회기는 적어도 한 달에 한 번 이상 이루어졌고, 이슈와 필요성에 따라서 최소 1시간 이상, 경우에 따라서는 그 이상 진행되었다. 코칭은 직접 대면하는 것을 원칙으로 하였고, 어려울 경우에는 전화통화로 코칭을 진행하였다. 코칭을 성공적으

로 진행하기 위해서 정례적인 만남은 필수적이었다.

10. **목표 설정**: 참가자들은 개인적으로 개선이 필요한 어떤 분야라도 목표를 설정할 수 있지만, 목표를 정할 때 판매량 증가, 생산성/운영 효율의 증가, 직접비용의 감소, 핵심 인재의 이직 관리, 고객 만족도의 향상 등의 5개의 분야를 우선적으로 선택하도록 하였다. 고위 임원들에게 이 5개의 분야 중 적어도 3개의 분야에서 하나씩의 개선 목표를 선택하도록 하였다. 따라서 참가자 모두가 3개의 실행계획이 요구되는 3개의 구체적인 목표를 갖게 되었다. 이러한 실행계획은 다음 단계에서 설명하였다.

11. **실행계획 수립**: 바람직한 성과 개선을 위해 실행계획 수립 프로세스를 활용하였다. 통상적인 코칭과 마찬가지로 이 프로세스를 통해 고위 임원들은 팀 차원에서 계획한 구체적인 액션 단계를 상세화할 수 있었다. 이 단계는 코칭의 결과를 경영성과와 직접적으로 연계하기 위해 마련된 것이다. 〈표 2-1〉은 이 과정에서 사용된 실행계획의 일반적인 양식이다. 참가자들은 첫 번째 2~3회의 코칭 회기 중에 자신이 특정의 성과를 내기 위해 무엇을 해야 하는지에 대해 자세하게 기술한 실행계획을 완성하였다. 분석 회기 중에 계획서의 초기 개발 단계에 해당하는 〈표 2-1〉의 A, B, C 부분을 완성하였다. 코치는 실행계획의 패키지를 나눠 주었는데, 여기에는 지시사항과 빈 양식 그리고 완성된 예시가 포함되어 있었다. 코치는 두 번째 코칭 회기에서 이 과정을 설명해 주었다. 실행계획은 필요한 경우 수정 가능하였다. 프로그램에서 목표로 하는 5개의 분야에서 적어도 3개의 개선 목표치가 필요하였다. 결론적으로 참가자들은 적어도 3개의 실행계획을 개발하고 수행해야 했다.

12. **주도적 학습**: 참가자들은 구체적인 척도와 실행계획을 수립한 후에 코치의 도움을 받아 몇 가지의 개발 전략들을 논의하고 시행하

〈표 2-1〉 실행계획 양식

성명: _____ 코치명: _____ 일자: _____

개선 목표: _____ 평가 기간: _____

개선 측정치: _____ 현 역량 수준: _____ 목표 역량 수준: _____

행동 단계	분석
1. _____ _____	A. 측정 단위는 무엇입니까? _____
2. _____ _____	B. 각 단위당 가치(비용)는 얼마입니까? _____ $ C. 어떻게 이 가치를 실현하게 되었습니까?
3. _____	_____ _____
4. _____	_____
5. _____	D. 앞의 측정치가 평가 기간에 얼마나 바뀌었습니까?(월간 단위) _____
6. _____	E. 이 가치의 향상에 영향을 준 다른 요인들은 무엇입니까?
7. _____	F. 이 프로그램이 앞의 가치 향상에 몇 % 정도 영향을 주었다고 생각합니까? _____ (%)
8. _____	G. 앞에 기술한 내용에 대해 얼마나 신뢰합니까?(100% = 완전 신뢰한다, 0% = 전혀 신뢰 못한다) _____ (%)
무형의 성과:	

코멘트: _____
_____
_____

였다. 코치는 일반적인 학습과정에 필요한 방법들(예: 읽기 과제, 자기평가 도구들, 실습, 비디오 피드백, 자기 기록, 기타 다양한 기법)을 활용하여 참가자들의 개발 노력을 촉진시켰다. 코칭은 참가자들이 실제로 경험을 통해 실천하고, 적용하고, 성찰하는 주도적인 학습이다. 코치는 이 과정에서 자료의 투입과 반응, 측정, 평가를 하게 된다.

13. **진행 상황 점검**: 매월 정기 세션에서 코치와 고위 임원들은 진척 상황을 검토하고, 필요한 경우에는 실행계획을 수정했다. 중요한 사안에 대해서는 지속적인 조정이 이루어져 계속적으로 추진될 수 있게 하였다.

14. **보고**: 6개월의 코칭이 끝난 후, 참가자들은 기타 실행계획의 남은 빈칸을 완성하여 개선된 사항을 보고하였다. 빈칸은 D, E, F, G의 부분으로, 무형의 이익 및 코멘트를 포함하였다. 여전히 개선 노력은 진행 중이고, 주요 척도가 바뀌지 않은 경우에는 보다 장기간에 걸쳐 실행계획을 완성하였다. 대부분의 참가자들에게는 6개월이 적절하였다.

이러한 요소들은 경영성과 지향형 코칭이라는 결과 중심의 이번 프로젝트를 위해 필요한 것들이었다.

목표

효과적인 ROI 연구를 위해서는 평가의 대상인 프로젝트의 목표가 매우 중요하다. 코칭프로그램의 경우, ROI 평가의 각 단계에서 각각의 목표를 명확하게 명시하는 것이 매우 중요하다. 〈표 2-2〉는 이 프로젝트와 관련된 세부적인 목표다. 여기에는 학습자 만족도부터 경영성과 기여도, ROI까지 포함하여 5단계의 단계별 목표가 포함되어 있다. 하지만 평가 단계에 따라 코칭 환경에 맞추어 목표를 조정한 것들도 있다. 이러한 목표들을 설정하면 목표 대비 향상도를 측정하는 과정이 상대적으로 쉽게 된다.

〈표 2-2〉 경영성과에 기여하는 코칭의 목표

레벨 1. 반응 목표
이 코칭프로그램에 참여한 고위 임원들은 다음과 같은 일을 수행할 것이다.
1. 업무와 연계된 코칭을 이해한다.
2. 현재 업무성과 달성에 코칭이 중요하다고 인식한다.
3. 코칭을 시간과 자원이 투자되는 부가가치 창출 과정으로 이해한다.
4. 코칭을 그 효과에 따라 점수를 매긴다.
5. 이 프로그램을 다른 임원들에게 추천한다.

레벨 2. 학습 목표
이 코칭프로그램 이수 후, 고위 임원들은 다음과 같은 것들을 이해하고, 관련된 기술을 개선하기 위해 노력한다.
1. 자기 자신의 약점과 강점을 파악하는 것
2. 피드백을 받아들여서 이를 행동계획에 반영하는 것
3. 팀의 구성원들을 프로젝트와 목표수행에 참여 시키는 것
4. 효과적으로 소통하는 것
5. 동료들과 협력하는 것
6. 개인적인 효과를 증진시키는 것
7. 리더십의 기술을 개선하는 것

레벨 3. 적용 목표
이 코칭프로그램을 완료 후 6개월이 지나면 참가자들은 다음 사항을 수행해야 한다.
1. 실행계획을 완성한다.
2. 실행계획을 각 환경의 변화에 따라 필요한 만큼 조정한다.
3. 다음과 같은 항목에 대해 개선을 보인다.
a. 자신의 강점과 약점을 아는 것
b. 피드백을 받아들여 실행계획에 연결시키는 것
c. 팀의 구성원들을 프로젝트와 목표달성에 참여 시키는 것
d. 효과적으로 소통하는 것
e. 동료들과 협력하는 것
f. 개인의 효과성을 증진시키는 것
g. 리더십을 개선하는 것
4. 장애 요소나 촉진 요소들을 파악한다.

레벨 4. 경영성과 기여도 목표
이 코칭프로그램 이수 후, 참가자들은 다음의 분야에서 적어도 3가지의 구체적인 측정 목표를 설정하고 개선해야 한다.
1. 판매량
2. 생산성/운영 효율
3. 직접비용의 감소
4. 핵심 인재의 이직률 관리
5. 고객 만족도

레벨 5. ROI 목표
ROI는 25% 이상이어야 한다.

평가 계획하기

〈표 2-3〉은 이 프로젝트를 위해 필요한 자료 수집 계획표다. 이 계획 표에는 프로젝트에 필요한 자료를 수집하기 위해 사용한 기술과 전략이 잘 요약되어 있는데, 그 기술과 전략은 다음과 같다.

1. 목표: 목표는 〈표 2-2〉에 정의된 대로 제시되어 있고, 일반적 용어 로만 반복되고 있다.
2. 척도: 이러한 구체적인 목표들 외에도 추가적인 정의가 필요하기도 하다. 목표의 달성 정도를 측정하기 위해 사용된 척도들이 정의되 어 있다.
3. 방법: 이 열에는 각각의 평가 단계에서 자료를 수집하기 위해 사용 된 구체적인 방법을 기술하고 있다.
4. 자료 출처: 사용된 자료의 출처를 각각 명시하였다. 코치들이 얻을 수 있는 자료는 대개 참가자, 코치, 참가자의 직속상관, 참가자에 게 제공되는 개별/팀별 보고서 등으로 제한되었다. 참가자들이 제 공하는 실질적인 자료가 기업의 보고서에 있는 것들이지만 참가자 들은 실행계획에 있는 자료를 정리할 것이다. 따라서 참가자들이 Nations 호텔 학습팀에게 자료를 제공하게 되는 것이다.
5. 시기: 시기는 코칭이 시작되면서 구체적인 자료를 얻는 데 필요한 시간을 말한다.
6. 책임자: 책임자는 실제로 자료를 수집할 사람을 가리킨다.

〈표 2-4〉의 자료 통합계획은 다양한 종류의 자료를 어떻게 수집하 고 통합하여 프로그램의 평가 단계별로 어떻게 활용되는지를 나타낸 것이다.

〈표 2-3〉 완성된 자료 수집 계획표

프로그램: 경영성과 향상을 위한 코칭   책임자: Jack Phillips   날짜: _____

단계	목표	척도/자료	자료 수집 방법	자료 출처	시기	책임자
1	**반응도/만족도** • 일과의 관련성 • 업무 성공에의 영향 정도 • 부가가치 • 코칭의 효과성 • 타인에 대한 추천 여부	• 5점 척도에서 4점	• 설문조사	• 참가자	• 6개월 후	• Nations 호텔 학습팀 직원
2	**학습 성취도** • 강점과 약점을 파악하기 • 피드백의 실제 반영 • 팀원들 참여시키기 • 효과적으로 소통하기 • 동료들과 협력하기 • 리더십 기술을 개선하기	• 5점 척도에서 4점	• 설문조사	• 참가자 • 코치	• 6개월 후	• Nations 호텔 학습팀 직원
3	**현업 적응 및 이행** • 실행계획 완성 및 조정 • 장애/촉진 요소 도출 • 향상된 기술의 적용 정도	• 실행계획을 위한 체크리스트 • 5점 척도에서 4점	• 실행계획 • 설문조사	• 참가자 • 코치	• 6개월 후	• Nations 호텔 학습팀 직원
4	**경영성과 기여도(3 of 5)** • 판매량 증가 • 생산성/효율성 • 직접비용의 감소 • 핵심 인재 이직률 관리 • 고객 만족도	1. 월별 수익 2. 사업장에 따라 다양 3. 직접적인 비용 감소 4. 자발적인 이직률 5. 고객 만족도 지수	• 실행계획	• 참가자	• 6개월 후	• Nations 호텔 학습팀 직원
5	**ROI** • 25%	코멘트: 참가자들은 자료를 전적으로 제공하였다. 그들은 모든 자료 수집이 코칭 과제를 수행하는 데 중요하다는 것을 충분히 이해하고 있다.				

〈표 2-4〉 프로그램 평가를 위한 자료 통합계획

자료 항목	고위 임원 설문조사	고위 임원 설문조사	실천 계획	기업 내부 자료
반 응	×			
학 습	×	×		
적 용	×	×	×	
영 향			×	×
비 용				×

〈표 2-5〉는 자료 분석을 위한 전체 계획인데, 자료 분석 시 신뢰성을 확보하기 위해 필요한 핵심 요소들을 설명하고 있으며, 다음의 내용을 포함한다.

1. 자료 항목: 계획표에는 5개의 경영성과 자료 항목이 있는데, 각 항목과 관련된 자료를 수집할 시기가 표시되어 있다.

2. 코칭의 효과를 따로 분리하기: 자료에서 코칭의 효과를 따로 분리하는 방식은 추정치(estimation)에 기반하고 있는데, 이는 참가자가 코칭 이후에 개선된 효과 가운데 코칭이 영향을 준 부분을 기술하는 방식으로 진행된다. 통제집단(control group)이나 경향분석(trend line analysis) 등 추정보다 신뢰도가 높은 방식들이 있긴 하지만, 이러한 방식들은 여기서는 적절하지 않다. 추정치를 내는 방식은 주관적이기는 하지만, 개선의 효과를 가장 잘 알고 있는 참가자들에 의해 평가되며, 이후의 결과에 따라 이러한 추정치는 조정될 수 있다.

3. 금전적 가치로 자료 전환하기: 자료는 다양한 방식을 이용해서 금전적 가치로 전환할 수 있다. 대부분의 자료 항목에서는 표준가치를 사용할 수 있다. 표준가치를 사용할 수 없을 경우, 사내 전문가를 활용한다. 전문가는 대체로 자료를 수집하고 분석하여 보고한다.

〈표 2-5〉 경영성과 향상형 코칭을 위한 ROI 분석표

ROI 분석 계획

프로그램: 경영성과 향상을 위한 코칭
책임자: Jack Phillips
날짜: _____

자료 항목 (통상 4단계)	코칭 효과 분리 방식	자료를 금전적 가치로 전환하는 방법	비용 유형	무형의 이익	최종 보고 대상	기타 영향/적용 종 이슈	비 고
• 판매량 • 생산성/운영 효율성 • 직접비용의 감소 • 이직률 관리 • 고객 만족도	• 참가자의 추정치 (모든 자료 항목에서 사용된 방법이 같음)	• 표준가치 • 전문가 활용 • 참가자의 추정치 (모든 자료 항목에서 사용된 방법이 같음)	• 필요한 프로젝트 비용 • 코칭비 • 교통비 • 참가자의 시간 • 행정적 지원 • 행정 간접비 • 커뮤니케이션 비용 • 시설비 • 평가비	• 몰입도 증가 • 스트레스 감소 • 직업 만족도 증가 • 고객서비스 개선 • 채용 이미지 개선 • 팀워크 개선 • 소통의 개선	• 참가자 • 참가자의 상관 • 스폰서 • Nations 호텔 학습팀 직원 • 학습-개발 위원회 • 잠재적인 참가자	그 외에도 다양한 요소들이 영향을 미쳤을 수 있다. 예를 들면, 식스시그마, 개선 프로그램, 일하기 좋은 직장 만들기 등이다.	참가자들이 적절한 시기에 정확한 자료를 제공하도록 만드는 것은 무엇보다 중요하다.

만약 이 두 가지 방법을 모두 사용하기 어렵다면 참가자가 그 가치를 평가해야 한다.

4. 비용 범위: 표에 포함된 표준 비용 범위는 코칭프로그램에 소요된 가장 일반적인 비용이다.

5. 보고의 대상: 코칭 결과 보고의 대상은 참가자, 참가자의 직속상관, 프로그램의 스폰서 그리고 Nations 호텔 학습팀의 직원 등 프로그램의 주요 이해관계자들이다. 다른 영향과 이슈들 역시 이 계획표에 세부적으로 설명되어 있다.

평가 결과

자료 수집 계획을 신중하게 수립했기 때문에 평가 5단계에 걸쳐 코칭 프로그램을 평가할 수 있었다.

만족도

코칭프로그램에 대한 반응은 Nations 호텔 학습팀 직원들의 기대 이상이었다. 1단계 평가에서 받은 코멘트들은 다음과 같았다.

- "이 프로그램은 매우 시기적절하고 실용적이었다."
- "나의 코치는 매우 전문성이 있었다."

5점 척도를 사용했을 때(1 = '인정할 수 없는', 5 = '탁월한'), 각 5개의 항목에서 받은 평균 점수는 4.1이었다. 이는 목표 점수였던 4.0을 넘어서는

〈표 2-6〉 코칭에 대한 참가자의 반응

1단계 평가	점 수*
코칭과의 연관성	4.6
코칭의 중요성	4.1
코칭의 가치	3.9
코칭의 효용성	3.9
다른 사람에게 추천 여부	4.2

*1~5 척도, 1 = '인정할 수 없는', 5 = '탁월한'

것이었다. 측정 항목은 〈표 2-6〉에 제시되어 있다.

학습 성취도

모든 과정에 걸쳐 고위 임원들은 특정 영역에서의 기술과 지식에 향상
이 있었다고 하였다.

- "나는 내 팀에서 나의 문제들에 대해 엄청난 통찰력을 얻었다."
- "이것은 정확하게 내가 일을 제대로 추진하는 데 필요한 것이었다.
  나의 코치는 미처 생각하지 못했던 것들을 지적했고, 훌륭한 실행계
  획들을 떠올릴 수 있었다."

〈표 2-7〉에는 코칭 대상이었던 고위 임원들이 그들의 코치와 함께 설
정했던 7가지 항목의 행동 요소가 제시되어 있다. 이 학습 성취도 단계
에서는 개선의 정도를 알려 주는 자료를 코치와 참가자 양측으로부터 얻
는 것이 바람직했다. 가장 정확하고 신뢰도 높은 것은 참가자로부터 직
접 얻은 것이다. 코치는 학습의 정도를 충분히 알고 있지 않을 수도 있기

〈표 2-7〉 코칭으로부터의 학습

척 도	참가자가 준 점수*	코치가 준 점수*
강점과 약점을 이해하기	3.9	4.2
피드백을 행동계획에 옮기기	3.7	3.9
목표와 프로젝트에 팀 구성원들을 참여시키기	4.2	3.7
효과적으로 소통하기	4.1	4.2
동료들과 협력하기	4.0	4.1
개인적인 효율을 높이기	4.1	4.4
리더십 기술을 증진시키기	4.2	4.3

*1부터 5까지 프로그램의 가치를 점수화

때문이다.

현업 적용도

코칭이 성공하기 위해 참가자는 실행계획에 있는 항목들을 실천해야 한다. 적용에 있어서 가장 중요한 척도는 실행계획을 완료하는 것이다. 코칭에 참여한 참가자들의 83%가 세 가지 실행계획을 전부 완료하였다고 보고하였다. 나머지 11%는 그중 한두 계획만 완료하였다. 또한, 참가자들과 코치들은 이러한 기술을 사용하면서 어떤 변화가 있었는지에 대해 보고하였다. 다음은 이들이 설문조사에서 기술한 내용들이다.

- "내 실행계획에서 신선하고 독특한 시각을 얻는 것이 매우 도움이 되었다. 이 코칭 경험은 내가 놓치고 있던 중요한 것들에 대해 눈을 뜨게 해 주었다."
- "나의 코치에게 내 딜레마에 대해서 이해시키느라 상당한 시간을 들

인 후에야 내가 예상했던 것보다 훨씬 더 많은 노력이 들었다는 것을 깨달았다."

- "우리는 한 가지 이슈에 지나치게 집착했고, 도저히 헤어나올 수가 없었다. 내 코치는 다소 당황했고, 나는 우리가 이슈에 대해 공감했다고 느낀 적이 없다."

설문조사에 대한 응답률은 참가자 92%였고, 코치 80%였다. 〈표 2-8〉에는 적용한 기술과 그 점수가 나와 있다. 여기서 사용된 척도는 5점 척도이며, 1은 '기술에 아무런 변화가 없었음'이고, 5는 '눈에 띄는 개선이 있었음'이다.

〈표 2-8〉 코칭의 적용

척 도	참가자가 준 점수*	코치가 준 점수*
피드백을 행동계획으로 옮기기	4.2	3.9
팀 구성원들을 프로젝트와 목표에 참여시키기	4.1	4.2
팀과 보다 효과적으로 소통하기	4.3	4.1
집단 및 타인과 보다 협력하기	4.2	4.2
효과적인 리더십 기술을 적용하기	4.1	3.9

*1~5 척도, 1=기술에 아무런 변화 없음, 5=눈에 띄는 개선

장애 요인과 촉진 요인

이 모든 코칭 과정에는 장애 요인과 촉진 요인이 있었다. 참가자에게 코칭 회기에서 배운 것들을 활용하는 데 있어서 장애 요인과 도움이 된 요인들을 구체적으로 말해 달라고 질문하였다. 전반적으로 장애 요인은 많지 않았고, 사실 거의 없다시피 했다. 또한 이 과정에서 도움이 된 것들이 무엇인지에 대해서 물었는데, 매우 많은 요인들이 도움이 되었다고

〈표 2-9〉 장애 요인 및 촉진 요인

장애 요인	촉진 요인
시간 부족	코치
관련성 부족	실행계획
기술 적용이 실제로 효과가 없었음	코칭프로그램의 구조
직속상관이 지원하지 않음	직속상관의 지원

했다. 〈표 2-9〉는 장애 요인 및 도움이 된 촉진 요인의 목록이다.

경영성과 기여도

구체적인 업무에서의 경영성과에 기여한 정도는 참가자에 따라 조금씩 달랐지만 대부분은 5개의 우선적인 코칭영역에 포함되었다. 〈표 2-10〉 은 첫 번째 성과 항목과 관련하여 실행계획에서 보고된 실제 자료의 목록 이다. 이 표는 해당 참가자와 개선 분야, 금전적 가치, 개선의 근거, 금전 가치로 환산한 방식, 코칭의 공헌, 공헌의 정도에 대한 추정치, 조정된 가 치 등을 보여 주고 있다. 3개의 경영성과 기여도 분석 영역이 있기 때문에

〈표 2-10〉 코칭에 따른 경영성과 향상정도

참가자 번호	측정 분야	연간 총 가치($)	근 거	자료 전환 방식	코칭의 기여도 (%)	추정치 신뢰도 (%)	조정 가치 ($)
1	수익률 증가	11,500	이윤	표준가치	33	70	2,656
2	고용 유지	175,000	3명 이직	표준가치	40	70	49,000
3	고용 유지	190,000	2명 이직	표준가치	60	80	91,200
4	직접비용 감소	75,000	원가명세서	참가자 추정치	100	100	75,000
5	직접비용 감소	21,000	계약서비스	표준가치	75	70	11,025
6	직접비용 감소	65,000	직원 비용	표준가치	70	60	27,300

7	고용 유지	150,000	2명 이직	표준가치	50	50	37,500
8	비용 감소	70,000	보안	표준가치	60	90	37,800
9	직접비용 감소	9,433	공급 비용	N/A	70	90	5,949
10	효율성	39,000	정보기술 비용	참가자 추정치	70	80	21,840
11	고용 유지	215,000	4명 이직	표준가치	75	90	145,125
12	생산성	13,590	초과 근무	표준가치	75	80	8,154
13	고용 유지	73,000	1명 이직	표준가치	50	80	29,200
14	고용 유지	120,000	연간 2명 이직	표준가치	60	75	54,000
15	고용 유지	182,000	4명 이직	표준가치	40	85	61,880
16	비용 감소	25,900	출장	표준가치	30	90	6,993
17	비용 감소	12,320	행정적 지원	표준가치	75	90	8,316
18	직접비용 감소	18,950	노동력 감소	참가자 추정치	55	60	6,253
19	수익률 증가	103,100	이윤	참가자 추정치	75	90	69,592
20	수익률	19,500	이익	표준가치	85	75	12,431
21	수익률	21,230	이윤	표준가치	80	70	18,889
22	수익률 증가	105,780	이윤	표준가치	70	50	37,023

소계 1,716,311$

소계 817,126$

두 번째 성과영역 총 649,320$

세 번째 성과영역 총 394,712$

전체 경영성과 1,861,158$

3개 영역에 대한 표를 분석하였다. 각 영역에 대한 분석 방법이 유사하기 때문에 여기서는 편의상 1개 영역만 상세히 기술하고 2개 영역은 그 결과치만 제시하였는데, 세 영역의 총합은 1,861,158달러였다.

〈표 2-11〉은 참가자의 한 사람인 캐롤라인 돕슨(Caroline Dobson, 11번째 참가자)의 완성된 실행계획이다. 이 사례에서 연간 이직률은 28%에서 17%로 줄었다. 이 수치는 11%나 개선된 것으로, 연간 총 4명의 이직이 감소했음을 보여 준다. 한 명의 이직 비용을 기본 연봉의 1.3배를 산정하는 표준가치를 사용하였을 때, 이직률을 낮춤으로써 감액한 비용은 총 215,000달러였다.

〈표 2-11〉 임원 코칭 프로그램의 실행계획 완성 사례

성명: Caroline Dobson
목표: 이직률 유지
개선 척도: 자발적 이직

코치: Pamela Mills
평가 기간: 1~7월
현 성과: 연 28%

날짜: 9월 1일

목표 성과: 연 15%

실천계획

행동 단계		분 석		
주요 활동	날짜	주요 내용	산출 근거	
1. 이직 사유 토론을 위한 미팅: 문제해결 방법 활용	1/31	측정 단위는 무엇입니까?	자발적 이직 이직 1건	
2. HR팀과 퇴사자 인터뷰 결과 검토-경향과 유형 분석	2/15	단위당 비용은 얼마입니까?	급여 X 1.3	
3. 위험성 있는 직원과 문제 개선을 위한 상담	3/1	어떻게 이 가치를 계산했습니까?	표준가치 활용	
4. 잠재력이 높은 직원을 위한 개별 향상 계획 도출	3/5	평가 기간 중 측정치가 얼마나 증가했습니까? (연간 가치)	11%/년(연간 이직자 4명)	
5. 장기 재직 직원들에게 인정/표창 제공	상시	이러한 개선에 영향을 끼친 다른 요인은 무엇입니까?	성장 기회, 인력시장 변화	
6. 모든 팀원을 위한 감사 만찬 계획	5/31	변화의 몇 %가 실제로 이 프로그램에 의해 일어났습니까?	75%	
7. 더 많은 책무를 위임하기 위한 팀장 독려	5/31	위의 내용에 대해 당신은 얼마나 신뢰합니까?(100%=자신 있다, 0%=자신 없다)	90%	
8. 개별 토의를 검토하고 개선 사항과 개선이 미흡한 사항 토론 후 차후 계획 수립	상시			
9. 개선을 확인하고 적절한 때에 격려, 칭찬	5/11			

무형의 이익: 대단한 코치였음. 코치는 이 이슈와 관련해서 향상 방향을 잡도록 나를 도와주었음

무형의 이익: 팀의 스트레스를 줄이고, 일에 대한 만족도를 높임

코멘트: 대단한 코치였음. 코치는 이 이슈와 관련해서 향상 방향을 잡도록 나를 도와주었음

앞서 언급한 바와 같이, 코칭이 경영성과에 미친 효과를 분리하기 위해 참가자가 제시한 추정치를 사용하였다. 추정치를 구한 후에 각 경영성과 개선에 코칭이 미친 기여도를 파악하여 추정치를 조정하였다. 또한 코칭이 미친 기여도 파악을 위해 참가자들에게 코칭 외에도 경영성과에 영향을 미쳤다고 생각되는 다른 요소들을 기술하게 하였고, 코칭으로부터 직접 도움을 받은 정도를 백분율을 사용해 할당하게 하였다. 이렇게 코칭이 경영성과 향상에 기여한 정도를 산출한 후에 자신들이 추정한 값에 대해 신뢰하는 정도를 0%(신뢰도 없음)부터 100%(확실함)까지 적도록 하여 추정한 값의 신뢰도를 산출하였다.

ROI

투입된 비용은 전부 다 기록하였다. 여기에는 코칭을 위해 사용된 직접적인 비용과 간접적인 비용 모두를 포함하였다. 경우에 따라서는 추정치를 사용했다. 〈표 2-12〉는 25명의 참가 임원들에 대한 코칭 비용이다.

〈표 2-12〉 25명의 참가자 코칭 비용

항 목	비용($)
요구분석/개발비	10,000
코칭비	480,000
교통비	53,000
참가자의 시간	9,200
행정적 지원	14,000
행정적 간접비용	2,000
전화비	1,500
시설비(회의실)	2,100
평가비	8,000
합계	579,800

초기의 평가 비용은 적게 들었고, 개발 비용 역시 매우 적었다. 비용이 적게 든 이유는 코칭을 수행한 기업이 이전에 비슷한 코칭프로그램을 개발한 적이 있었기 때문이다. 회기 비용에서 전화비는 추정하여 계산했고, 가끔은 참가자의 사무실 대신 회의실을 이용하기도 했다.

금전적인 총 이익과 프로그램에 사용된 총 비용을 사용하여 2개의 투자수익률을 계산할 수 있다. 첫째는 편익비용비율(Benefit-Cost Ratio: BCR)로 금전적인 이익을 비용으로 나눈 것이다.

$$\text{BCR} = \frac{1,861,158\$}{579,800\$} = 3.21:1$$

이 계산 결과는 투자액 1달러당 3.21달러의 이익을 얻을 수 있었다는 것을 의미한다. 훈련, 코칭 및 여러 관련된 업무에 든 투자액에 대한 ROI 공식은 다른 종류의 투자에도 마찬가지로 적용될 수 있다. 즉, 순수익을 투자액으로 나누면 된다. 본 코칭프로그램의 ROI는 다음과 같이 계산될 수 있다.

$$\text{ROI} = \frac{1,861,158\$ - 579,000\$}{579,800\$} \times 100 = 221\%$$

즉, 코칭프로그램에 1달러를 투자했을 때 투자된 1달러를 환수하고 추가로 2.21달러의 이익이 발생되었다는 것을 의미한다. 이 수치는 코칭프로그램의 당초 목표인 25%의 ROI를 초과한 결과다.

무형의 이익

모든 과정에서와 마찬가지로, 이 분석을 통해 많은 무형의 이익, 즉 비

금전적 이익이 산출되었다. 무형의 이익은 실행계획과 설문조사를 통해 수집하였다. 설문조사에는 두 가지 문항이 포함되었는데, 하나는 이 과정에서 얻어지게 된 여타 이익을 묻는 것이었고, 다른 하나는 프로그램에 대한 코멘트를 작성하는 것이었다. 어떤 참가자들은 코멘트에 자신이 얻게 된 무형의 이익을 언급하였다. 또한, 실천계획에는 무형의 이익과 코멘트를 적는 부분이 있었다. 무형의 이익에는 다음과 같은 것들이 해당한다.

- 몰입도 증가
- 팀워크 개선
- 직무만족도 증가
- 고객 서비스 개선
- 소통 개선

여기에 소개한 무형의 이익은 25명의 참가자 중 적어도 4명 이상이 무형의 이익이라고 기술한 것들만을 나타낸 것이다. ROI 방식의 보수적인 속성상 두어 명의 참가자들이 제시한 무형의 이익의 척도는 신뢰도가 낮은 것으로 판단하여 프로그램의 실질적인 무형의 이익의 목록에 넣지 않았다.

ROI 분석의 신뢰성

이 연구에서 가장 중요한 문제는 자료의 신뢰성이다. 이 자료는 참가자들과 그들의 직속상관 그리고 코치들에게 매우 신뢰성 있는 것으로 받아들여졌다. 이러한 신뢰성은 8개의 주요 이슈를 통해 확인할 수 있다.

1. 분석에 사용된 정보들은 참가자들 자신이 직접 제공한 것으로, 자

료 제공에 대해 편견을 가질 이유가 없었다.

2. 회계감사를 받는 객관적 경영기록으로부터 산출된 자료들이었다.

3. 자료 수집의 과정은 보수적으로 이루어졌는데, 응답하지 않은 참가자에 대해서는 성과 개선이 전혀 없었다고 가정했다. 자료가 없으면 개선도 없다는 이러한 가정은 자료 수집에 있어서는 아주 보수적인 방법이다. 예를 들어, 3명의 참가자들이 자신의 완료된 실행계획을 제출하지 않았다면 이들은 성과가 없는 것으로 간주되었다.

4. 참가자들은 개선된 모든 경영성과가 이번 코칭프로그램에 의한 것이라고만 생각하지는 않았다. 따라서 개선된 경영성과 중 일부만을 코칭프로그램의 효과로 분리하였다.

5. 자료는 앞의 추정치에서 생길 수 있는 오류를 감안하여 조정되었다.

6. 대부분 경영성과 개선의 결과는 프로그램 시행 후 두 번째, 세 번째 해에 더 많이 나타났음에도 불구하고, 이 연구에서는 오로지 첫 번째 해의 이익만을 분석하였다.

7. 프로그램에 든 비용은 빠짐없이 포함되었다. 모든 직간접적 비용이 여기에 포함되었고, 참가자가 코칭 때문에 업무를 하지 못한 시간까지도 포함되었다.

8. 전반적으로 평가 단계별로 자료의 균형적인 연속성을 파악할 수 있었다. 매우 호의적인 반응, 학습, 현장 적용의 자료가 산출되었고, 업무 효과의 증진, ROI, 무형의 이익 등이 있었다.

종합적으로 볼 때, 이러한 사항들로 인해 경영성과 개선을 위한 코칭프로그램은 신뢰성 있는 사례가 될 수 있었다.

커뮤니케이션 전략

ROI 분석계획에서 기술했던 것처럼, 이해관계자와 적절하게 소통하기 위해서 3개의 구체적인 보고서를 만들었다. 첫 번째 보고서는 구체적인 효과 연구로 경영성과 분석에 활용된 모든 자료 영역을 활용하여 접근 방법, 가정, 방법론, 결과를 보여 주는 것이었다. 여기에 장애 요소 및 도움을 준 요소들과 함께 결론 및 제언까지 추가적으로 기술하였다. 두 번째 보고서는 방법론에 대한 1페이지짜리 개요가 들어 있는 핵심 포인트에 대한 참가자들의 8페이지짜리 요약문이다. 세 번째 보고서는 과정과 결과에 대한 5페이지의 간결한 요약문이었다. 이러한 양식들은 〈표 2-13〉에 나와 있는 보고 계획표에 따라 각기 다른 보고 대상에게 제공되었다.

이번 연구가 이 회사에서는 처음으로 수행된 ROI 연구였기 때문에 스폰서들과 이 연구에 흥미를 보였던 최고위층 임원들을 직접 만나는 회의를 가졌다. 이 회의의 목적은 관계 임원들에게 ROI 방법론, 측정할 때의 보수적인 가정, 평가 단계별 관련 자료에 대해서 분명하게 이해시키는 것이었다. 이 회의에서는 장애 요소나 도움이 되는 요소들, 결론 및 제언을

〈표 2-13〉 Nations 호텔 학습팀의 평가 결과 커뮤니케이션 계획표

대 상	문 서
임원	간결한 요약문
임원의 직속상관(최고위 경영진)	간결한 요약문
스폰서	연구 전문, 요약문
Nations 호텔 학습팀 직원	연구 전문
학습-개발위원회	연구 전문, 요약문
잠재적인 참가자	간결한 요약문

매우 중요한 요소로 다루었다. 만약 이 회사에서 이러한 연구가 두세 번 더 수행된다면, 이 보고 대상자들에게는 핵심적인 자료 항목에 대한 1페이지짜리의 요약문만 제공해도 충분히 이해하게 될 것이다.

학습-개발위원회와도 비슷한 회의를 가졌다. Nations 호텔 학습팀에 대한 자문단으로 이루어진 이 위원회는 대개 중간급 임원과 관리자들로 구성되었다. 최종적으로 Nations 호텔 학습팀 직원들과 직접 만나는 회의를 가졌는데, 이 회의에서는 이미 완료된 경영성과 기여도에 대한 연구를 설명하였고, 이를 학습도구로 사용하였다.

이러한 소통의 결과, 고위 임원들은 이 프로그램에서 사소한 몇몇 부분의 조정만 거치고 경영성과에 기여하는 코칭프로그램을 자발적 참가자들에게 계속 제공하겠다고 결정하였다. 이들은 진행 결과에 대해 매우 만족하였고, 경영성과와 코칭을 연계시키는 자료를 갖게 된 것에 대해 매우 기뻐하였다.

토론을 위한 질문

1. ROI 연구를 수행하기로 한 결정이 코칭프로그램 설계에 어떤 영향을 주었는가?
2. 평가 설계 방법과 자료 수집 방법을 비판하시오.
3. 참가자들이 양질의 자료를 적극 제공하는 것이 왜 중요한지 논의하시오.
4. 이 연구에서 경영성과에 대한 코칭프로그램의 기여도를 분리해 내기 위한 다른 전략으로는 어떤 것들이 있겠는가?
5. ROI 연구에서 자료의 신뢰성이 왜 중요한지 논의하시오.
6. 여러분 기업의 경영 목표와 코칭의 결과가 어떻게 연결될 수 있겠는가?

저자에 관하여

Jack J. Phillips

ROI 측정의 세계적 대가이며, ROI 연구소의 회장이다. 『*Fortune*』의 500대 기업을 대상으로 컨설팅을 수행하고 있으며, 전 세계적으로 주요 컨퍼런스에 컨설팅 서비스를 제공하고 있다.

Jack Phillips가 출간한 책은 다음과 같다. *The Value of Learning*(Pfeiffer, 2007), *Show Me the Money: How to Determine ROI in People, Projects, and Programs*(Berrett-Koehler, 2007), *Proving the Value of Meetings & Events: How and Why to Measure ROI*(ROI Institute, MPI, 2007), *Building a Successful Consulting Practice*(McGraw-Hill, 2006), *Investing in Your Company's Human Capital: Strategies to Avoid Spending Too Much or Too Little*(AMACOM, 2005), *Proving the Value of HR: How and Why to Measure ROI*(SHRM, 2005), *The Leadership Scorecard*(Elsevier Butterworth-Heinemann, 2004), *Managing Employee Retention*(Elsevier Butterworth-Heinemann, 2003), *Retrun on Investment in Training and Performance Improvement Programs*(2nd ed.) (Elsevier Butterworth-Heinemann, 2003), *The Project Management Scorecard*(Elsevier Butterworth-Heinemann, 2002), *How to Measure Training Results*(McGraw-Hill, 2002).

그의 연락처는 jack@roiinstitute.net이다.

제**3**장

판매 교육훈련에서의 ROI 측정

-제약회사 사례*-

* 본 사례는 효과적이거나 비효과적인 관리 경영 실무 관행들을 예시하기보다는 논의의 기초로서 마련되었다. 본 사례에 거명되는 이름, 날짜, 장소 및 자료는 저자와 기업의 요청에 따라 가명으로 처리하였다.

Ron Drew Stone

요 약

경쟁이 극심한 제약업계 시장에서 신제품 판매의 성공은 임상실험을 통해 만들어 낸 제품에 대한 평판과 제품이 환자에게 효과가 있다는 것을 의사에게 확신시키는 영업사원의 기술에 달려 있다. 제약사 영업사원의 주 대상 고객은 의사이며, 제품의 우수성을 의사에게 확신시킬 수 있는 시간은 약 15~20분 내외다. 본 사례연구는 집중적인 교육훈련 노력과 적절한 지원 환경이 의사의 약품 선택에 긍정적인 영향을 준다는 것을 보여 주고 있다. 아울러 투자 수익률이 어떻게 계산되는지를 보여 준다.

배 경

프로그램의 필요성

바이오서치 제약사(Biosearch Pharmaceutical Incorporated: BPI)는 여러 국가에 독립적인 판매점을 보유하고 있으며, 미국에 본사를 둔 세계적인 회사다. BPI사는 조제와 일반 소비자 판매약품의 연구 및 마케팅에 관여하고 있다. 판매의 거의 40%는 미국 밖에서 이루어진다. 50개 국가에서 60,000여 명의 직원들이 연구, 개발 및 판매에 종사하고 있다. Salustatin은 BPI사에서 만들어 낸 콜레스테롤 저하제인데, 2년 전부터 시판되고 있다. '콜레스테롤 저하제 약품군'에 속하는 약품은 환자가 심장병 증세를 보일 때 의사가 처방을 내린다. BPI사에서는 시장 점유율을 달성하고, Salustatin에 대한 판매 목표를 달성하는 데 콜레스테롤 저하제 시장의 엄청난 경쟁이 문제라고 판단해 왔다. 1차 마케팅 연구 활동은 목표가 충족되지 못하는 이유를 파악하고, 문제점을 규명하는 데 목표를 두고 있다. 마케팅 연구 보고서의 결론은 다음과 같다.

- 의사들은 Salustatin에 대한 교육을 제대로 받지 못했고, 동 제품의 장점을 이해하지 못했으며, 성능 면에서도 우수하다는 것을 믿지 못하고 있다.
- Salustatin의 장점에 대한 일관성 있는 메시지가 의사들에게 제공되고 있지 않다.
- 영업사원들은 Salustatin에 대한 의사들의 질문 및 이견(異見)을 효과적으로 다루지 못하고 있다.
- 일반적으로 의사들은 영업사원을 Salustatin 제품에 관한 믿을 수 있는 지식 제공처로 여기지 않는다.
- Salustatin에 대한 현재 의사들의 태도는 그다지 우호적이지 않기 때문에 연구자들은 Salustatin에 대해 설명할 수 있는 의사들과의 효과적인 면담의 시간을 늘릴 필요가 있다고 믿는다.
- 시장에는 경쟁적인 콜레스테롤 저하제들이 많이 있기 때문에 처방을 내리는 의사들이 시장 점유율을 달성하는 데 관건이 된다. 의사들은 제품 효과에 대한 믿음을 토대로 어느 제품을 처방할 것인지를 판단하기 때문이다.

성과 달성 프로그램의 개요

마케팅 연구 보고서에서 확인된 매출액 달성 장애 요인을 해결하기 위해 미국 현장역량강화팀(USA Field Force Effectiveness)을 결성하게 되었고, 이 팀에서 연구 결과를 확인해서 해결책을 도출하는 책임을 지게 되었다. 판매능력 향상에 관한 교육훈련 관리자는 이 팀의 일원이었다. 보다 상세한 요구조사에 근거하여 이 팀은 영업사원들을 대상으로 한 집중적인 교육훈련 노력이 필요하며, 의사들에 대한 공개 교육 세미나가 필요하다는 결론에 도달했다. 이 팀은 영업사원들이 기술을 현장 실무에 어떻게 적용하도록 할 것인가에 대해서는 우려를 표명했다. 연구 결과를 보면, 현장 적용 가능성을 높이기 위해서는 지역 판매관리자들의 참여가 필요한 것으로 나타났다.

영업사원을 위한 교육훈련 설계　현장역량강화팀은 교육훈련 설계를 위한 3개의 요구 사항을 제시했다.

- 첫째, 교육훈련은 퍼실리테이터가 주도해야 하며, 현장 실무에 적용 가능한 사항이 교육훈련 내용에 포함되어야 한다. 실천계획은 반드시 수립되어야 하며, 필요한 형식과 접근 방법은 교육훈련 설계팀에서 맡는다.
- 둘째, 일선 관리자(흔히 지역 판매관리자)의 교육훈련 후의 참여가 필요하다.
- 셋째, 일선 관리자는 판매 증진을 위하여 영업사원과 상호작용하는 역할을 수행하는 데 도움을 줄 수 있도록 교육을 받아야 한다.

현장역량강화팀은 모든 참가 대상자가 선발 당시 판매부서에 근무하고 있어야 하며, 회사 근무 시간 중에 교육훈련에 참가해야 한다고 판단했다. 제품에 대한 지식은 이미 온라인에서 제공되고 있는 Salustatin 제품 관련 교육훈련을 사전에 이수하여야 한다고 판단했다. 영업사원들을 위한 2일간의 교육과 일선 관리자들을 위한 추가적인 2일 교육훈련 프로그램에 필요한 예산이 책정되었다. 아울러 일선 관리자들은 영업사원들의 교육을 모니터링하고 교육 기간에 지원자 겸 사정관, 평가자의 역할을 수행할 것이다.

현장역량강화팀의 권고 사항에 따라 Salustatin 판촉 프로그램(Salustatin Promotional Program: SPP)이 실행되었는데, SPP의 주 내용은 다음 세 가지다.

1. 미국에 소재한 BPI 영업사원들에게 집중 판매 프로그램을 제공했다. '핵심 판매 기술'이라 명명된 이 프로그램은 2일 연속 진행된 교육프로그램이었다.
2. 일선 관리자들은 실적 관찰, 코칭 및 기타 관련 주제를 다룬 교육훈련을 받았다.
3. SPP에는 지역 시장 전반에 걸쳐서 지역 마케팅 전문가들에 의해 개별적으로 제공된 의사 세미나도 포함되어 있다. 이러한 지역 세미나는 본질적으로 교육이었으며, 사례연구 기간 동안 Salustatin에 대한 과학적인 연구 및 의학적 효과에 역점을 두었다.

일선 관리자를 위한 교육훈련 프로그램　일선 관리자는 판매 담당자 교육에 앞서 실시된 2일짜리 교육훈련 프로그램에 참여했다. 이 프로그램에 앞서 모든 판매관리자 및 마케팅 담당자는 핵심적인 판촉 메시지 전달과 Salustatin에 대해서 의사들이 가장 자주 제기하는 이견 처리를 위한 성과 기준을 수립하기로 했다. 연수 기간 동안 일선 관리자들은 다음 주제에 대한 교육을 받았다.

• 성과 기준
• 핵심적 판촉 메시지의 전달
• 가장 자주 제기되는 이견의 처리
• 성과 관찰, 성과 달성도 확인, 코칭 제공

영업사원을 위한 교육훈련 프로그램　2일간 제공된 '핵심 판매 기술 교육훈련' 기간 동안 영업사원은 경영진이 마련한 성과 기준을 재확인했으며, 판촉 메시지의 전달 및 이견 처리 방법을 실습했다. 일선 관리자가 교육 중에 활용된 역할 연기에 비판적이었기 때문에 판매 교육훈련에 참여시켰다. 이 교육훈련 프로그램은 다음과 같은 영업사원의 핵심적인 판매 기술을 향상시키기 위하여 개발되었다.

- 구체적인 주문 목표량 수립
- 의사에게 신뢰성 있는 핵심적 판촉 메시지의 전달
- 의사의 처방에 영향을 미치는 이견의 적절한 처리
- 기술 개발에 대한 강조 사항

영업사원에게 피드백을 제공하기 위하여 비디오에 녹화된 역할 연기 상황을 활용하여 기술 습득을 도왔다. 1차 교육훈련에는 미국 전역에 산재한 220명의 영업사원이 참가했다. 모든 참가자는 참가자로 선정될 당시 판매부서에 근무하고 있었다. 직원들은 6월 중 회사 근무시간에 제공된 교육훈련에 참석했다.

평가의 필요성

경영진은 의사들로부터의 피드백을 포함하여 Salustatin 판촉 프로그램의 모든 측면에 참가한 후 성공 여부에 대한 평가를 강하게 요구했다. 그러나 예산 문제로 인해 평가의 범위를 한정해야 했다. 현장역량강화팀은 다음 3가지 이유에서 영업사원들을 위한 '핵심 판매 기술 교육훈련'에 대한 평가가 필요하다고 주장했다.

1. 이 교육훈련은 SPP의 성공에 가장 중요한 요소로 생각되었다.
2. 경영진은 영업사원들이 배운 것을 실제로 적용하는지에 대해 알고
   자 했다.
3. 이 교육훈련은 SPP의 가장 핵심적인 성공 요인이었다.

경영진은 영업사원을 위한 '핵심 판매 기술 교육훈련'만을 평가하라는
권고에 동의했다. 이건에 대한 우려를 표명하면서 현장역량강화팀은 프
로그램의 영향을 판단하기 위한 독자적인 연구가 필요하다고 권고했다.
Phillips ROI 방법론에 의해 인증된 외부 측정 전문가가 '핵심 판매기술 교
육훈련' 프로그램의 성과 측정을 맡게 되었다. 이 측정 전문가는 전술한
실천 계획의 설계, 사후 평가 전략 추천, 평가의 설계와 실행을 맡았다.

평가 방법론

Phillips ROI 방법론은 평가 설계, 자료 수집, 자료 분석 및 결과 보고에
활용된다. 이러한 체계적인 방법론은 교육훈련 및 실적 향상 프로그램을
평가하기 위하여 현재 사용되고 있는 가장 철저하고 믿을 수 있는 프로
세스로, 40여 개의 국가에서 사용되고 있다. 이 방법론을 활용하여 수천
건의 연구들이 완성되었다. 자료는 〈표 3-1〉에 예시된 바와 같이 5단계
로 수집된다.

이 5단계 평가는 Phillips ROI 방법론의 기본적인 구조다. 이 방법론에
는 평가 대상인 교육훈련 프로그램의 효과를 분리해 내기 위한 기법들이
포함되어 있다. ROI 모델은 [그림 3-1]에 예시되어 있다.

〈표 3-1〉 평가 방안

단 계	측정 주안점
I. 반응도, 만족도 및 실행 계획	프로그램에 대한 참가자 만족도를 측정하고, 필요한 경우 실행 계획 변화를 파악한다.
II. 학습 성취도	프로젝트와 관련된 지식, 기술, 태도에서의 변화를 측정한다.
III. 현업 적용 및 이행	현업의 행동 또는 활동에서의 변화를 측정한다.
IV. 경영성과 기여도	사업성과상의 변화를 측정한다.
V. 투자 수익률(ROI)	프로그램의 편익을 비용과 비교한다.

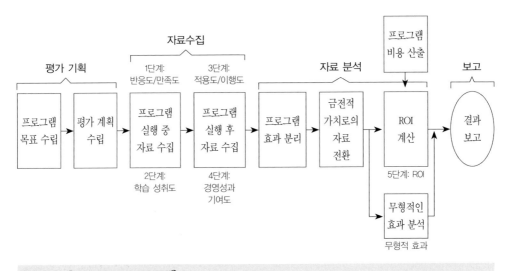

[그림 3-1] Phillips ROI 모델

본 평가는 '핵심 판매 기술 교육훈련 프로그램'의 성공을 평가하기 위하여 고안되었다. 이 연구에는 4개의 구체적인 목표가 포함되어 있다.

1. 참가자들이 세부적인 판매 실무에 교육훈련 기간 동안 배운 기술을 적용한 정도를 측정한다.
2. 관리자가 영업사원에게 판촉에 도움이 되는 코칭을 했는지 확인한다.

3. 기술의 성공적인 적용을 막는 구체적인 장애 요인을 확인한다.
4. 구체적인 판매 개선치가 경영성과에 미치는 영향을 파악하고, 교육 훈련 프로그램의 ROI를 계산한다.

이 목표들은 현장역량강화팀이 이러한 목표를 승인한 후 개발된 종합적인 자료 수집 및 분석 전략의 실행을 통해 달성되었다. 전략은 〈표 3-2〉에 예시된 자료 수집 계획 절차와 〈표 3-5〉에 명시된 ROI 분석 계획을 통해 확인할 수 있다.

1단계 및 2단계 자료 수집

1단계 자료는 설문지를 사용하여 교육훈련이 끝났을 때 일반적인 방식으로 수집하였다. 1단계에 대한 중점 사항은 프로그램의 타당성 및 강의 효과성이었다. 1단계 평가 도구는 〈표 3-3〉에 나타나 있다.

2단계 자료는 강의실에서의 기술 실습을 관찰한 퍼실리테이터와 관리자들로부터 수집하였다. 2일간 교육훈련을 하는 동안 관리자들은 성과를 관찰하고, 이를 표준과 비교하는 방법을 습득했다. '핵심 판매 기술 교육 훈련'을 하는 동안 영업사원들이 다양한 시나리오를 수행할 때 영업사원의 역량을 관찰·기록하는 데 〈표 3-4〉에 수록된 체크리스트를 사용하였다. 여기에는 '만족' '역할 모델' 및 '불만족'에 대한 평가 기준을 포함한 교육훈련의 핵심인 6개 기술이 포함되어 있다.

주관적이기는 하지만 이러한 평가는 학습 프로세스에 대한 증거를 제공하고, 기술 적용 수준을 평가하기 위하여 계획, 실행되었다. 이러한 학습에서의 활동은 평가자들로 하여금 업무 현장에서의 실행 가능성을 높이게 했다.

〈표 3-2〉 자료 수집 계획 절차

프로젝트: 바이오서치 제약사 핵심 판매 기술 관련 교육훈련-Salustatin 미국 지사
시기: 6월

단계	평의의 프로그램 목표	측정값	평가 방법/수단	자료원	시기	책임자
I. 반응 만족도 및 실행 계획	1. 강의 내용 및 강사 만족도 2. 코칭 및 피드백 만족도 3. 지식과 기술 적용 계획	1. 5점 척도에서 최소 평균 4.5 2. 5점 척도에서 최소 평균 4.5 3. 최소 80%의 참가자가 지식과 기술을 현장적 응할 계획	• 관리자 및 참가 자용 질문지	• 참가자	• 교육 직후	• 교육 담당자
II. 학습 성취도	1. Salustatin 교육훈련의 목표에 명시된 지식, 기술 시연 2. 학습 내용을 업무 현장에 적용하기 위한 실천 계획 및 필요시 관리자에게 보고할 계획 수립	1. 역할 연기에서 핵심 판촉 메시지를 전달하고, 잠재적인 이견을 찾아 내며, 가장 빈번한 6개의 이견 중 3개를 처리하는 방법 시연 2. 기준에 따라 수립된 실천 계획	1. 역할 연기 중 기술 관찰 2. 실천계획 주: 제품 지식 평가는 교육 전 실시	1. 강사 및 관리자 들에 의한 참가자 관찰 2. 퍼실리테이터가 실천 계획의 구체성과 완성도를 검토	• 학습 중	• 학습자 코치/관리자, 강사

구분						
III. 현업 적용 및 이행	1. 영업사원은 현장에서 지식과 기술을 지속적으로 적용함 2. 관리자는 교정을 제공함 3. 영업사원은 현업 적용 시의 장애 요인과 촉진 요인을 제시함	1. 이사들 중 80%가 영업 사원과의 상호작용, 신뢰 정도, 효용도 등에서 9점 만점에 최소한 7점 이상 부여 1. & 2. 관리자 및 판매자에 의해 보고된 기술 활용 3. 참가자 및 관리자들 중 80%가 영업사원의 만매 시연 시 장애 및 촉진 요소 제공	1. 다양한 현장에서의 교육 전후의 핵심 이사집단 1. & 2. 실전 계획 절차 1. & 2. 관리자가 현장에서 영업 사원 관찰 1. 2. & 3. 사후 의 자료 구성된 핵심 이사 집단 및 질문지	1. 이사 표본 1. 2. & 3. 참가자 및 만매 관리자	교육훈련 90일 후 실천 계획 실적 관리자는 30일마다 계획을 검토, 수정 교육훈련 후 90~120일 후 핵심 이사집단 및 질문지	판매 관리자들에 의한 관찰 현장역량강화팀별 핵심 이사집단 평가 전문가 작성한 설문지 관리자 및 영업사원에 의한 실천 계획
IV. 경영 성과 기여도	1. 제품 수익 증가 2. 시장 점유율 증가 3. 이사 수익 증대 4. 고객 만족도 개선	1. 최소 수익 20% 증가 2. 10월 30일까지 10% 증가 3. 이사당 최소 10% 수익 증가 4. 16개의 핵심 질문에 9점 만점에 최소 7점 수준의 이사 만족도	1. & 2. 회사 실적 3. 조제 실적 4. 핵심 이사집단	1. & 2. 회사 실적 3. 신규 조제 실적(조제 매출 보고서) 3. & 4. (핵심 이사집단)	1. & 2. 교육 90~120일 후 3. 교육 120일 후 4. 교육훈련 전 및 교육훈련 후 90~120일 후	1, 2, & 3. 현장 역량강화팀이 자료 수집해서 평가 전문가에게 제공 4. 현장역량강화팀이 핵심 이사집단 관리함

〈표 3-3〉 1단계 강의 평가

효과성	강한 부정	부정	다소 긍정	긍정	강한 긍정
강의 목표가 달성되었다.	1	2	3	4	5
강의 내용이 집중적이고 목표가 분명하다.	1	2	3	4	5
퍼실리테이터의 설명이 효과적이었다.	1	2	3	4	5
강의용 교재가 유용하고 잘 짜여 있었다.	1	2	3	4	5
연관성	강한 부정	부정	다소 긍정	긍정	강한 긍정
강의 내용이 현재 직무와 관련되어 있었다.	1	2	3	4	5
활동 및 실습이 연관성이 있었다.	1	2	3	4	5
학습내용이 나의 직무에 중요하다.	1	2	3	4	5
가 치	강한 부정	부정	다소 긍정	긍정	강한 긍정
강의가 시간을 투자한 만큼의 가치가 있었다.	1	2	3	4	5
강의 중 배운 것을 적용한다면 나의 업무성과가 높아질 것이다.	1	2	3	4	5
다른 사람들에게도 이 강의를 추천하고 싶다.	1	2	3	4	5

계획한 개선사항: 강의에서 배운 내용을 직무에 적용할 행동을 기술한다(구체적으로 기술할 것).

〈표 3-4〉 3단계 현업 적용 평가 지침

기술 적용 체크리스트

이름:		관찰자:	
시연해야 할 기술	**불만족**	**만족**	**역할 모델**
질문기법 사용 숨겨진 이견 찾기 이견에 대한 조치 제품 지식 구사 핵심 판촉 메시지 활용			

3단계 및 4단계 자료 수집

자료 수집 계획서에 명시된 바와 같이, 평가 전략에는 몇 가지 방법을 활용하여 일부 자료 출처에서 자료를 수집하는 방법이 포함되어 있다. 참가자들이 교육에서 배운 것을 활용하여 실제 업무에서 적용하는 정도를 측정하기 위해 실천계획(영업사원에 의해 실행되고, 관리자가 관찰하는)과 사후 설문지 및 핵심집단을 구성하였다. 아울러 관리자의 코칭 효과성을 측정하기 위해 질문지를 활용하였다. 객관성을 유지하기 위하여 실천계획 및 사후 설문 자료는 교육훈련에 참가한 사람들만을 대상으로 하여 익명으로 수집하였다.

교육부서에서 제공하는 사후 자료(3, 4단계)는 활용이 용이할 수 있고 객관적이며 유익할 수 있지만, 평가에는 어떠한 편견도 개입되어서는 안 되기 때문에 이러한 자료를 사용하는 것은 부적절하다. 이러한 접근은 프로세스의 공정성, 객관성을 확보하고 시행착오를 줄이는 데 도움이 된다. 마지막으로 Salustatin 판매의 변화 정도를 보여 주는 조제가 실제로 있었는지의 여부를 판단하기 위하여 프로그램을 전후해서 회사 판매 기록(4단계)을 조사하였다.

핵심집단: 의사　　의사들로부터 판매 주문 실적 자료를 수집하기 위한 계획 및 요구가 있었지만 경영진은 이를 추진하기 전에 큰 변화를 겪었다. 의사들과의 추가적인 접촉은 민감한 문제였고, 교육과정을 통해 의사와 추가 접촉을 한다는 것은 무리라는 결론을 내렸다. 경영진은 내부 자료를 충분히 수집해야 한다는 견해를 가지고 있었기 때문에 의사에 대한 예정된 핵심집단은 취소되었다.

핵심집단: 영업사원　　핵심집단을 실행하기 위한 계획은 다음 세 가

지 이유로 배제되었다.

1. 관리자들이 업무현장에서 영업사원들을 관찰 및 코칭하고 있었으며, 실천계획 수립과정에 관여할 수도 있었다.
2. 실천계획 및 사후 설문지는 중요한 자료였다. 사용될 사후 설문지는 포괄적이었으며, 경영진의 지원으로 성공적인 이행과 높은 수익률을 가져와야 한다는 사실이 잘 인식되어 있었다.
3. 월 단위의 실제 실적을 파악한다면 추가적인 자료를 요구하는 데 큰 도움이 될 것이다. 판매가 상향 곡선을 그리지 않을 경우, 핵심 집단을 구성하기 위한 결정이 내려지고, 영업사원은 판매 과정에서의 세세한 기술의 사용과 관련된 의미 있는 시사점을 제공할 수 있을 것이다. 따라서 이러한 추가적인 자료 수집 방법(핵심집단)은 보류되었으며, 실제 판매량이 기대 수준을 충족시키지 못할 경우에만 활용할 것이다.

질문지: 관리자　처음에는 판매 관리자들이 사후 설문지에 응답하기로 동의했지만, 교육훈련이 자신이 원하는 대로 진행되자 자신을 대상으로 하는 사후 설문지는 취소할 것을 요청했다. 그들은 교육훈련, 사후 관찰 및 코칭, 사후 실천계획 수립 프로세스 과정에서 평가에 충분히 관여했다고 생각했다.

질문지: 영업사원　전반적으로 볼 때 220명이 교육훈련에 참가했으며, 설문지를 받은 것으로 확인되었다. 비밀을 유지하기 위하여 설문지를 익명으로 참가자들의 집으로 발송하였으며, 제삼자에게 회수하도록 하였다. 일반적으로 익명으로 피드백을 받으면 참가자들은 상사에 대한 눈치 때문에 자료를 과장해야 하는 부담을 갖지 않아도 되기 때문에 타

당성 있는 자료를 제공할 가능성이 더욱 커진다. 설문지는 명확성을 확보하기 위하여 현장 검증을 거쳤고, 교육훈련 과정 중에 참가자들과 함께 검토하였다. 설문지는 현장 적용 및 경영성과 영향도를 측정하기 위한 여러 가지 질문을 포함하고 있었다. 설문지 및 실천계획은 분석을 위해 측정 담당자가 회수하도록 하였다.

실천계획 중복 활용: 영업사원 참가자들은 실천계획 수립 프로세스를 활용하여 교육훈련이 끝난 후 3개월 동안 진척 상황을 추적하고, 실제 실적 자료를 수집하였다. 판매관리자들은 적절한 후속 조치 및 코칭으로 현업 적용에 관여했다. 실천계획(영업사원에 의해 실행되고 관리자에 의해 관찰되는)과 더불어 판매관리자는 영업사원과 함께 의사의 결정에 영향을 주기 위하여 개발된 5개의 구체적인 기술 및 행동의 적용을 논의하기 위한 3차례의 사후 논의 일정을 실천계획을 활용해 정하도록 했다. 이 5개의 구체적인 기술 및 행동은 교육훈련 프로그램의 핵심내용이다. 관리자는 여러 사례에서 판매 주문 내용을 관찰한 후 주문 내용을 다시 정리해서 필요한 경우 영업사원들에게 지침을 내렸다.

이것이 반드시 정확한 측정이라고 볼 수는 없지만 영업사원 및 관리자가 기입한 내용이고, 업무 현장에서 고객과 직접 접촉한 후의 최선의 판단이기 때문에 신뢰성이 있다고 할 수 있다. 이러한 내용은 증가된 판매량과 연관성이 매우 높으며, 관리자, 영업사원 및 교육훈련 프로그램이 의도된 결과를 달성하기 위하여 어떻게 상호 관련되어 있는지를 알게 해 주는 것이다. 실천계획은 〈표 3-6〉〈표 3-7〉〈표 3-8〉〈표 3-9〉에 설명되어 있다.

자료 분석

ROI 방법론을 적용할 때 자료를 수집하고, 교육훈련 효과를 분리하고, 현업에서의 적용 수준을 결정하고, 사전·사후 프로그램의 판매량을 비교하는 방법을 정하는 것이 중요하다. ROI를 계산하기 위해서는 4단계 경영성과 척도 중 최소한 1개는 화폐가치로 환산해야 한다.

5단계 평가인 투자 수익률 측정이 이번 프로젝트의 실시 목적이라고 할 수 있다. 5단계(ROI)에서 4단계 실적 자료를 화폐적 편익으로 환산한 다음 프로그램에 소요된 비용과 비교하였다. 경영성과 측정치(단계4)에서의 향상 정도는 경영성과의 영향을 측정하는 데 사용된다. 판매량을 계산하고 교육효과 분리 전략을 적용하여 교육훈련이 실제 경영성과에 영향을 준 부분과 교육훈련 요인 외의 기타 영향 요인이 수익에 미치는 영향을 측정하여 최종적으로 교육프로그램이 판매량 증진에 영향을 준 것만을 산정하는 방식으로 자료를 조정했다.

〈표 3-5〉에 나와 있듯이, ROI 분석 계획은 경영성과에 교육이 미친 영향을 분석하고, 자료를 화폐가치로 환산하고, 비용을 분석하며, 보고 대상을 선정하는 등 중요한 정보를 파악하는 일련의 절차다. ROI 분석을 계획하는 첫 번째 단계는 자료 수집 계획에서의 4단계 측정치를 ROI 계획의 제1열에 배치하는 것이다. 다음은 각각의 4단계에서 측정된 경영성과 중에서 교육프로그램이 미친 영향을 분리하고, 금전적 가치로 전환하면 된다.

교육프로그램이 미친 영향을 분리하고, 금전적 가치로 전환하기 위하여 사용된 방법들은 〈표 3-5〉에 나타나 있다. 모두 3개의 경영성과를 보고해야 하지만 ROI 산정에는 수익 증가(첫 번째 측정자료)만 사용된다. ROI를 산정하는 나머지 측정치들을 사용하면 이 측정치가 첫 번째 측정 자료에 자동으로 반영되기 때문에 이중 계산을 하게 되는 셈이다.

〈표 3-5〉 ROI 분석 계획

프로젝트: 바이오서치 제약사 핵심 판매 기술 관련 교육훈련-Salustatin 미국 지사

일정: 6월

자료 항목	교육 효과 분리 방법	금전가치로 전환	비용 유형	무형의 이익	기타 영향/이슈들	보고 대상
1. 제품라인에서 최소 20%의 수익 증가	1. 동향분석, 참가자 및 관리자 평가	1. 한계수익의 화폐 가치	•요구분석과 개발비는 교육 횟수에 따라 분산 적용됨 •과정운영비 -교육훈련 교재	•영업사원과 고객 간의 관계 개선	이슈들: •신뢰 •판매량은 환자 의 수 및 성장 성에 좌우됨	•본사의 고위 임원 •국제 판매관리자, 판매관리
2. 10월 30일까지 시장 점유율 10% 증가	2. 업계 동향분석 및 관리자 평가	2. 보고된 자료, 즉 앞의 1항이 ROI 계산에 사용되는 유일한 자료 이므로 변환은 불필요	-복리후생비를 포함한 강사 및 의사의 급여 -출장비 등 •교육훈련 참가에 따른 기회비용	•각 제품의 좋아지는 다른 제품의 판매에 영향을 줌	•교육훈련에 완전히 반영되지 않는 판매 환경	•제품 및 영 업사원
3. 의사당 최소 10%에 달하는 수익 증가	3. 동향분석, 참가자 및 관리자 평가	3. 보고된 자료, 앞의 1항이 ROI 계산에 사용되는 유일한 자료 이므로 변환은 불필요	•운영비 •평가비 •교육훈련 및 개발 간접비	•판매관리 자와 영업 사원 간의 보다 긴밀 한 유대관 계 형성	•영업사원이 정 보 과부하에 노 출될 가능성이 있음	•현장 역량 강화팀 직 원

통제집단은 교육프로그램이 미친 영향을 분리하기 위하여 고려되었으나 실행 가능성이 약하다고 판단하여 곧바로 포기하였다. 경영진은 교육에 참여했던 영업사원들이 현업에서 적용한 것을 모두 알고 싶어 했으며, 비교 집단을 찾아내기 어려울 수 있었다. 동향분석은 영향 요인 하나만을 분석할 수 있었기 때문에 곧바로 배제되었다. 회사 환경에는 판매에 영향을 미치는 다양한 대내외 요인들이 존재했다.

실천계획 수립 프로세스의 설계 및 실행

2개의 목표를 달성하기 위하여 맞춤형 실천계획을 사용하였다. 첫째, 실무에 적용하는 것에 대한 염려가 있어서 실천계획을 영업사원들로 하여금 성공적인 판매 주문에 중요한 것으로 생각되는 해당 기술 및 행동에 집중할 수 있도록 현업 활용도구로 고안하였다. 이러한 프로세스는 영업사원의 행동이 바람직한 의사의 반응으로 연결되는 데 도움을 줬다. 아울러 이러한 프로세스는 영업사원들의 세부적인 판매 습관이 영구적으로 바뀌도록 하기 위해서 영업사원들의 판매 관련 행동과 기술을 즉시 그리고 지속적으로 적용하도록 하는 데 활용되었다. 판매관리자들은 목표를 수립하고, 프로세스를 평가하고, 행동 및 기술의 적절한 적용을 코칭하기 위하여 영업사원들과 협력하기 때문에 프로세스에 이들을 의도적으로 개입시켰다. 평가 검토 및 코칭은 관리자들의 관찰과 사후 활동을 통해 이루어졌으며, 교육훈련 과정의 연장으로 고려되었다.

둘째, 참가자들에게 교육훈련 후에 일정 시간 동안 프로세스를 점검하고 실제 성과 자료를 수집하기 위한 실천계획 수립 프로세스를 사용하도록 요구했다. 아울러 이러한 설계는 평가를 위한 자료 수집의 수단 역할을 했다.

〈표 3-6〉과 〈표 3-7〉은 완성된 실천계획 양식이다. 〈표 3-8〉과 〈표

3-9)는 영업사원과 일선 관리자들이 성과향상 도구를 어떻게 사용했는지를 설명할 목적으로 일부만을 표기한 것이다. 설명은 2개의 표에 잘 나와 있다.

〈표 3-6〉 실천계획 섹션 1 및 섹션 2

이름: _____   강사 확인: _____   판매관리자 확인: _____

실천계획: Salustatin 핵심 판매 기술	시장에서 BPI 처방의 현재 수량 _____ 목표 달성에 필요한 BPI 처방 수량 _____
섹션 1: 영업사원의 주요 행동/기술	섹션 2: 영업사원의 행동단계(주요 행동/기술로부터)

1차 사후관리 날짜: _____
  1. 구체적인 주문 목표의 수립
  2. 핵심 판촉 메시지의 활용
  3. 안내장/인쇄물의 사용
  4. 이의사항 처리
  5. 제품 지식의 사용
	지속할 사항 강화 또는 개선 사항
	  1. _____ 1. _____
	  2. _____ 2. _____
	  3. _____ 3. _____
	  4. _____ 4. _____
	  5. _____ 5. _____

2차 사후관리 날짜: _____
  1. 구체적인 주문 목표의 수립
  2. 핵심 판촉 메시지의 활용
  3. 안내장/인쇄물의 사용
  4. 이의사항 처리
  5. 제품 지식의 사용
	지속할 사항 강화 또는 개선 사항
	  1. _____ 1. _____
	  2. _____ 2. _____
	  3. _____ 3. _____
	  4. _____ 4. _____
	  5. _____ 5. _____

3차 사후관리 날짜: _____
  1. 구체적인 주문 목표의 수립
  2. 핵심 판촉 메시지의 활용
  3. 안내장/인쇄물의 사용
  4. 이의사항 처리
  5. 제품 지식의 사용
	지속할 사항 강화 또는 개선 사항
	  1. _____ 1. _____
	  2. _____ 2. _____
	  3. _____ 3. _____
	  4. _____ 4. _____
	  5. _____ 5. _____

〈표 3-7〉 실천계획 섹션 3

본인 서명: _____   관리자 서명: _____
섹션 3 실천계획-Salustatin 판촉 프로그램(SPP)   페이지: _____ /_____
각각의 주요 행동/기술의 해당란에 ○표 하되, 필요시 1개 이상에 ○표 함
예시: Y=Yes, N=No, NS=불확실/잘 모름

영업사원의 기술/행동						
영업사원 행동/기술은 의사의 결정에 얼마나 영향을 주었는가?	1. 주문 목표	2. 핵심 메시지	3. 판촉 지원	4. 이의 처리	5. 제품 지식	6. 기타
A. 의사는 의견을 더 경청하는가?	N Y NS	N Y NS	N Y NS	N Y NS	N Y NS	N Y NS
B. 의사는 상담 시간을 연장하려 하는가?	N Y NS	N Y NS	N Y NS	N Y NS	N Y NS	N Y NS
C. 의사는 영업사원이 도움이 된다고 판단하고 있는가?	N Y NS	N Y NS	N Y NS	N Y NS	N Y NS	N Y NS
D. 의사가 Salustatin의 효과를 더 잘 이해하고 있는가?	N Y NS	N Y NS	N Y NS	N Y NS	N Y NS	N Y NS
E. 의사는 Salustatin의 우수성을 더 확신하는가?	N Y NS	N Y NS	N Y NS	N Y NS	N Y NS	N Y NS
F. 의사는 영업사원이 자신의 업무상 필요한 것을 잘 이해하고 있다고 확신하는가?	N Y NS	N Y NS	N Y NS	N Y NS	N Y NS	N Y NS

☞ 내 생각으로는 내가 이 보고서를 작성하는 기간에 의사를 만난 결과(다음 어느 하나의 답변에 체크 표시할 것)

  □ 의사의 처방 행위에 변화가 없다.
  □ 회사 제품에 대한 의사의 처방 행위에서 약간의 개선이 있었다.
  □ 회사 제품에 대한 의사의 처방 행위에서 상당한 개선이 있었다.

• 본인에게 가장 도움이 되었던 판매 행위/기술: _____
• 응답자 서명: _____
• 관리자 서명: _____
• 기타 의견: _____

〈표 3-8〉 실천계획(섹션 1 및 섹션 2) 실적 측정용 도구의 활용

실천계획: Salustatin 핵심 판매 기술	시장에서 BPI 처방의 현재 수량 _____ 목표 달성에 필요한 BPI 처방 수량 _____	
섹션 1: 영업사원의 주요 행동/기술	섹션 2: 영업사원의 행동단계(주요 행동/기술로부터)	
1차 사후관리 날짜: _____ 　1. 구체적인 주문 목표의 수립 　2. 핵심 판촉 메시지의 활용 　3. 안내장/인쇄물의 사용 　4. 이의사항 처리 　5. 제품 지식의 사용	지속할 사항 1. _____ 2. _____ 3. _____ 4. _____ 5. _____	강화 또는 개선 사항 1. _____ 2. _____ 3. _____ 4. _____ 5. _____

(전체 문서에 대한 실천계획 〈표 3-6〉의 섹션 1, 섹션 2를 참고할 것)

섹션 1 및 섹션 2의 설명: 판매관리자는 기대사항과 목표를 설정하기 위하여 교육훈련에 앞서 영업사원과 실천계획을 검토한다. 교육훈련 후 영업사원 및 판매관리자는 1차적으로 만나서 3개월 이상의 추가 기간에 최소한 2회 만나 영업사원이 실천계획서 섹션 1에 나와 있는 주요 행동/기술(1~5)을 적용하는 방법에 관해 논의한다. 이들은 영업사원이 '지속할 사항'과 '강화 또는 개선 사항'을 위하여 행동할 내용들에 대하여 합의하고, 영업사원은 참조용으로 간단한 설명을 제공한다. 이러한 내용들은 영업사원과 판매관리자 간의 소통에 활용된다. 다음으로 영업사원은 향상된 역량을 바탕으로 수많은 주문 요청을 한다. 일련의 판매 주문을 한 후 영업사원은 행동/기술에 대한 고객의 반응을 분석하여 섹션 3을 완성한다.

〈표 3-9〉 실천계획(섹션 3) 실적 측정용 도구의 활용

섹션 3 실천계획–Salustatin 판촉 프로그램(SPP)
각각의 주요 행동/기술의 해당란에 ○표 하되, 필요시 1개 이상에 ○표 함
예시: Y＝Yes, N＝No, NS＝불확실/잘 모름

영업사원의 기술/행동								
영업사원의 행동/기술은 의사의 결정에 얼마나 영향을 주었는가?	1. 주문 목표			2. 핵심 메시지			3. 판촉 지원	
A. 의사는 의견을 더 경청하는가?	N	Y	NS	N	Y	NS	N	Y	NS
B. 의사는 상담 시간을 연장하려 하는가?	N	Y	NS	N	Y	NS	N	Y	NS

(전체 문서나 추가 항목 C~F, 4~6은 〈표 3-7〉 실천계획 섹션 3 참조)

☞ 내 생각으로는 내가 이 보고서를 작성하는 기간에 의사를 만난 결과(다음 어느 하나의 답변에 체크 표시할 것)
　□ 의사의 처방 행위에 변화가 없었다.
　□ 회사 제품에 대한 의사의 처방 행위에서 약간의 개선이 있었다.
　□ 회사 제품에 대한 의사의 처방 행위에서 상당한 개선이 있었다.
　• 본인에게 가장 도움이 되었던 판매 행위/기술: _____

섹션 3에 대한 설명: 섹션 3에 명시된 기준을 활용하여 의사들의 일련의 판매 주문 후에 영업사원은 각각의 행동/기술(1~5) 영역에서의 진척 상황 및 의사의 의사결정에 미치는 영향(A~F)을 평가한다. 예를 들어, 영업사원은 '핵심 메시지 전달'의 각각의 기술/행동 적용이 '의사가 좋은 경청자가 되도록 하는 것'의 의사의 답변에 얼마나 영향을 주는지 평가한다.

적어도 한 번쯤은 판매관리자는 판매 주문에 영업사원과 동행해서 나가는데, 이러한 과정은 판매 관련성을 더 잘 이해하게 하고, 공동 평가 및 코칭 기회를 제공하게 된다. 아울러 섹션 3을 활용하여 영업사원은 판매 주문 후 의사들의 처방 행동이 개선될 것으로 예상하고, 이러한 의사의 처방에 가장 영향을 준 행동/숙련 기술을 기술한다. 섹션 3 평가는 다음번에 판매관리자와 영업사원 간의 회의에서 논의된다.

평가 결과

　Phillips 방법론은 자료 수집, 분석 및 보고에 이르기까지 12개의 원리를 활용한다. 이러한 원리들은 교육이 성과에 미친 영향을 적게 산정하는 보수적인 방법으로, 자료를 수집 및 분석하는 방식으로 구성되어 있다. 특히, 교육프로그램이 보고된 실적에 미친 영향을 과대 산정하지 않기 위하여 일정의 원칙과 표준을 정하여 일관성 있게 적용하였다.

1단계 및 2단계 결과

　1단계 자료는 수집 후에 평균 점수를 사용하여 분석하였다. 아울러 극단적인 응답이 있는지를 검토했으나 그런 항목은 없었다. 평균 점수는 효과성 4.87, 연관성 4.95, 수강가치 4.88이었다. 참가자들 중 87%는 교육훈련에서 습득한 내용을 현업에 적용하겠다고 응답했다.

2단계 자료는 퍼실리테이터와 판매관리자들이 교육훈련 참가 기간 동안에 참가자들이 보인 지식의 습득 정도를 기술한 것이다. 〈표 3-10〉은 학습 내용을 평가하는 데 사용된 체크리스트다. 결과는 각각의 기술 영역에서의 질문에 대해 '만족스러움' '역할 모델' '불만족'을 %로 표시했다.

현장역량강화팀, 관리자, 경영진은 이러한 결과를 성공적인 것으로 간주하였다. 기술 적용에 불만족스러운 점수를 받은 영업사원들에게는 통상적으로 추가 코칭과 함께 개선 실천계획을 수립하기 위하여 별도로 관리자들을 만났다.

〈표 3-10〉 2단계 평가 결과

2단계 숙련 기술 실천 체크리스트(N=220)			
활용할 기술	불만족(%)	만족(%)	역할 모델(%)
질문기법 활용	0	72.7	27.3
숨겨진 이견 찾아내기	2.3	79.5	18.2
이견 처리	6.9	81.7	11.4
제품 지식 구사	4.5	91	4.5
핵심적 판촉 메시지 전달	2.3	86.4	11.3

3단계 및 4단계 결과

교육훈련 후 현장관리자 및 참가자들은 판매 주문실적 평가를 마쳤으며, 실천계획서에 제시되어 있는 행동목록에 대해 의견을 나눴다. 참가자들은 90일간의 사후 자료 수집 기간에 일정 간격으로 가진 3차례의 모임에서 현장관리자들과의 판매 주문 평가를 논의했다. 이러한 논의의 구체적인 시기는 현장관리자 및 영업사원의 재량에 맡겼다. 실천계획서 외에도 사후 설문지를 사용하여 참가자들이 교육훈련 내용을 활용한 정도와 현장 성공을 달성한 정도를 파악하였다. 설문지는 현업 적용 및 경영성과를 평가하기 위한 여러 질문으로 구성되어 있다.

작성된 실천계획서와 설문지는 분석을 위해 평가 부서로 회송시켰다. 〈표 3-11〉은 설문지 및 작성한 실천계획서를 회수한 응답 개요다. 참가자들이 현장에서 성취했다고 보고한 이러한 결과물이 교육훈련의 결과물이 되는 것이다.

응답한 내용 중에서 4단계 경영성과(판매량)는 Salustatin 판매에 얼마나 많은 변화가 있었는지로 측정했는데, 응답 결과는 프로그램을 전후해서 회사의 영업실적을 활용하여 확인되었다. 설문지 응답 내용은 방대한 분량의 의견과 제공된 자료의 우수성 측면에서 매우 신뢰할 만한 것이었다. 75%의 실천계획서 회수율과 85%의 설문지 회수율은 이러한 자료의 신뢰성을 높여 주고 있다.

실천계획을 통해 제공된 자료는 매우 신뢰할 만했으며, 실무에서의 적용 및 실적 향상을 결정하는 데 사용할 중요한 정보를 제공했다. 〈표 3-12〉는 실천계획 섹션 3의 통합적인 결과다. 영업사원들은 '핵심적 판촉 메시지 전달' 및 '이견 처리'를 위해 활용한 기술이 의사의 구매 의사 결정에 가장 영향을 줬다고 기술하였다.

영업사원의 교육훈련에서 배운 내용의 적용 결과, 즉 '영업실적 증대에의 교육훈련의 영향'은 〈표 3-13〉에, '교육훈련과 연계된 성과와 비즈니스 영향력'은 〈표 3-14〉에 나타나 있다.

〈표 3-11〉 응답 개요

자료 수집 내용	배포 수	응답자 수	회수율
실천계획서	220	163	74%
설문지	220	187	85%

〈표 3-12〉 실천계획 섹션 3 결과 - 영업사원 활동

영업사원 행동/기술은 의사의 결정에 얼마나 영향을 주었는가?

N = 아니요, Y = 예, NS = 확실치 않음

	구체적인 주문 목표 수립			핵심 만족 메시지 활용			홍보물/자료의 사용			이익 사항 처리			제품 지식의 구사		
	N	Y	NS	N	Y	NS	N	Y	NS	N	Y	NS	N	Y	NS
A. 의사가 더 경청함	2	115	46	1	149	13	9	98	56	3	129	31	2	101	60
응답비율	1.2%	70.6%	28.2%	0.6%	91.4%	8.0%	5.5%	60.1%	34.4%	1.8%	79.1%	19.0%	1.2%	62.0%	36.8%
B. 면담시간을 연장함	15	71	77	15	99	49	10	81	72	3	129	31	1	99	63
응답비율	9.2%	43.6%	47.2%	9.2%	60.7%	30.1%	6.1%	49.7%	44.2%	1.8%	79.1%	19.0%	0.6%	60.7%	38.7%
C. 영업사원을 자원으로 간주	15	55	93	7	92	64	8	98	57	2	122	39	1	124	38
응답비율	9.2%	33.7%	57.1%	4.3%	56.4%	39.3%	4.9%	60.1%	35.0%	1.2%	74.9%	23.9%	0.6%	76.1%	23.3%
D. Salustatin의 이점을 잘 이해함	2	121	40	0	153	10	3	110	50	0	129	34	2	99	62
응답비율	1.2%	74.2%	24.5%	0.0%	93.9%	6.1%	1.8%	67.5%	30.7%	0.0%	79.1%	20.9%	1.2%	60.7%	38.0%
E. Salustatin의 우수성을 확신함	5	90	68	1	127	35	13	74	76	2	123	38	3	81	79
응답비율	3.1%	55.2%	41.7%	0.6%	77.9%	21.5%	8.0%	45.4%	46.6%	1.2%	75.5%	23.3%	1.8%	49.7%	48.5%
F. 영업사원이 처방의 필요성을 이해하고 있다고 확신함	8	74	81	9	64	90	8	58	97	1	71	91	2	65	96
응답비율	4.9%	45.4%	49.7%	5.5%	39.3%	55.2%	4.9%	35.6%	59.5%	0.6%	43.6%	55.8%	1.2%	39.9%	58.9%
응답 계	47	526	405	33	684	261	51	519	408	11	703	264	11	569	398

〈표 3-13〉 교육훈련이 실적 향상에 미치는 영향

척 도	전혀 영향 없음/1 (%)	별로 영향 없음/2 (%)	약간 영향/3 (%)	보통 정도의 영향/4 (%)	상당한 영향/5 (%)	N=187 /평균 (%)
영업사원의 증가된 신뢰도	1.7	10.7	22.0	28.2	37.3	3.89
의사 처방 행동에 영향을 주는 능력 향상	0.6	3.4	34.1	34.1	27.9	3.85
의사의 개별적인 요구에 판매 상황 및 행동을 맞출 수 있는 능력 향상	2.3	10.5	28.1	32.2	26.9	3.71
직무 만족도 향상	2.8	11.9	29.4	22.6	33.3	3.72
의사들의 다양한 요구 및 비즈니스 문제들에 적응할 수 있는 능력 향상	2.8	11.4	32.4	24.4	29.0	3.65
고객과의 소중한 시간의 증가	3.4	16.9	26.4	25.3	28.1	3.58
Salustatin의 판매로 인한 수입 증가	0.6	8.7	49.7	19.7	21.4	3.53
고객 만족도 향상	2.8	17.6	29.5	27.8	22.2	3.49
팀 단위 판매 능력 향상	5.3	11.2	42.6	16.0	24.9	3.44
시장 점유율 증가	1.1	16.1	39.7	27.6	15.5	3.40
영업사원 및 의사 간의 관련성 향상	6.2	22.7	21.6	24.4	25.0	3.39
판매관리자와 영업사원 간의 더욱 긴밀한 관계	9.1	21.7	25.7	20.6	22.9	3.26
기타 회사 처방 제품의 판매량 증대	4.8	25.9	38.0	20.5	10.8	3.07
영업사원의 자발적 이직 감소	33.3	26.0	13.3	8.7	18.7	2.53

⟨표 3-14⟩ 교육훈련과 연계된 성과 및 경영성과 기여도

설문지 항목 6에 대한 설명	N=187(중복 응답), 답변 수(개)
A. 일관성 있고 적극적인 핵심 판촉 메시지로 인한 보다 의미 있는 의사전달	82
B. 보다 효과적인 이견 취급	77
C. 의사 처방에 영향을 주는 보다 효과적인 기술	68
D. 판매량 증가(12명은 판매량 증가가 있을 것으로 기술)	68
E. 의사의 요구를 보다 효과적으로 평가할 수 있음	56
F. 의사의 주문 요청 시의 효과적 응대	41
G. 청취 능력 향상	29
H. 고객 만족 증대	22
I. 보다 전략적인 주문 목표	19

설문지 질문 5는 매출 향상 정도를 묻는 질문으로, 참가자들에게 교육훈련이 매출액 증대에 미치는 영향을 표시하도록 했다. 그 결과는 ⟨표 3-13⟩에 나타나 있다.

질문 6은 교육훈련과 연계된 구체적인 성과물과 경영성과를 파악하기 위해 의견을 서술하도록 한 것이다. 여기서 기술한 의견은 ⟨표 3-14⟩에 나타나 있다.

⟨표 3-13⟩ 및 ⟨표 3-14⟩에 수록된 자료와 ⟨표 3-12⟩의 기타 자료를 통해 학습이 현업에 전이되었다는 것을 확인할 수 있다. 이견 처리 및 핵심적 판촉 메시지 전달이 가장 성공적인 행동/기술로 지속적으로 보고되었음을 알 수 있다.

적용상의 장애 요인

습득한 기술을 직무에 적용할 때 생기는 장애 요인을 파악하기 위한 설문지 질문 8에 대해 참가자들은 '시간'이 가장 중요한 장애였다고 응답했다. 서술형 응답을 보면, 업무에 교육훈련 결과를 적용하기 위해서 회사에서 지원해 주지만 고객들과의 관계에서 장애 요인이 생긴다고 했다. '의사들이 바빠서' 제품 주문을 할 시간이 별로 없다고 기술한 의견이 37개로 가장 큰 장애 요인으로 나타났다. '여러 집단의 의사들을 대해야 하는 점과 선 채로 하는 주문 역시 장애였음'을 기술한 경우가 12명이었다. 〈표 3-15〉는 전체적인 응답결과다.

〈표 3-15〉 적용상의 장애 요인

항 목	응답자 수
A. 충분한 시간이 없음	86
B. 근무 환경상 이러한 기술을 활용할 수 없음	27
C. 기술을 활용할 기회가 없음	16
D. 관리자가 이러한 과정을 지원하지 않음	6
E. 자료들이 직무 상황에 맞지 않음	5
F. 기타(구체적으로 기술)	5

측정 가능한 경영성과

각각의 판매관리자에게 의사의 주문을 이끌어 내기 위해 고안된 5개의 구체적인 기술과 행동을 적용하는 문제를 논의하기 위한 영업사원과의 3차례의 사후 회의를 위한 날짜를 실천계획서에 명시하도록 했다. 5개의 기술 및 행동들은 교육훈련 프로그램의 핵심내용이었다. 대개의 사례에서 관리자가 판매 주문 내용을 관찰했으며, 나중에 그 내용을 요약하였으며, 필요한 경우 영업사원을 코칭했다.

이것이 반드시 정확한 척도라고 볼 수는 없지만 영업사원 및 관리자가 입력한 것이고, 업무 수행 과정에서 고객과의 긴밀한 관계가 이루어진 후 내린 최선의 판단이다. 이 기술 내용은 판매 실적 증가를 통해 입증되었으며, 관리자, 영업사원 및 교육훈련 프로그램이 잘 연계되어 의사의 주문이 증가하고 있다는 긍정적인 신호라고 볼 수 있다.

교육훈련 효과 분리

교육훈련 효과를 분석하기 위하여 몇 가지 전략을 고려하였으나 일부 방법들은 이 상황에 적용하는 데 한계가 있었다. 참가자들로부터의 직접적인 평가는 효과를 분석하는 데 가장 적절한 방법으로 평가되었다. 주관적이기는 하지만 교육훈련의 효과에 대한 참가자들의 추정치는 신뢰성이 있는 지표가 된다. 참가자들은 실적 향상을 직접 이끌어 낸 장본인들이며, 실적에 영향을 주는 기타 영향에 대해서도 잘 알고 있다.

따라서 본 연구에서 프로그램의 성과 분석과 효과 분리를 위해 참가자들이 교육프로그램을 통해 이룬 구체적인 향상을 파악했다. 설문지 질문 8은 이러한 자료를 파악하기 위하여 작성되었다.

요인별 경영성과 향상에 대한 기여 정도를 파악하기 위해 영업사원들에게 잠재적인 영향 요인들을 검토하여 각 해당 요인이 영업 매출 증대에 기여한 정도를 전체 100%를 분산시켜서 %로 표시하도록 했다. 〈표 3-16〉은 전체 응답결과이며, 교육훈련이 4단계 경영성과 기여도에 미치는 영향 정도를 분석하기 위하여 사용되었다.

실적 향상에 기여한 모든 요인 중에서 '핵심적 판매 기술' 교육훈련이 1위를 차지했으며, 판매관리자에 의한 코칭이 3위를 차지했다. 이 2개의 요소는 Salustatin 판촉 교육훈련 프로그램 실행의 직접적인 결과였다.

설문지의 질문 9를 통해 참가자들에게 향상된 실적이라고 응답한 결과를 어느 정도 신뢰하는가를 물었다. 그 질문과 평균 신뢰수준은 〈표 3-17〉에 나타나 있다.

　　학습 전이가 이루어지고, 판매 전/후 자료가 이용 가능하고, 교육훈련의 영향이 분석되고, 신뢰수준을 측정했기 때문에 4단계인 경영성과를 측정할 수 있다. 프로그램의 경영성과를 파악하기 위한 영업 실적 자료(판매)는 교육훈련을 전후해서 12개월 동안 수집하였다.

〈표 3-16〉　성과(실적)향상 기여 요인

각 항목이 성과향상에 기여한 정도를 기입하기 바랍니다.	성과향상 기여도(%)
1. Salustatin 판촉을 위한 의사 세미나	21.17
2. 기타 지역적인 Salustatin 판촉 활동	9.02
3. 영업사원을 위한 핵심 판매 기술 교육	24.32
4. 판매관리자에 의한 코칭	18.90
5. Salustatin 처방 의사들의 더 많은 관련 증상 환자 진찰	6.18
6. 핵심 판촉 메시지가 담긴 개선된 판매용 홍보지	12.13
7. 경쟁자들로부터의 경쟁 제품의 결여	4.58
8. 기타 교육훈련 내용: _____ 　구체적으로 기술하기 바람	2.44
9. 기타: _____ 　선택한 모든 항목의 합계는 반드시 100%가 되어야 함	1.26 총 100

〈표 3-17〉　신뢰수준

Q9. 위의 평가에 어느 정도의 신뢰수준을 부여할 것인가? 　(0%＝신뢰 없음, 100%＝확신함)	평균 신뢰수준 70%

수익 산정

판매 증가에 따른 Salustatin 판매수익을 파악하기 위해 교육훈련을 전
후해서 12개월간의 실적을 조사하였다. 이를 위해 두 번째 해 7월부터 세
번째 해의 6월까지의 교육훈련 후의 판매수익 변화를 파악할 수 있다. 판
매 향상치는 교육훈련 3~4개월 후에 1개월 치를 파악한 다음, 이를 연 단
위로 환산하여 실적 증대분으로 사용하는데, 현장역량강화팀과 회사 경영
진은 실제 12개월간의 판매량을 파악하였다. 〈표 3-18〉은 비교 결과다.

〈표 3-18〉 교육훈련 전, 후의 수익 비교

(교육훈련 전) Salustatin 수익 1차 연도 7월~2차 연도 6월	Salustatin 수익 2차 연도 7월~3차 연도 6월 (교육훈련 후 1개월~교육훈련 후 1년)	1년 후 교육훈련으로 인한 Salustatin 판매 수익 증가
79,432,678$	97,401,702$	17,969,024$

금전적 가치로의 자료 전환

수익 자료에는 '판매된 상품 비용'(연구비, 관리비, 생산비, 유통비, 간접비
등)이 포함되기 때문에 이를 제외한 금액을 실제 기여 금액으로 산출하였
다. 생산라인과 고객 관련 부서도 매출액 증대에 직접적인 영향을 미친
다. 회사 재무부서에 소속된 수석 분석가의 확인 결과, Salustatin의 경우
에는 제품 생명주기인 최초 5년 동안의 마진계수는 총수익의 21.5%였다.

'핵심적 판매 기술 교육훈련'이 판매량 증가에 영향을 준 것을 화
폐가치로 분석한 결과, 총 수익은 657,695달러였다. 〈표 3-18〉에서
17,969,024달러에 달하는 교육훈련 후의 가치를 사용하여 다음과 같이
계산된다.

1단계에서는 실제 Salustatin 판매에 Salustatin의 생명주기 5년을 고려한 이익은 전체 이익의 21.5%(마진계수=21.5%)다. 여기에 '핵심적 판매 기술 교육훈련'이 매출액 증대에 미친 영향이 24.32%라고 응답한 결과와 이러한 응답에 대한 신뢰도가 70%임을 고려하여 최종적으로 이 프로그램이 경영성과에 기여한 금액을 산출하는 것이다.

- 1단계: 17,969,024$ × 0.215(마진계수) = 3,863,340$ 이익
- 2단계: 3,863,340$ × 0.2432(분리계수 − 〈표 3-16〉3 참조) = 939,564$
- 3단계: 939,564$ × 0.7(신뢰수준 − 〈표 3-17〉 참조) = 657,695$

프로그램 비용 산출

핵심적 판매 기술 교육훈련의 총 비용은 326,000달러였다. 강의과정 중 판매관리자들을 참여시킨 것이 비용을 크게 증가시켰다. 상세한 비용 목록은 이곳에 수록하지 않지만 강의, 행정관리 비용, 재료비, 간접비(교육시설 포함), 식사 및 간식, 출장비 및 평가 비용뿐만 아니라 교육훈련, 직원 및 참가자 220명의 임금과 복리후생비 등 관련된 모든 사전 연구, 설계 및 개발 비용을 포함하고 있다.

ROI 계산

핵심적 판매 기술 교육훈련에 대한 투자 수익률은 102%로 산출되었다. 계산에 앞서 이윤 기여도, 분리계수, 신뢰수준을 활용하여 실제 프로그램이 기여한 정도를 조정하였다. 1차년도 이윤만 ROI(전체 비용대비 순이익) 산정에 사용되었으며, 그 결과를 경영진에 보고했다.

$$\text{ROI} = \frac{\text{프로그램 순이익}}{\text{프로그램 비용}} \times 100 = \frac{657,695\$ - 326,000\$}{326,000\$} \times 100 = 102\%$$

커뮤니케이션 전략

이러한 프로그램을 도입하기 위해 미국 현장역량강화팀에서 커뮤니케이션 전략을 사전에 계획하였다. 현장역량강화팀에서 약 3페이지에 달하는 요약 보고서를 작성하여 최고경영진에 보고하였다. 각각의 현장역량강화팀 구성원들은 각자의 상관에게 직접 대면 보고를 했다. 5명의 현장역량강화팀 팀원이 자신이 속한 소속 임원에게 보고했으며, 현장역량강화팀은 사전에 보고서 전체와 2시간의 보고를 받았다.

아울러 교육훈련 담당부서에도 전체 보고서를 제공했다. 수정된 버전은 국가별 영업관리자, 각 영업관리자 및 영업사원에게 제공되었다. 수정된 보고서는 주로 3단계 자료에 주안점을 두었다.

ROI 자료는 첫해 말까지는 이용할 수 없었으며, 전화 회의를 통해 고위 임원들과 주주들에게 최종 보고되었다. 한 고위 임원은 전반적인 원칙에 대해 사후에 좀 더 자세한 설명을 해 줄 것을 요청하였다. 교육훈련부서에서 그 임원을 개별적으로 만나 ROI 측정 방법 등 상세한 내용을 설명했다. 결과적으로 이 임원은 자신의 관할 부서에서의 연구활동에 여기서 적용했던 측정 방법을 적용하기로 했다.

시사점

경영성과 측정 연구는 거의 대부분 상황과 제한요인 때문에 어려움을 겪는다. 이번에도 예외가 아니었다. 우선, 여러 출처로부터 자료를 취합하기 위해 여섯 가지 방법을 활용한다는 것에 대한 합의가 있었다. 의사들이 자료 제공 요청을 받게 되었을 때의 혼란을 고려하여 고위 경영진은 이 측정계획을 포기할 것을 지시하였다. 따라서 측정팀은 의사에게 자료를 요청하는 대신 영업실적, 판매관리자로부터의 자료, 영업사업으로부터의 자료를 활용하기로 했다.

아울러 판매관리자들은 설문에서 제외되었으며, 영업사원을 대상으로 한 핵심집단법 활용은 취소되었다. 우리가 추진했던 방법들은 자료 취합에 지나치게 안이한 것이었다. 실제 측정을 시작하자 실천계획서, 설문지, 영업실적 등 풍부한 자료를 확보하게 되었다. 사실 어느 정도의 자료가 충분한지를 결정하는 것은 어렵다. 실제로 측정이 시작되어야만 결과를 알 수 있다는 것이다.

이 회사는 우리가 생각했던 것보다 훨씬 많은 3단계 자료를 확보하고 있었다. 여러 임원들이 3단계 내용을 좀 더 실습할 수 있도록 해 달라고 우리에게 요청하였다. 3명의 임원이 핵심집단의 자료를 알고 싶어 했으며, 핵심집단법을 포기한 것에 대한 아쉬움을 표했다. 이러한 핵심집단으로부터 자료를 취합하는 것을 우리가 좀 더 지속적으로 주장했어야 했다. 다음 단계의 자료 수집 노력에는 자료 수집 전략과 방법을 최종적으로 결정하기 전에 자료 수집과 관련해서 임원들의 요구를 파악하는 것이 포함될 것이다.

토론을 위한 질문

1. Salustatin 판촉 프로그램의 2개의 요인(의사 세미나 및 일선관리자들의 교육훈련)을 평가하는 추가적인 이점은 무엇인가?

2. 본 BPI사 사례에서 자료 수집 제공을 위한 조직 지원 정도는 정상적인 수준인가, 드문 경우인가? 2개의 핵심집단법(의사 및 영업사원)과 관리자용 설문지를 취소한 것에 대한 여러분의 의견은 어떠한가?

3. 여러분 조직에서 자료를 수집하고, 현업 적용에 영향을 주기 위해 교육훈련 프로그램에서 실천계획 수립 프로세스를 활용하는 것에 대한 의견과 우려사항은 무엇인가?

4. 전체 교육훈련 비용에 관리자가 수행한 '직무 코칭 비용'을 포함해야 하는 이유 또는 안 되는 이유는 무엇인가?

5. 〈표 3-16〉에 수록된 분리계수에 의하면 코칭 부문의 영향도는 18.90%를 차지했다. 이 18.90%가 ROI와 관련하여 추가 수익 산정에 사용될 수 있다면 그 이유는 무엇인가? 또는 안 된다면 그 이유는 무엇인가?

참고문헌

Phillips, P., Phillips, J., Stone, R., & Burkett, H. (2006). *The ROI fieldbook: Strategies for implementing ROI in HR and training.* Burlington, MA: Butterworth-Heinemann.

Phillips, J., & Stone, R. (2002). *How to measure training results: A practical guide to tracking the six key indicators.* New York: McGraw-Hill.

저자에 관하여

Ron Drew Stone

　저자, 국제 컨설턴트, 프리젠터로 활동하고 있으며, 성과향상 프로그램의 성과향상과 측정의 세계적 권위자로 잘 알려져 있다. 그는 ROI 연구소의 수석 부사장이며, 주로 국제 컨설팅 관련 업무를 담당하고 있다. 1995년부터 Jack Phillips와 Patti Phillips의 파트너로 일해 왔으며, ROI 프로세스의 완성에 지대한 공헌을 해 왔다. 100편 이상의 ROI 관련 연구를 수행해 왔으며 수백 편의 연구를 지휘해 왔다. 교육훈련과 조직의 성과와의 연결, 결과와 ROI 중심의 교육훈련 설계, 측정 및 평가 전략의 개발 등 수행 향상 관련 컨설팅 서비스를 제공하고 있다. ROI 자격증 과정을 진행하고 있으며, 실무자를 위한 ROI 방법론 인증과정, 공개 및 맞춤형 성과향상, 측정, 요구 분석 워크숍을 진행하고 있다. 그는 변화관리 컨설턴트 자격증도 소지하고 있다.

　그는 항공회사와 전기 시설 회사에서 엔지니어링 및 경제 개발 분야와 인적자원 관리 및 교육 분야에서 25년 이상 근무해 왔다. 고용 관련 프로세스, 성과 관리, 교육훈련 관리, 건강관리 운영 시스템, 예산 및 회계 분류 프로세스, 교육훈련 과정 설계, 안전, 조직 개발, 임원 개발, 요구 사정, 측정, 평가에 상당한 경험을 갖고 있다.

　그는 The ROI Fieldbook: Strategies for Implementing ROI in HR and Training(Butterworth-Heinemann, 2006), How to Measure Training Results—A Practical Guide to Tracking the Six Key Indicators(McGraw-Hill, 2002), The Human Resources Scorecard(Butterworth-Heinemann, 2001) 등을 공저했다. ASTD의 In-Action Casebook 시리즈, Measuring Return on Investment(2005, 1997), Measuring ROI in Public Sector(2002), Measuring Learning and Performance(1999)에도 사례를 제공하고 있으며, ASTD의 여러 출간물의 공저자로 기여하고 있다. Stone은 조지아 주립대학교에서 BBA를 취득했다. 그의 연락처는 205.980.1642 또는 drewroiAaol.com이다.

제**4**장

경력개발계획의 ROI 측정

-글로벌 컴퓨터 회사 사례*-

* 본 사례는 행정 및 관리의 효과성이나 비효과성을 설명하기 위한 것이라기보다는 토론을 위한 자료로 마련한 것이다. 본 사례에 거명되는 이름, 날짜, 장소 및 자료는 저자와 기업의 요청에 따라 가명으로 처리하였다.

Holly Burkett

요 약

이 사례는 세계적으로 9,600여 명의 직원을 고용하고 있는 다국적 기업이 급변하는 제조환경 속에서 시범적인 성과 향상 전략으로 수행한 경력개발 활동을 평가한 사례다. 경력개발계획 실행의 전략목표는 운영능력과 잠재능력, 즉 근로자 몰입을 위한 작업환경, 노동 효율성의 향상이다. 이 계획은 경영상 요구에서 도출된 성과 목표를 달성하기 위한 액션러닝 워크숍으로 구성되었는데, 비판적 사고에 대한 참가자 자기진단과 상사진단, 참가자가 비판적 사고 능력을 주요 실무 수행에 적용하도록 지원하는 개발협의 실천계획이 포함되어 있다. 평가 결과에서 경력개발계획 참가자의 지식/기술의 업무 적응과 요구되는 사업성과 사이에 긍정적인 연결 고리가 있음을 보여 준다.

회사 개요

2명으로 시작해서 전 세계적으로 9,600여 명의 직원을 고용하고 있는 다국적 기업으로 성장한 Innovative Computer, Inc.(가명)는 컴퓨터 산업에서 기술 혁신을 주도해 왔다. 시작 당시인 1977년부터 컬러 그래픽, 음향, 대량 생산, 확장성, 저장매체, 파스칼 언어, 비트맵 이미지, 통합적 소프트웨어 분야에서 선도자 역할을 해 왔다. 이 회사는 최고의 개인용 컴퓨터를 보급하여 학생, 교육자, 디자이너, 과학자, 엔지니어, 사업가 등 전 세계 140여 나라의 소비자들을 돕는다는 목표 달성을 위해 노력해 왔다. 연구가 진행될 무렵 이 회사는 미국, 아일랜드, 싱가포르에 제조 공장을 두고 있었으며, 미국, 유럽, 캐나다, 호주, 싱가포르, 일본에 유통시설을 가지고 있었다. 이번 경력개발계획은 운영센터(Operation Center)에서 수행했는데, 이곳은 후에 북남미 대륙에서 판매되는 모든 데스크톱 컴퓨터의 제조를 담당했다.

배경 및 프로그램 목표

고위 임원과 기술 인재 유지의 지속적인 어려움으로 인해 본 계획은 조직 역량과 잠재 역량을 강화하기 위한 전략으로 시작되었다. 숙련된 상사 요원의 부족과 외부 인재 채용의 비용 증가, 자체 리더를 양성하기 위한 노력이 부족한 상황이라 경영상의 목적 차원에서 이번 측정 계획은 관심의 대상이 되었다. 이번 평가계획의 의도는 개발계획을 활용하여 직원들과의 파트너십을 형성해 리더십 부족을 채우고, 세계적 수준의 경영과 다니고 싶은 직장을 만드는 데 있다. 경영상의 요구와 책무성에 대한 실무부서장의 요구를 반영하여 Phillips의 ROI 방법론을 활용하여 경영상의 영향과 비용/이익 분석을 하기로 했다. 평가를 위해서는 높은 수준의 프로그램 평가에 적용하는 기준을 충족해야 하는데, 다음 사항을 포함하고 있다.

- 장기 활용 가능성
- 총괄적인 전략 목표에 대한 중요성
- 높은 가시성
- 고위 임원들의 관심

ROI 기획: 연결 프로세스

역동적이며 제한된 환경에서 자원에 대한 경쟁이 치열해질수록 회사 이해관계자들의 지원을 받기 위해서는 이번에 이루어지는 결과 중심의 평가를 위한 일정, 범위, 필요 자원 등을 명확하게 제공하는 것이 중요하다. 이번 사례에서는 사전 기획단계에서 경영상 요구를 파악하여 프로그램의 구체적인 목표 및 성과측정 항목과 연계하는 것을 표로 작성했다.

〈표 4-1〉을 통해 어떤 자료가, 어떻게, 언제, 누구의 책임하에 수집될 것인가를 사전에 정해 놓았음을 알 수 있다. 이번 평가에서는 프로그램 기획단계에서 평가를 내부에서 자체적으로 실시하고, 조직·직무·프로세스 수준 전반에 걸쳐 시스템적인 관점에서 성과 요건을 고려하여 설계했음을 알 수 있다([그림 4-1] 참조).

프로그램 구성 요소

퇴직자 인터뷰를 포함한 과거 자료에서 찾아낸 수요조사를 바탕으로 조직 역량 강화, 근로자 몰입 촉진, 기업평판 강화를 포함한 종합적인 인재관리 전략의 한 요소로써 경력개발계획을 실행하였다. 경력개발계획 참가자와 직속 상사의 비판적인 사고 기술, 기술 격차, 직무 특성, 업무 우선순위에 대한 진단 등이 사전 과제로 정해졌다. 이번 프로그램은 참가자 주도의 자기개발계획인데, 다음에 기술된 내용이 주요 산출물이다.

- 강점: 상사와 나는 나의 강점에 공감한다.
- 직무 격차: 상사와 나는 기술의 중요성에 대해 동의하지 못하고 있다.
- 기술 격차: 상사와 나는 나의 기술 수준에 동의하지 못하고 있다.

〈표 4-1〉 자료 수집 계획

단계	목표	자료 수집 방법	자료 출처	시기	책임자
1	**반응도/만족도/실행 계획** • 전반적인 만족도와 연관성에서 4.0 달성 • 프로그램 현업 연관성 4.0 달성 • 참가자 80% 이상이 실행계획 수립	• 반응설문 • 성과분석 설문	• 참가자의 상사, 감독자, 운영위원회	• 프로그램 실행 후 • 프로그램 실행 중 • 30일, 60일	• HRD 담당자 • 참가자 • 상사 • 운영위원회
2	**학습 성취도** • 본인과 상사 각각의 평가 목록별로 개인별 기술, 재능, 개발 기회의 발굴 • 개발협의 지침서에 대한 능숙한 설명	• 기술 적용 연습, 시뮬레이션 • 사전 기술 평가(본인, 상사)	• 참가자 • 상사 • HRD 퍼실리테이터	• 프로그램 실행 중 • 사전/진행 중 • 일주일 후	• 참가자 • 상사 • HRD 컨설턴트
3	**현업 적용/이행** • 프로그램 완료 후 60일 이내에 상사와 개발협의 실행 • 프로그램 종료 후 60일 이내에 개발 방안이 아 선순위 결정을 위한 핵심 기술/지식 적용	• 개별적 실행계획 • 개발 개발계획 행동 프로젝트 • 후속 회의	• 참가자 • 운영위원회 • 상사	• 실행계획 수행 기간 중 • 프로그램 시행 2개월 후	• HRD 컨설턴트 • 프로젝트 스폰서 • 운영위원회 • 참가자 • 상사
4	**경영성과 기여도** • 노동 효율성 향상과 같은 전략 목표에 영향을 주는 핵심 기술과 지식의 적용 정도를 측정 • 운영 역량 및 노동 효율성 증대	• 성과 모니터링 • 성과분석 설문	• 운영위원회 • 부서 자료 기록 • 참가자	• 실행계획 적용 2개월 후	• HRD 컨설턴트 • 내용 전문가 • 참가자 • 상사
5	**ROI** • 성과향상 전략을 포함한 투자비용 대비 회수율 계산 • ROI 120% 이상 달성				

세 가지 수준의 정렬

조직	과정	참가자
• 프로그램은 전략적 경영 목표를 지원한다. • 이해관계자들이 경영성과를 정의한다. • 현재 수준과 요구 수준의 차이를 성과향상 개선책에 활용한다. • 프로그램은 기술된 성과목표와 기대되는 운영상 결과와의 인과관계를 밝혀준다. • 프로그램 설계 시 환경 요인을 고려해야 한다. • 목표 달성에 따른 적절한 인센티브를 마련한다. • 지속적인 개선 목표 달성을 위한 결과 활용 방안을 포함해야 한다.	• 개발을 활용할 필요가 있거나 지원하는 사람들에게 개발 과정을 알려야 한다. • 프로세스에는 성과 달성에 필요한 환경 조성도 포함되어야 한다. • 참가자/상사가 경력개발협의계획을 충분히 완수할 수 있는 참가자를 선정하는 프로세스여야 한다. • 교수설계 시 계획의 개발, 검토, 완수에 충분한 시간을 배정해야 한다. • 개발 기획 프로세스에는 사업 프로세스(중기, 연례 성과 검토, 보너스 계획, 성과미팅, 사업계획, 직무 순환)를 포괄해야 한다.	• 참가자에게 실행계획 개발의 완성을 위한 충분한 피드백, 시간, 자원을 제공한다. • 개발계획에 구체적 성과가 명확히 기술되어 있어야 한다. • 정의된 개발계획의 완성을 위한 결과물과 인센티브가 있어야 한다. • 참가자들의 성과향상 자료를 어떻게 활용할지를 정의해야 한다. • 배운 내용을 실제 업무현장의 프로젝트나 직무 수행 과정에 적용하는 기술 개발을 촉진해야 한다. • 참가자들이 계획된 액션 수행 과정에서 촉진 요인/장애 요인을 파악할 수 있도록 지원해야 한다.

[그림 4-1] 성과향상 프로그램의 한 방향 정렬

• 개발 요구: 상사와 나는 나의 기술 수준이 필요한 업무 수준보다 낮다는 것에 동의하고 있다.

파일럿 과정의 대상자는 중요 직무 수행자와 대체가 어려운 직무 수행자 중 잠재력이 높고 성과가 우수한 50명으로 설정하였다. 경력개발협의 계획의 절차에 다음 사항을 명확히 제공하여 직원의 리더십 기술과 개발

방안을 증대시키도록 했다.

- 조직과 직무 수행 우선순위
- 기술 강점
- 기술 격차
- 성장 기회

직원 주도의 경력개발계획을 통해 직원들과 상사들에게 다음과 같은 사항을 강조한 구조화된 피드백 도구와 절차를 제공했다. ① 자신의 경력개발과 직무 만족도에 대한 1차적 책임은 각 개인에게 있다. ② 자기 개발과 직무 만족도 향상을 위한 가장 좋은 방법은 액션러닝에의 참여 또는 직무 전환이다. ③ 조직과 개인의 가능성은 강점을 강화함으로써 가장 잘 확보될 수 있다. ④ 개인의 재능과 강점에 대한 구조화된 성찰을 통해 개인의 동기부여 요인을 명확히 할 수 있으며, 경력개발계획의 목표 설정을 효율적으로 할 수 있다. ⑤ 효과적인 상사/직원 피드백과 커뮤니케이션이 고성과, 사기 고양, 우수 인재의 채용과 유지에 결정적이다.

경력개발협의계획의 절차는 효과적인 리더십 개발을 위한 최고의 방법으로 간주되었는데, 이는 ① 미래의 리더 양성을 위한 후보자의 신중한 선발, ② 개인의 발전, 조직성과 극대화를 동시에 촉진하는 수준 높은 액션러닝과 실시간 과제 부여, ③ 명확하게 정의된 최종 목표를 중심으로 한 경력개발 협의 관련 사전 커뮤니케이션을 강조하기 때문이다.

수행 전략

HRD 및 고위 임원으로 구성된 운영위원회에서 브리핑을 통해 파일럿 참가자들에게 목표를 알려 줬는데, 특히 다음과 같은 경영상의 목적이

역할	사 전	과정 중	사 후
운영위원회	• 사업목표와 성과 정의 지원 • 기술 격차 평가 과정 참여 • 파일럿 대상자 선발 과정 참여 • 킥오프 회기와 브리핑에의 적극 참여 • 계획된 브리핑 참석	• 관련 수행 회기 참석 및 진행 • 학습의 중요성, 성과, 사업목표에 대한 커뮤니케이션 • 자료 수집, 분석, 전환 과정에 대한 지원 • 상사들의 코칭, 조언 이행에 대한 책임	• 평가 계획의 검토 참여 • 후속 조치 증대 및 실행계획 적용 • 성공적인 완성을 위한 개별적인 인정 • 현업 적용 장애 요인 제거 지원 • 인센티브 제공 • 회사 전반에 대한 프로그램 적용 가능성 결정
상사/감독자	• 성과 목표 정의 과정에서 HRD 지원 • 수행 전 단계 회기 브리핑에 참여 • 교육 대상자의 참가 독려 • 사전 측정의 완성	• 교육 대상자 참석 장애 요인 제거 • 지속적 훈련과정 참여 보장 • 가능한 범위 내에서 회기에 참석 • 액션 플랜에 직접적인 논의 참여 • 워크숍 과정에 대한 참가자들의 의견 청취	• 실행계획의 적용과 후속 조치 증대 • 현업 적용 장애 요인 제거 지원 • **경력개발협의 미팅 실시** • 멘토, 코치, 자원의 역할 • 개발 옵션 관련 HRD 부서와 협력 • 성과 과정 모니터링
HRD 부서	• 목표와 파악된 요구(조직, 과정, 참가자)의 정렬 • 목표 달성을 위한 커리큘럼 맞춤화 • 과정 설계 과정에 전이전략 우수사례 적용 • 자료 수집 도구, 평가 계획 설계 • 파일럿 집단 대상의 브리핑 실시	• 주요 학습, 성과, 사업목표의 중요성 전달 • 교육 참가자들의 반응, 학습, 기술/지식 전이에 대한 평가 • 사전 활동 촉진 • **경력개발협의와 실행계획 과정에 대한 지도** • 수집, 분석, 보고 결과 등 평가 계획/도구 적용	• 지속적인 평가 계획 적용 • 액션 플랜 회기 실행 • 60일 후의 후속 회기 운영 • 핵심 이해관계자들을 위한 결과 리포트 • 지속적인 향상을 위한 결과 활용 • 회사 전반에 대한 프로그램 적용 가능성 결정
참가자	• 과업/직무 분석 과정에서 HRD 부서 지원 • 브리핑 회기 참가 • 사전평가 설문 및 과제 완료	• 프로그램 전 과정에 참가 • 자기 평가 목록 완성 • 실습 과정에의 적극적인 참여 • **경력개발협의 실행계획 완성**	• 주요 기술의 현업 적용 • **경력개발협의계획 수행 시 필요한 감독자로부터 지원 유도** • **경력개발협의 주도** • 적용상의 장애 요인 확인 • 60일 이후에 실시되는 영향력 설문 응답

[그림 4-2] 경력개발 프로그램 시행을 위한 전이전략 매트릭스

출처: Broad & Newstrom(1992).

전달되었다. "이번…[노력]…은 세계적 수준의 공장으로서 생존 가능성과 민첩성을 강화한다……. 최종 결과물은 유연한 노동력과 전략적 비전을 지원하고, 미션을 수행하며, 브랜드 가치를 높일 수 있는 능력과 이를 지원하는 업무 환경이 될 것이다."

이 프로그램의 현업에서의 지속적인 지원과 실질적 도움, 필요한 때에 시의적절한 피드백을 제공하는 상사 역할의 중요성을 고려하여 평가 계획의 일환으로 현업 전이전략을 포함하였다. [그림 4-2]는 이러한 노력의 일환으로 마련한 프로그램 내용의 현업 전이전략 매트릭스다. 프로젝트 최초 브리핑에서 '사전, 진행 중, 사후'에 필요한 활동들을 명시했는데, 이는 경영진의 강력한 지원을 받아 내는 역할을 했으며, 모든 단계에 걸쳐 참가자가 성과 목표를 달성하도록 지원하는 책무를 상사에게 부여하는 역할을 했다. 이번 프로젝트가 결과 중심적이었고 실질적인 학습전이 전략을 이해관계자에게 인식시킴으로써 교육훈련 평가가 교육 프로그램의 마지막에 수행하는 부차적인 활동이 아니라는 생각을 갖게 했다. 이 프로그램에서는 이해관계자들의 구체적인 책임과 역할을 정의하는 것이 성공 요인이다. 또한 학습전이 전략에 상사를 포함시킴으로써 프로그램 결과에 대한 공동 책임감을 갖게 할 수 있다.

평가 결과

1단계: 반응도, 만족도 및 실행 계획

1단계 교육만족도 평가 결과는 프로그램의 종료 시점과 60일 이후에 진행된 '성과측정 설문'을 통해 집계하였다. 참가자와 스폰서 그리고 상사들에게 5점 척도에 따라 동의와 반대의 수준을 체크하도록 했다(전적으로

동의: 5, 전적으로 반대: 1). 성공의 최소 기준 점수는 5점 만점에서 4점이었으며, 주요 측정 분야는 관련성, 적용 의도, 타인에 대한 추천 의향이었다. 주요 분야에 대한 참가자들의 평가 결과 평균은 다음과 같다.

- 나는 이번 프로그램에 만족했다.(4.8)
- 이번 프로그램은 나의 일과 관련성이 있다.(4.5)
- 나는 이번 프로그램을 타인들에게 추천할 의향이 있다.(4.8)
- 이번 프로그램은 내 시간을 투자할 만한 가치가 있다.(4.5)

참가자 중 92%가 워크숍 후 30~60일 이내에 자신의 상사와 경력개발 협의를 수행할 의도와 계획이 있다고 말하여 성공적이었다.

2단계: 학습 성취도

2단계 목표는 참가자들의 다음과 같은 능력에 초점을 맞췄다.

- 직무 효과성을 위한 핵심 기술을 정의할 수 있다.
- 기술 격차를 정의할 수 있다.
- 능력을 파악할 수 있다.
- 개발 요구를 파악할 수 있다.
- 경력개발협의 가이드라인에 준거하여 역량을 전개할 수 있다.

학습 목표 달성 정도는 프로그램 진행 도중에 기술실습, 역할게임, 시뮬레이션 방식을 활용해 측정하였다. 학습 활동은 참가자가 '정의된 중요 업무를 수행하는 데 필요한 핵심 기술을 파악하는 능력'과 제공된 개발 협의 가이드라인에 따라 '상사와 개발협의를 수행할 수 있는 능력'을 검중하는 데 초점이 맞춰졌다. 또한 참가자들은 기술, 격차, 능력, 개발 요구에 대한 구조화된 자기 진단을 수행하였다. 실습과 관찰을 통해 개발 협의를 성공적으로 시작하기 위한 지식과 기술을 참가자들이 잘 습득하였음을 알 수 있었다. 중요한 학습 결과는 다음과 같다.

- 나는 앞으로의 6~12개월 동안 업무의 우선순위를 보다 잘 이해하게 되었다.(4.4)
- 현재 내 직위에 관련하여 개발이 필요한 부분을 보다 잘 인식하게 되었다.(4.3)
- 나는 이 프로그램에서 배운 지식과 기술을 나의 현재 직무에 적용할 수 있으리라 확신한다.(4.6)

3단계: 현업 적용 및 이행

현업 적용을 위한 실행계획과 후속 성과분석 설문지를 통해 현업 적용 결과를 취합하였다. 〈표 4-2〉와 같이 현업 적용 실행계획에는 다음과 같은 근본적인 질문이 포함되어 있었다.

- 어떤 단계 또는 적용 사항이 학습의 결과에 기인하는가?
- 어떤 업무상 향상이나 성취가 적용된 지식/기술로 실현될 것인가?

〈표 4-2〉의 적용성과 설문지를 현업 적용 정도를 파악하는 자료로 활용했는데, 프로그램 종료 60일 후에 조사하였다. 특히, 참가자들에게 다음 사항을 구체적으로 기술하도록 했다. ① 경력개발 실천계획에 기술된 행동을 실제 적용한 정도와 빈도, ② 학습한 지식과 기술을 적용한 효과성의 정도, ③ 업무의 성공적 완수에 적용된 지식과 기술의 기여 정도,

〈표 4-2〉 성과분석 설문지

1. 경력개발 프로그램에 대한 경험을 돌아보고, 각 항목에 대해 귀하가 동의하는 수준에 표시하시오.						
	전혀 동의 안 함				매우 동의함	N/A
	1	2	3	4	5	
a. 나는 이 프로그램을 다른 사람에게 추천할 것이다.	☐	☐	☐	☐	☐	☐
b. 이 프로그램에 내 시간을 투자할 만한 가치가 있다.	☐	☐	☐	☐	☐	☐
c. 이 프로그램의 참여를 통해 나는 새로운 지식과 기술을 배웠다.	☐	☐	☐	☐	☐	☐
d. 이 프로그램의 결과를 통해 나는 앞으로 6~12개월 동안 내 성과의 우선순위에 대해 더 많이 이해하게 되었다.	☐	☐	☐	☐	☐	☐
e. 이 프로그램의 결과를 통해 나는 나의 현재 직무와 관련된 개발 요구 사항에 대해 더 많이 알게 되었다.	☐	☐	☐	☐	☐	☐
f. 나는 이 프로그램을 통해 습득하게 된 지식과 기술을 적용할 수 있는 자신감을 얻었다.	☐	☐	☐	☐	☐	☐

2. 귀하의 업무와 관련하여 다음 프로그램 요소들과 관련성이 높으면 5점, 낮으면 1점으로 표시하시오.					
자기 평가	1	2	3	4	5
a. 핵심 기술	☐	☐	☐	☐	☐
b. 직무 격차	☐	☐	☐	☐	☐
c. 기술 격차	☐	☐	☐	☐	☐
d. 개발 요구	☐	☐	☐	☐	☐
e. 경력 가치/동기	☐	☐	☐	☐	☐
상사 평가	1	2	3	4	5
a. 핵심 기술	☐	☐	☐	☐	☐
b. 직무 격차	☐	☐	☐	☐	☐
c. 기술 격차	☐	☐	☐	☐	☐
d. 개발 요구	☐	☐	☐	☐	☐
기 타	1	2	3	4	5
a. 워크숍 내용	☐	☐	☐	☐	☐

b. 경력개발협의계획	☐	☐	☐	☐	☐
c. 관련 자료	☐	☐	☐	☐	☐

3. 귀하는 귀하의 상사와 함께 경력개발협의를 실행하기 위한 액션 플랜을 작성했습니까?

예(　　) 아니요(　　)

'아니요'에 답했다면 이유는? _____

4. 이 프로그램을 통해 습득한 기술과 지식의 활용 수준에 대해 표시하시오.

	전혀 동의 안 함				매우 동의함	N/A
	1	2	3	4	5	
a. 이번 프로그램을 통해 습득한 지식과 기술을 본인의 업무에 얼마나 자주 사용하는가?	☐	☐	☐	☐	☐	☐
b. 이번 프로그램을 통해 습득한 지식과 기술 활용은 얼마나 효과적인가?	☐	☐	☐	☐	☐	☐
c. 귀하의 상사는 경력개발협의계획 과정을 얼마나 효과적으로 활용하는가?	☐	☐	☐	☐	☐	☐
d. 귀하가 성공적으로 업무를 수행하는 데 있어 그 지식과 기술의 적용은 얼마나 중요한 부분을 차지하는가?	☐	☐	☐	☐	☐	☐

5. 귀하의 경력개발 프로그램 참가 결과로 다음에 나열된 행동의 변화 또는 강화 정도를 표시하시오.

	변화 없음				확연한 변화	적용 기회 없음
	1	2	3	4	5	
a. 성과 중심 업무 추진을 위한 상사와의 커뮤니케이션	☐	☐	☐	☐	☐	☐
b. 단기 성과 중심의 업무 추진	☐	☐	☐	☐	☐	☐
c. 장기 성과 중심의 업무 추진	☐	☐	☐	☐	☐	☐
d. 성과 중심 업무 추진 시 장벽이 되는 요소와 관련한 상사와의 커뮤니케이션	☐	☐	☐	☐	☐	☐
e. 기술적인 격차를 좁혀 나가기 위한 경력 개발 액션 플랜의 적용	☐	☐	☐	☐	☐	☐
f. 직무수행 격차와 관련한 상사와의 커뮤니케이션	☐	☐	☐	☐	☐	☐
g. 향상된 직무 효과성을 위한 내부 시스템, 집단 또는 자원의 적절한 활용	☐	☐	☐	☐	☐	☐
h. 경력개발 대책을 찾아 내기 위한 경영진 협조 얻어 내기	☐	☐	☐	☐	☐	☐

6. 이번 프로그램을 통해 회사에서의 경력개발에 대한 귀하의 접근에 어떠한 변화가 있었습니까?

_____

_____

7. 이번 프로그램을 통해 회사에서의 경력개발 기회에 대한 귀하의 관점에 어떠한 변화가 있었습니까?

_____

_____

8. 이번 프로그램을 통해 회사가 귀하의 성장과 발전에 대해 관심을 가지고 있다는 것에 대한 귀하의 관점에 변화가 생긴 것이 있습니까?

_____

_____

9. 경력개발 프로그램에 참가하여 얻은 자원과 지식, 기술 등을 활용하는 데 있어서 귀하의 업무 단위나 부서 업무에 어떠한 긍정적 영향을 미쳤는지 다음 내용에 표시하시오.

	변화없음				확연한변화
	1	2	3	4	5
a. 전략적 운영 목표 설정 능력 증가	☐	☐	☐	☐	☐
b. 직무성과와 프로젝트 관리 효율성 증가	☐	☐	☐	☐	☐

10. 경력개발 프로그램 참가로 인해 향상된 구체적 성과가 있다면?

(예시)
• 시간 절약
• 정확한 일정 관리
• 재작업 및 중복 노력 감소
• 부서 간 상호 협력 증진
• 응답 시간 절약
• 향상된 기획 및 업무 우선순위 분석에 따른 향상된 의사결정력

_____

_____

11. 앞의 10번에 표기된 변화가 1개월 이상 귀하의 부서에 미친 영향을 금전적 가치로 계산해 보시오.

_____ $

12. 금전적 가치 계산의 근거는?

_____

_____

13. 앞 계산 근거의 신뢰수준은(100% = 확신함, 0% = 전혀 신뢰 안 함)? _____%

14. 경력개발 프로그램에 참가하는 것과 더불어 어떤 다른 요소들이 업무성과 향상에 영향을 미친다고 생각합니까?

영향력 요소	영향 비율
□경력개발 프로그램	_____%
□기타(특화시켜 기입 요망)	_____%
총합은 반드시 100%가 되어야 함	100%

15. 많은 요인들이 개선에 영향을 미칩니다. 이 프로그램에서 습득된 지식이나 기술, 방법, 자원 등을 적용하는 데 있어서 방해가 되는 것들을 다음에서 선택한다면?(해당 사항에 모두 표시하시오.)

- □ 자신의 몰입도 부족
- □ 근무환경이나 프로세스가 지식이나 기술을 적용하는 데 적절치 않아서
- □ 학습결과를 적용하는 데 충분한 시간이 없어서
- □ 경영진의 지원 부족
- □ 동료나 팀 구성원의 지원 부족
- □ 프로젝트에 적용하기에 적절한 시기가 아니라서
- □ 기타(기술적으로 기술)

다음 중에서 여러분이 프로그램에서 습득한 지식, 기술, 도구, 자원을 활용하는 데 있어서 도움이 되었던 요인은?(해당하는 사항에 모두 표시하시오.)

- □ 나의 높은 업무 몰입도
- □ 업무환경(시스템/프로세스)이 지식/기술 적용을 촉진함
- □ 학습결과를 적용하는 데 충분한 시간이 있었음
- □ 강력한 경영진 지원
- □ 동료, 팀원의 지원
- □ 프로젝트가 시기적으로 적절함
- □ 기타(구체적으로 기술함)

16. 본 프로그램에서 추가로 얻은 것이 있다면?

_____
_____
_____
_____
_____

17. 본 프로그램 참가가 회사를 위해 적절한 시간적 투자라고 생각합니까?

예 ☐   아니요 ☐
아니라고 응답한 경우 그 이유는? _____
_____
_____
_____
_____
_____

18. 경력개발협의계획을 다른 이들에게 추천할 수 있습니까?

예 ☐   아니요 ☐
아니라고 응답한 경우 그 이유는? 예라면 어느 집단이며, 그 이유는? _____
_____
_____
_____
_____

19. 본 프로그램의 질적 향상을 위해 조언하고 싶은 것이 있습니까?

_____
_____
_____
_____

기타 의견: _____
_____
_____

〈표 4-3〉 참가자들의 적용 현황

내용	점수
지식과 기술의 적용 빈도	4.4
지식과 기술의 적용 효과	4.4
업무의 성공에 결정적으로 사용된 지식과 기술	4.2
경력개발협의계획 과정에서의 관리자의 효과성	3.9

자료: 평가척도: 1=가장 적음, 5=최고 많음

〈표 4-4〉 3단계 자료: 프로그램 참가로 인한 행동 변화(Q-5)

	변화 없음 (%)	조금 변화 (%)	다소 변화 (%)	많은 변화 (%)	매우 많은 변화 (%)	적용 기회 없음 (%)
A. 성과 중심 업무 추진을 위한 상사와의 커뮤니케이션	0	0	9	70	21	0
B. 단기 성과 중심의 업무 추진	0	0	18	67	15	0
C. 장기 성과 중심의 업무 추진	0	0	5	76	19	0
D. 성과 중심 업무 추진 시 장벽이 되는 요소와 관련한 상사와의 커뮤니케이션	0	0	35	55	10	0
E. 직무수행 격차와 관련한 상사와의 커뮤니케이션	0	8	20	67	5	0
F. 기술적인 격차를 좁혀 나가기 위한 경력개발 액션 플랜의 적용	0	10	10	65	15	0
G. 향상된 직무 효과성을 위한 내부 시스템, 집단 또는 자원의 적절한 활용	0	10	41	38	11	0
H. 경력개발 대책을 찾아 내기 위한 경영진 협조 얻어 내기	0	6	30	55	8	0
I. 경력개발 목표의 수행을 위한 경영진지원 요청	0	4	38	56	2	0
J. 현재의 경력기회 강화를 위한 경력개발계획 실행	0	0	3	22	75	0

④ 요구된 특정한 지식과 기술이 변화된 정도, ⑤ 특정한 업무성취에 행동이 미친 결과, ⑥ 적용의 촉진/방해 요인, ⑦ 적용된 지식/기술의 무형효과

〈표 4-3〉은 성과분석 설문지에서 파악된 적용 결과다. 〈표 4-4〉는 참가자들이 업무 중요도나 경력개발 요구를 상사와 협의하는 과정에서 보여 준 행동의 변화를 요약한 것이다.

지식과 기술의 적용에서 가장 자주 장애물로 언급되는 것은 시간 제

약, 상사의 지원 부족, 환경적 제한(즉, 여러 부서 간의 협력 프로젝트의 역할 부여 또는 직무순환 기회) 등인데, 이는 예상치 못한 정책이나 인사상 제약, 급속히 변화하는 제품 생산 사이클에 따른 업무의 중요도 변경 등에 기인한 것이다. 촉진 요인들은 경영진으로부터의 가시적 지원, 경력개발 프로그램 자료/툴/과제/진단/측정 등의 지원, HR 프로세스를 통한 개발 인센티브(직무 전환, 성과 평가, 보너스 등) 등이 있으며, 모두가 직원의 개발계획이 행동화되도록 구체적으로 정리되어 있다.

4단계: 경영성과 기여도

경력개발 계획의 목표는 운영 역량 증대, 노동 생산성 향상, 잠재 역량 강화, 직원 몰입/채용/유지를 위한 조직 문화 개선에 있다. 4단계 평가 자료는 경력개발협의 액션 플랜과 60일 후의 성과분석 설문을 통해 참가자와 상사로부터 취합하였다. 성과분석을 위한 설문에서 다룬 주요 항목은 다음과 같다.

- 프로그램 목표의 달성 정도
- 직무와의 연관성
- 제공된 지식/기술의 유용성
- 지식/기술 향상도
- 실천한 행동
- 프로그램 참가와 연관된 성취
- 관리자의 지원
- 프로그램 참가에 기인한 업무 성과
- 개선 사항들
- 습득한 지식/기술의 적용 시 촉진 요인/장애 요인

참가자들은 개발계획이 연관된 업무 성과에 영향을 준 정도를 측정했다. 충실한 조사를 위해 프로그램 참가 2개월 후에 개최된 60분짜리 후속 회기에서 설문을 작성, 수거하였다. 특히 근무 시간 중에 설문조사를 위한 회기를 열어 대상자의 참석률을 제고하고자 했다. 설문을 통해 모든 파일럿 참가 대상자로부터 자료를 모으려고 했으나 회기에 도저히 참가할 수 없는 근무환경으로 인해 69%의 응답률을 기록했다. 보수적인 접근을 위해 향상된 자료를 제출한 참가자에 한정하여 향상 결과를 산정하였다. 성과향상을 측정한 결과, 구조화된 **경력개발협의**를 적용한 직원이 유의미하게 노동 효과성과 생산성 향상을 이루어 냈음을 알 수 있었다.

교육효과 분리와 금전적 가치로의 자료 전환

많은 요인들이 성과향상에 영향을 미치기 때문에 참가자 추정 방법을 활용하여 사업성과에 경력개발계획이 직접적으로 미친 영향을 분리해 냈다. 이 방법은 프로그램에서 습득한 지식/기술의 적용이 향상된 업무 성과와 관련성이 있는지 참가자들이 추정할 수 있다는 전제하에 근거하고 있다. 본 사례에서 참가자들이 제공한 자료는 경영진이 충분히 신뢰할 것으로 판단되었다.

금전적 가치로의 전환   교육효과 분리 요인이 결정된 다음에는 4단계 경영성과 자료를 금전적 가치로 환산하였다. 〈표 4-5〉는 밝혀진 경영상 이익에 참가자들이 기술한 금전적 가치다(A열). Phillips의 ROI 방법론에 따라서 이 금전적 가치들을 잠재 오차 및 다른 요인에 의한 영향을 고려하여 조정하였다(B~C열). 본 연구의 목적에 따라 최초 9명의 참가자의 자료만을 제시하고 있으며, 다른 참가자들의 응답은 총계로 표기하였다. 특히, D열의 값은 합산한 후 연단위로 환산하였으며, 설문에 응답한

〈표 4-5〉 사업성과 향상에 대한 참가자 평가

참가자 번호 (N=35)	측정 사업영역	월간 개선 가치(A) ($)	신뢰도 (B) (%)	프로그램에 의한 변화 (C) (%)	조정된 월간 전체 이익(D) ($)	연간 프로그램 이익(E)×12 ($)
1	효율성(프로젝트 비가동 시간)	3,000	80	60	1,440	17,280
2	생산성(시간 절약)	1,875	60	45	506.25	6,075
3	생산성(시간 절약)	2,500	35	50	437.50	5,250
4	생산성(재가공)	1,500	60	45	405	4,860
5	효율성(회전 시간)	2,050	75	60	922.50	11,070
6	효율성(프로젝트 관리)	2,500	50	50	625	7,500
7	생산성(시간 절약)	2,750	80	60	1,320	15,840
8	효율성(기능 간-커뮤니케이션)	1,800	60	50	540	6,480
9	생산성(재작업)	2,200	45	60	594	7,128
앞의 항목 총합						81,483
다른 25개의 항목 총합						200,517
교육훈련에 기인한 연간 전체 이익						282,200

총 35명의 자료를 연단위로 환산하여 표기하였다. 이 값들을 ROI 분석과 계산에서 비용효과 분석 자료로 프로그램 비용과 비교하였다. 자료의 금전적 가치 환산은 보수적인 접근을 위해 응답하지 않은 참가자들은 개선 실적이 없는 것으로 가정하여 진행하였다.

프로그램 비용 자료를 금전적 가치로 변환한 후, 편익비용 분석을 위해 파악한 비용 항목은 다음과 같다. 〈표 4-6〉에 기술된 것처럼 직접 비용은 빠짐없이 포함했고, 직접 비용과 연계된 요구 분석 비용, 파일럿 프로그램 설계/개발 비용, 실행과 평가 비용까지 포함하였다. HRD 담당자, 퍼실리테이터, 상사, 교육생들은 각각 측정·설계·실행·평가의 단계에서 참여한 시간을 복리후생비를 포함한 노동 비용을 고려하여 비용

〈표 4-6〉 전체 프로그램 소요 비용

항목	계산	비용($)
재료비	350$/인×50	17,500
요구 조사비		2,100
설계/개발비	외부 전문기관 프로그램의 자사화	2,390
강사료		3,690
다과비		3,300
참가자 시간(복리후생비 포함)	225$/일×1.32(복리후생비)×2일*×50	29,700
경영진 시간	320$/일×1.32(복리후생비)×1일*×50	21,120
평가 비용		3,500
	전체 비용	83,300

*참여/관리 시간은 평균 급여에 복리후생비(32%)를 곱한 것이다. 참여 시간은 워크숍 참가와
사전 과제, 브리핑, 사후활동 시간을 포함한 것이다. 경영층 시간은 사전 과제, 브리핑과
사후활동 시간을 포함한 것이다.

으로 산정하였다. 평가 비용은 경영성과 분석(자료 수집, 자료 분석, 보고서
작성)에 소요된 비용을 포함하였다.

5단계: ROI

인적자원개발에 투자한 금액에 대하여 ROI 공식으로 계산하였는데,
다른 투자에 대한 수익률 계산방식과 같다. 본 프로그램의 ROI를 계산하
기 위하여 다음의 공식을 활용하여 프로그램 비용과 프로그램 이익을 비
교하였다.

$$ROI(\%) = \frac{프로그램\ 순이익}{프로그램\ 비용} \times 100$$

$$ROI(\%) = \frac{\text{프로그램 순이익}(282,000\$)-\text{프로그램 비용}(83,300\$)}{\text{프로그램 비용}(83,300\$)} \times 100$$

$$= 239\%$$

ROI 값은 프로그램에 투입된 비용 1달러를 제외하고 추가적으로 1.36 달러의 이익이 회수된다는 것을 의미한다. 총 금전 이익을 총 비용으로 나누는 편익비용 비율(BCR)은 다음과 같다.

$$BCR = \text{이익/비용} = \frac{282,000\$}{83,3000\$} = 3.39:1$$

BCR 값은 이 프로그램에 투입된 1달러당 투입된 비용을 포함하여 3.39달러가 회수되었음을 의미한다.

무형의 이익　프로그램 성과에 대한 경영진의 관심 사항에는 무형의 이익도 포함된다. 무형의 이익에 관련된 자료는 경력개발 실천계획과 성과분석 설문에서 참가자와 상사 차원에서 각각 파악하였다. 〈표 4-7〉은 금전적 가치로 환산되지는 않았지만, 프로그램에 직접적으로 연결된 무형의 이익들을 기술한 것이다.

이러한 결과들은 경력개발계획에서 설정한 목표를 충실히 만족시키고 있음을 의미하는데, 설정된 목표는 업무의 중요도를 인식하고 성과 중심의 업무 추진 능력을 향상시키는 것, 개인의 성장과 발전에 회사가 관심을 갖고 있다는 인식을 심어 주는 것이었다. 경영진은 특히 파일럿 참가자들이 향후 12개월 동안 회사에 잔류하겠다는 의도를 밝힌 결과에 만족하였는데, 경력 경로에 대한 암묵적 한계 인식과 경쟁사로의 인재 유출의 위험이 증가함에 따른 우수 기술/전문 인재를 유지하기 힘든 상황이

〈표 4-7〉 참가자와 상사가 파악한 무형의 이익

참가자	상사
1. 직장상사와의 관계 개선	1. 역할, 책임, 우선순위에 대한 명확성 향상
2. 회사가 자신의 경력개발에 신경 써 준다는 인식의 증대	2. 사업 환경의 변화가 업무성과 기대에 미치는 영향에 대한 이해 증대
3. 업무 역할에 대한 자신감 증대	3. 동료와의 커뮤니케이션 향상
4. 사업 환경 변화에 대한 적응력의 향상	4. '개발계획'의 활용도 향상
5. 업무 주요 과제를 '큰 그림' 속에서 조망할 수 있는 능력 향상	5. 동료와 관련된 직무 만족도의 향상
6. 향후 12개월간 회사에 남을 거라는 계획	6. 팀워크 향상

라는 인식 때문이다.

커뮤니케이션 전략

본 계획의 결과는 확산 가능성이 높았기 때문에 프로그램 결과의 커뮤니케이션은 매우 중요했다. 게다가 효과적인 커뮤니케이션을 통해 이해관계자들이 HRD 기능을 결과 지향적이며, 가치 창출적인 활동을 하는 비즈니스 파트너로 인식하도록 하는 것이 중요했다. 시작 시점부터 이해관계자들에게 프로그램의 진척 상황과 실행상의 이슈를 설명하였다. 특히 고위 임원들은 차이 분석, 프로그램 기획, 프로그램 목표와 기대하는 경영성과 결과를 한 방향으로 정렬하는 과정에 참여하였다. 학습 전이전략에서 언급된 것처럼, 경영진은 운영위원회의 역할을 하며 참가자/상사 브리핑을 통해 알게 된 프로젝트의 목적과 중요성을 강조하였다. 내용 전문가, 참가자, 일선 관리자들은 성과 측정치를 정의하는 데 있어서 기술적 전문성을 제공해 주었으며, 교수 설계의 현장 연계성과 학습된 지식 및 기술의 현장 적용을 강화하거나 방해할 수 있는 환경적 이슈를 밝히는 데 핵심적인 역할을 했다.

파일럿 과정이 완료된 후 스폰서였던 임원, 참가자, 상사들을 대상으로 파워포인트 슬라이드를 활용한 1시간의 브리핑을 실시하였다. 주요 의제는 다음과 같았다.

- 프로그램 배경과 목적
- 프로그램 설계
- 평가의 필요성
- 평가 접근법
- 평가 결과
- 장애 요인/촉진 요인
- 결론과 건의 사항

조직의 ROI 측정 방법론에 대한 과거의 경험을 고려하여 측정 원칙과 6개의 자료 유목을 포함한 성과 연구를 위한 실행계획 또한 제공하였다(〈표 4-8〉 참조). 또한 측정 결과를 회사 내부 웹사이트에도 공개하였다. 프로젝트 성공에 대한 구체적 결과는 노동 효율성의 개선과 관련된 내용이었다. 평가 결과를 보면 직원들의 비판적 사고 기술과 성과 중심의 업무 추진 기회 증진이 향상된 생산성 및 노동 효율성과 연계성이 높은 것을 알 수 있다. 이해관계자들 또한 이러한 시도와 관련된 무형의 이익에 대해 만족감을 보였다.

〈표 4-8〉 경력개발 실행을 위한 실행계획 예시

이름: _____   강사 서명: _____   추수활동 일자: _____

목표: 경력개발 프로그램에서 학습한 기술 및 지식의 적용

평가 시기: _____ – _____

향상도 측정 지표: 생산성, 효율성, 재작업, 커뮤니케이션, 응답 시간, 기타

실천 절차	분석
프로그램의 결과로 학습된 내용을 바탕으로 어떤 특정한 행동을 적용할 것인가? 1. 프로그램 종료 후 30일 이내에 상사와 개발협의를 한다. 2. 60일 이내에 부서 간 직무순환이나 엔지니어 집단과의 프로젝트 추진을 위한 기술 적용에 필요한 상사의 지원을 얻어 낸다. 3. 기술 격차를 좁히기 위한 경력개발협의와 격주간 또는 정해진 주기로 권장된 활동으로 추후활동을 한다. _____ _____ _____ _____ _____	활동 수행의 결과로 어떤 특정한 측정 지표가 변화될 것인가?(앞의 내용 참조) 1. 측정 지표는 무엇인가? **효율성** 2. 예상된 변화의 결과, 여러분 부서에 창출된 매월 금전적 이익을 측정하시오. **768$** 3. 이 측정의 근거는 무엇인가?(어떻게 이 가치를 도출했는가?) **32$/시간 × 6시간/주 × 4주/월=768$** **제품 전환 및 원자재 공급과 관련된 이슈에 따른 프로젝트 재작업에 투여된 주당 평균 시간과 급여** 4. 앞의 정보에 대하여 어느 정도 신뢰하는가?(100%=확실, 0%=무확신) **85%** 5. 앞의 변화 중 어느 정도가 경력개발 프로그램에서 학습한 기술의 직접적인 결과에 의한 것인가? **60%(0~100%)** 6. 학습을 제외한 어떤 다른 요인들이 이러한 개선에 영향을 미쳤는가? **프로젝트 매니지먼트 소프트웨어**
무형의 이익: 상사와의 협력 증대, 업무 우선순위 및 '큰 그림'에 대한 초점 개선, 상위 경영진이 될 수 있는 가능성 향상이 경력 유동성과 직무 만족을 위한 기술 및 역량 개발에 보다 전략적으로 임하게 함	귀하가 학습한 내용을 적용하는 것을 방해하는 장애요소는 무엇인가? 업무 과다로 인한 추수활동의 결여, 우선순위의 충돌, 목표의 잦은 변경

코멘트: _____

_____

_____

출처: Phillips, J. (1997). *Return on Investment in Training and Performance Improvement Programs*.

시사점

시작 단계에서부터 핵심 이해관계자가 확실히 개입하고 사업전략상의 요구와 성과목표가 일치할 때 회사 전반을 대상으로 하는 프로그램의 성공 가능성이 높아진다. 이 연구를 통해 최소한의 자원으로 ROI 평가 프로세스를 어떻게 수행할 수 있는지를 알 수 있는데, 이는 평가 과정의 핵심 단계별 활동(자료 제공, 프로그램 효과의 분리, 자료의 금전적 가치 전환) 대부분을 참가자가 수행했기 때문이다.

ROI 방법론에 대한 경험이 있는 이해관계자가 참여하고 있으며, 적극적이며 통합적이고 비용 효과적인 평가 접근 방법이 있더라도, 매끄럽고 문제없이 평가가 진행되는 경우는 드물 것이다. 이번 프로젝트에서 얻은 시사점은 다음과 같다.

- 위험 분석과 위험 관리를 보다 세밀히 했더라면 프로젝트 관리 활동과 비즈니스 파트너와의 커뮤니케이션이 보다 수월했을 것이다. 예를 들면, 위험 관리 계획을 잘 세웠었다면 역동적인 제조 환경 속에서의 제품에 대한 유동적 요구로 인해 발생하는 잦은 긴급 현안 발생 건수나 일정의 지연 등을 줄일 수 있었을 것이다.
- 종합적인 인재 관리와 경력개발 전략 시행에 필요한 모든 인프라가 갖춰져 있어야 한다. 본 사례에서는 다양한 직무순환 절차와 인센티브 실시 방안, 액션러닝 과제 부여가 즉각적으로 승인되지 않았거나 참가자가 곧바로 활용할 수도 없었다.
- 훌륭한 리더는 조직의 역량개발과 우수 인재의 채용/유지를 위한 목표의 모든 측면에 영향을 끼친다. 사람들은 회사를 떠나는 게 아니라 상사를 떠나는 것이다. 코치 겸 프로젝트 조언자로 선정된 상

사는 자신의 역할수행에 능력이 있고, 적절한 동기부여 및 보상이
주어져야 하며, 직원들의 개발을 지원하는 책임성과 책무성이 명확
히 정의되어 있어야 한다.

토론을 위한 질문

1. 본 사례 연구에서 사용된 평가 전략과 자료 수집 방법을 어떻게 비평할 수
   있겠는가?
2. 제도, 역량 같은 소프트 스킬을 개발하기 위한 HR 프로그램의 성과물을
   어떻게 조직의 전략적 방향과 일치시킬 수 있는가?
3. 본 사례 연구에 어떤 영향 측정 항목이 추가될 수 있다고 생각하는가?
4. 경력개발계획 프로그램을 시범 실시할 때, 참가자와 이해관계자 간의 적
   절한 조합을 어떻게 담보할 수 있는가?

참고문헌

Broad, M. L., & Newstrom, J. W. (1992). *Transfer of training: Action-packed
    strategies to ensure high payoff from training investments*. Reading, MA:
    Addison-Wesley.

Burkett, H. (2002). Evaluation: Was your HPI project worth the effort? In G.
    M. Piskurich (Ed.), *HPI essentials*. Alexandria, VA: American Society for
    Training and Development.

Burkett, H. (2002). Leveraging employee know-how with structured how-to
    training. In R. Jacobs (Ed.), *Action: Implementing on-the-job learning*.
    Alexandria, VA: American Society for Training and Development.

Burkett, H. (2006). Evaluating a career development initiative. In D. L.
    Kirkpatrick, *Evaluating training programs* (3rd ed.). San Francisco, CA:
    Berrett-Koehler.

Phillips, J. (1997). Return on Investment in Training and Performance

Improvement Programs.

Phillips, J., Phillips, P., Stone, R., & Burkett, H. (2006). *The ROI fieldbook: Strategies for implementing ROI in HR and training.* Burlington, MA: Elsevier, Butterworth Heinemann.

Phillips, J. J., & Stone, R. D. (2002). *How to measure training results: A practical guide to tracking the six key indicators.* New York: McGraw-Hill.

Phillips, P., & Burkett, H. (2001). Managing evaluation shortcuts. *Info-line.* 0111. Alexandria, VA: American Society for Training and Development.

저자에 관하여

Holly Burkett

MA, SPHR, CPT인 그녀는 Evaluation Works의 사장이며, 20년 이상의 경험을 소유한 ROI 인증 전문가로, 주로 공공 및 민간 부문의 고객을 대상으로 WLP 관련 경영성과 측정을 담당하고 있다. ISPI의 *Performance Improvement Journal*의 편집자인 그녀는 콘퍼런스의 발표자, 워크숍 리더, 성과 측정 관련 저자로서 활동하고 있다. Jack Phillips, Patti Phillips, Ron Stone과 함께 *The ROI Fieldbook*을 집필했다. 그녀의 연락처는 burketth@earthlink.net이다.

제5장

영업교육 프로그램의 ROI 측정

-글로벌 호텔 사례*-

* 본 사례는 관리나 경영의 효율성이나 비효율성을 설명하기
위한 것이라기보다는 토론을 위한 자료로 마련한 것이다.

Peter Haigh, edited by Jane Massy

요 약

2004년 8월, Le Meridien 호텔은 고객과의 약속을 지키기 위한 회의장 담당직원 교육을 실시했다. 이 교육은 회의장 매출 및 당해 회계 목표를 달성하기 위한 일환으로, 마케팅의 일부분이기도 했다. 이 교육 프로그램은 유럽에 있는 4개의 도시에서 돌아가며 개최됐고, 영업부서장과 지역영업소 대표, 그리고 각 호텔에서 챔피언으로 뽑힌 회의장 담당직원이 포함됐다. 교육 사전 분석에 따르면, 고객의 재이용률이 저조한 상태였다. 교육 후에는 재이용률이 증가됐고, 고객 충성도와 만족도도 증가했으며, 영업 매출도 두 배로 증가했다.

배 경

Le Meridien 호텔 및 리조트는 전 세계 50개 국가에 130개의 호텔을 보유한 다국적 기업이다. 최근에 Starwood 호텔 및 리조트에 매각됐다. 사업보고 회의 때 그 해 잔여 기간 동안은 지출에 비해 호텔 객실 수입이 저조할 것으로 전망했다. 50개 국가에 호텔이 있지만 유럽 지역에서 대부분의 수익을 창출했고, 유럽 내에서도 몇 개의 호텔만이 회사의 성공에 기여하고 있는 상태였다. 대부분의 유럽 호텔에서 벌어들이는 객실 수입은 여러 형태로 구성되어 있었다. 주된 것이 개인 여가, 개인 회사, 콘퍼런스와 인센티브 그리고 항공사 승무원이다.

콘퍼런스 시장에 집중

단기적 목표로 콘퍼런스와 인센티브 시장이 가장 적합하다고 판단되었다. 기업체 관련 이용은 1년 계약방식이었고, 여행 제한과 호텔 등급 저하로 많은 호텔들이 예상한 것보다 저조한 실적을 보였다. 여가 분야에서도 이와 마찬가지로, 고객의 예약 행태의 변화와 여러 도시에서 경쟁이 심해진 탓으로 미래의 결과를 예측하기가 어려웠다. 이러한 상황에서 콘퍼런스와 인센티브 시장을 매출 하락을 막을 수 있는 집중 성장 분야로 선정했다.

지역영업소의 역할

시설과 위치, 시장 상황을 고려하여 가장 이익이 기대되는 몇 개 호텔이 있는 지역영업소(Regional Sales Offices: RSOs)를 대상으로 우선 교육을 실시하기로 결정했다. 이 교육은 8월에서부터 12월까지 집중 실시하기로 했기 때문에 '스프린트' 정책으로 불렸다. 호텔의 핵심 시설 및 주요 경쟁 호텔의 시설과 비교하는 간단한 파워포인트 발표를 호텔 관계자들에게 하도록 했다. 각 호텔에서는 주요 지역영업소와 웹기반 콘퍼런스를 열어 관련 사항을 점검하는 파워포인트 발표를 했다. 지역영업소에서는 각 호텔의 고객들을 감안하여 이와 관련된 부분을 비교하는 발표를 할 수 있었다. 각 호텔에서 정기적인 콘퍼런스를 통해 콘퍼런스 예약 상태를 점검하고, 필요한 지역에서는 그 호텔의 정책을 활용하도록 후속 조치했다.

인터넷 홍보

유럽에 있는 모든 호텔에 Le Meridien 웹사이트의 콘퍼런스 사업 할인 행사에 참여하도록 요청했다. 각 호텔에 6개월 동안 제공할 수 있는 최고 할인요금 행사를 하도록 했다. 물론 객실, 아침 식사, 8시간 사용료를 포함하는 행사였다. 이 행사의 성공을 확인하기 위해서 예약시스템에 구체적인 요금코드를 각 호텔에 부여했다.

　회의 기획자나 콘퍼런스 진행자들을 위해 고객관리 목록을 작성하여 고객의 충성도를 높이는 데 활용하도록 했다. 고객관리 목록은 다음과 같다.

- 제안서에 대한 24시간 또는 익일 보고
- 각 호텔에서 표준제안서 활용
- 고객 관련해서 호텔의 모든 분야를 대표하는 회의 담당 부서장 지정
- 온라인상에 평면도와 자세한 설명서 제공
- 온라인으로 기획 도구 제공
- 행사 후 평가 회의
- 회의 기획자에 대한 보상제도

미팅 챔피언 임명

　이 프로그램의 착수를 위해서 각 호텔 영업부에 미팅 챔피언을 추천했다. 미팅 챔피언은 각 소속 호텔의 회의와 행사 자료를 만드는 임무를 맡는다. 그리고 이해를 도모하기 위해서 영업팀과 일하면서 주기적으로 고객과의 계약사항을 전달한다. 또한, 온라인 교육 프로그램을 개발하여 자신의 호텔에서 실행할 수 있도록 돕는다. [그림 5-1]은 이 프로젝트의 시간표다.

　각 호텔의 실적이 계속 떨어지고 있었기 때문에 콘퍼런스와 인센티브 사업을 추진하는 계획을 다른 호텔로 확대·적용했다. 그런데 어떤 호텔에서는 단체예약을 입력하지 않았다. 따라서 인터넷 행사로 효율성을 평

	A	S	O	N	D	J	F	M	A	M	J	J	A	S
1차 기획 관리	■													
스프린트 프로그램		■	■	■	■									
지명된 미팅 챔피언				■										
웹 프로모션 1				■										
웹 프로모션 2			■	■										
추적 조사						■	■	■						
승인된 교육								■						
파일럿 과정												■		
교육과정 3개 반 운영													■	

[그림 5-1] 프로젝트 시간표

가할 때 어려움이 있었다. 호텔의 피드백을 보면 고객들이 사용할 패키지가 그들의 요구에 부응하지 못하여 고객들은 필요에 맞게 수정하기를 원하고 있었다. 호텔에 대한 컨설팅 결과, 인터넷상에 홍보한 패키지를 수정하기로 했다. 최초의 제안은 하룻밤 숙박, 아침식사, 점심식사, 회의실, 커피타임을 포함하는 8시간 요금이었다. 이것을 객실 요금만으로 수정했다. 그러나 수개월간 이 행사가 늘어나면서 호텔들은 전 기간에는 유효할 것 같지 않다고 판단해 고객이 가장 선호하는 요금을 제공하는 것을 꺼려했다. 또한 국가별 호텔에서는 이 행사요금을 미팅 기획자들이 고객들과 더 좋은 가격으로 협상하는 시작점으로 활용할 것으로 믿고 있었다.

호텔의 미팅 챔피언들과 대화를 해 보니 그들이 고객과의 약속을 강화하는 데 효율적이지 못하다는 것을 알게 됐다. 호텔은 이 프로그램을 성공적으로 실행할 분명한 책임과 의무와 관련된 명확한 지침이 없는 상태에서 미팅 챔피언을 지정하도록 요청받았던 것이었다. 어떤 호텔에서는 미팅 챔피언에게 기대치의 역할을 수행할 수 있는 권한도 주지 않았다.

〈표 5-1〉 자료 수집 계획

| 워크숍 중 사용 자료 수집 계획 | 이 평가의 목적: Meridien 회의 프로그램의 이해도 검증 | | | | | |
| 프로그램/프로젝트: 미팅 챔피언 | | 책임자: Peter Haigh | | 날짜: _____ | |

수준	프로그램 목표	측정치	자료수집 방법/도구	자료원	시기	책임
1	만족도/활동계획					
	현업복귀 후 프로그램 (7/23, 24, 파리)과 실천계획에 대한 파일럿 참가자들의 피드백	사후 평가	질문지	교육참가자	교육 직후 (7/24)	PH/JL
		교육 참가 직후 피드백 지속적 회의 수행 계획				
2	학습성취도					
	Meridien 회의 프로그램	질문지 분석결과 미팅 플래너 짜기 이해 및 실행을 위한 책무성	질문지	각 호텔의 미팅 챔피언	5월	마케팅실 JL
	미팅 챔피언에게 설명	사후 교육 프로그램	사후교육 질문지	과정 참가자	7월 (파리)	PH/JL
3	**현업적용/실행** 문의에 대한 24시간 이내 응답	업무일정 관리표	월간 보고	그룹 매출표	월간	미팅챔피언/ DOS
	표준 제안양식 사용	고객 파일활용 현장점검	호텔방문	고객파일	월간	DOS
	사후 행사 평가	사후 행사 양식	DOS 체크	고객파일	월간	DOS
	재등록률	고객 피드백	월간 단골 고객 이용	방문 데이터베이스	월간	마케팅부서
4	경영성과					
	컨퍼런스 개최실적 증가율	연도별 월간 비교	월간 수입 보고서 객실 수입	자산 관리 시스템	월간	DOS
	전환율 향상	부킹 정도 보고/전환실적	월별 보고	그룹 매출 부킹	월간	DOS
	재이용 고객 증가율	호텔별 멤버십 실적	호텔별 이용객 수	방문 데이터베이스	월간	마케팅부서
5	ROI	코멘트: _____ 미팅 챔피언 교육이 긍정적인 경영성과를 가져왔는지 결정하시오.				

출처: Copyright © 2007 The ROI Institute, Inc. All rights reserved.

프로그램을 정상화하기 위해서, 그리고 고객과의 약속을 전달하기 위해서는 무엇인가가 필요했다.

미팅 챔피언들을 위한 교육 프로그램을 설계하고 전개하는 것이 가장 먼저 해야 할 일이었다. 교육의 목적을 논의한 뒤 각 호텔에서 직면하는 문제들과 미팅 챔피언들에게 필요한 기술과 지식을 결정했다. 이에 따라 설문조사지를 개발했다. 또한 교육부, 마케팅부, 유럽 지역팀에서 이 교육의 ROI를 평가하는 것과 Phillips의 ROI 방법론을 채택하기로 합의했다. 다음의 자료 수집 계획서는 평가를 기획할 때 준비했다(〈표 5-1〉 참조).

교육 전 평가 연구

현재의 미팅과 이벤트 프로그램에 대한 지식 수준을 파악하기 위한 연구가 필요했다. 유럽 44곳에 있는 각 호텔의 미팅 챔피언들에게 연구 설문지를 보냈고, 그중 22명이 대답했다.

고객과의 약속에 대한 이해 수준에 관한 질문을 했을 때, 대다수는 탁월/우수로 대답했다. 일부는 그들의 보상 프로그램에 대한 지식이 낮다는 것을 인정하기도 했다(〈표 5-2〉 참조).

〈표 5-2〉 지식 수준

	탁월/우수 (%)	보통 (%)	낮음 (%)
24시간 응대	100		
전 세계 호텔 지점의 회의 및 행사 데스크	50	50	
현장 회의 부서장	64	32	4
시설 검색, 현장 계획, 조건	82	18	
온라인 계획 도구	53	38	9
고객 방문 순간	87	9	4
사은 프로그램	64	23	13

〈표 5-3〉 추가 교육으로 개선 가능한 영역

	완벽함 (%)	진전이 있지만 노력이 필요함 (%)	전문성이 낮아 가이드 라인이 필요함 (%)
제안서 준비	64	36	
영업절차 및 협상	36	59	5
지역영업소와의 관계	46	41	13
행사 기간 동안의 고객 관리	68	32	
고객 요구 사항과 관련한 국가 간 정보 습득	55	41	4
행사 후 요금 징수	68	23	8
행사 후 평가	41	55	4
회의 기획자들에 대한 사은 프로그램	14	32	54

응답자들에게 "당신의 호텔에서 추가 교육을 했을 때 가장 도움이 되는 영역이 무엇인가?"를 물었다(〈표 5-3〉 참조). 대다수가 그들은 아주 능숙하기 때문에 도움이 필요 없다는 응답을 했다. 또한 응답자들은 표준 제안 양식을 활용하는 지식이 탁월/우수라고 생각했다. 실제로 물었을 때는 22개 호텔 중 14곳만이 사용하고 있었다.

교육 프로그램

미팅 챔피언들은 미팅 프로그램에 대한 다양한 요소의 이해와 실행에 대해서는 아주 잘 알고 있었지만 본사에서는 미팅 챔피언들을 대상으로 미팅 프로그램에 대한 보다 구체적인 요소들을 습득시키기 위한 2일짜리 교육 프로그램이 필요하다고 느꼈다. 특히, 실행도가 제일 낮은 분야는 더욱 그렇게 느꼈다. 또한 미팅 챔피언들이 각 호텔에서 프로그램의 다양한 요소들을 실행함에 있어서 필요한 지원을 받을 수 있도록 각 영업부서장들을 교육에 참여할 수 있도록 초대했다. 지역영업소의 네트워크를 통해 각 호텔의 예비 단체 이용 명단을 파악했기 때문에 지역영업소의 대표들 또한 초대했다. 프로그램의 전반적인 모든 사항을 담은 교재를 교육에 참가한 모든 사람에게 줄 수 있도록 제작했다.

응답자 중 59%가 영업과정과 타협을 더 중점적으로 다뤄 줄 것을 희망했으나 기존의 다른 회사의 교육 프로그램들이 이러한 내용에는 더 적절하기도 하고, 이런 영역을 다루는 것이 제안된 교육의 목적은 아니었기 때문에 받아들여지지 않았다. 이들의 요구사항은 교육부서에 전달했다.

파일럿 프로그램은 파리에서 7월에 2일간 진행되었다. 미팅 챔피언들, 영업부서장들, 지역영업소 관계자들이 각 호텔에서 회의 관리 프로그램인 'Meeting Promises'를 실행하는 것에 대한 토론을 이끌었다. 아울러 각 참가자들은 경쟁사 웹사이트와 Le Meridien 사이트를 비교할 수 있도록 했다. 이것은 참가자들이 고객이 어떻게 회의 공간을 찾고, 어떤 어려움을 겪는지를 이해하는 데 도움이 됐다. 또한 교육에 '회의산업에서의 주요 동향'이라는 회기를 넣어서 참가자들이 현재 일어나고 있는 변화를 이해하고, 이것들이 미래에 그들의 일에 어떻게 영향을 줄 것인가에 대해서 이해할 수 있게 했다.

성공적인 모델링 수업 후에 유럽 지역에 있는 다른 호텔들을 위해서 헤이그, 쾰른, 사르디니아에서 추가적인 교육회기를 열었다. 총 27명의 영업부서장, 36명의 미팅 챔피언들, 4곳의 지역영업소 대표들이 4회에 걸쳐 수업에 참석했다.

1단계(반응도/만족도)와 2단계(학습 성취도)

각 집단 참가자들은 2일간의 교육 후에 교육에 대한 그들의 반응도와 만족도 조사를 위한 설문을 작성했다. 4개의 강좌에 참석한 전원이 교육 이 내용과 정보에 있어서 그들이 기대한 것과 일치한다고 동의했다. "당신은 이 과정에서 배운 것들을 앞으로 당신의 호텔에 적용할 수 있습니까?"란 질문에 다음과 같은 반응들이 나왔다.

- 전에는 명확히 몰랐는데 경쟁자가 명확해졌고, 실행의 필요성을 인식함
- 공유할 수 있는 좋은 생각과 최고의 실행 방안들
- 과정의 분명성과 지역영업소들과의 협력의 필요성

참가자들이 효과가 있다고 인정한 미팅과 이벤트 프로그램 중 하나는 보상프로그램이었다. 그들은 프로그램을 실행하는 것이 생각보다 어렵지 않다는 것을 깨달았다. 또한 호텔의 사진과 색깔로 표시된 경계선이 나타나도록 디자인된 표준제안서에 대한 깊은 토론이 있었다. 여러 호텔에서 고객들의 컴퓨터에 그래픽이 제대로 구현되지 않는다는 피드백이 많았다. 그리고 팩스를 보냈을 때도 선명하게 잘 나타나지 않는다는 것이었다. 이에 마케팅 부서는 양식을 단순화해서 온라인과 오프라인으로 다양한 양식을 전달·제공하기로 협의했다. 모든 참가자는 아이디어와 걱정거리들을 지역영업소들과 공유할 수 있었던 시간에 대해 고마워했다. 호텔의 단체영업 담당자들은 지역영업소 사람들과 얼굴을 맞대고 대화를 거의 해 본 적이 없었다. 다수의 오해와 잘못 생각하고 있던 것들이 풀렸다. 결과적으로 호텔과 지역영업소 사이에 좋은 관계가 형성됐고, 호텔이 운영되고 있는 경쟁적인 환경에서 지역영업소에 대한 고마움을 알 수 있었다.

〈표 5-4〉 ROI 분석 계획

본 평가의 목적: 유럽 지역 호텔의 콘퍼런스와 인센티브 영업 증진
프로그램/프로젝트: 미팅 챔피언   책임자: Peter Haigh   날짜: _____

자료 항목 (통상 4단계)	프로그램 효과 분리 방법	금전적 가치로의 전환 방법	비용 유형	무형의 이익	최종 보고 대상	적용 중 기타 영향/이슈	비 고
콘퍼런스 영업 증대	참가자 추정	월간 수익보고서	강사료, 프로그램 재료 / 식사/다과/교통비	고객 만족도 / 고객 충성도	고객 만족도	교육기간에 제기된 절차 개선 이슈: 프로모션, 팸플릿, 부수적인 사안	훈련 동료에 대한 책무성 있는 참가자
단체 컨벤션 예약 비율 향상	추세선 분석	월간 Delphi 보고서	시설 참가자 급여 및 복리후생	지역영업소와의 관계 개선	영업부서장	미팅 헬사이트	훈련 실시에 대한 인식 강화
사은고객 증가	추세선 분석	월간 마케팅 보고서		영업과 운영부서의 관계 개선 / 직원 만족도	호텔 GM의 지역 마케팅 부서장 / VP 마케팅	사안에 따른 지출 추적 / 축적된 사은 포인트	

참석자들은 또한 액션 플랜을 작성했다. 미팅 챔피언들은 미팅 프로그램에서 보상프로그램이나 24시간 응대조치와 같은 한 가지 특정한 것에 집중하는 경향이 있었다. 영업부서장들은 전체 프로그램이 실행되는 것에 대한 확신, 단체영업부서뿐만 아니라 집행 및 자금 부서도 참여하는 것, 호텔 전체에 정보를 전달할 수 있도록 교육 프로그램을 준비하는 데 더 관심이 많았다(〈표 5-4〉 ROI 분석 계획).

교육 후에는 많은 호텔에서 단체 예약 비율이 늘어났다. 표준제안서는 고객들이 보다 읽기 쉽고 받아들이기 좋게 수정됐다. 미팅 기획자들을 위한 인터넷 할인행사는 단순화됐다.

3단계(적용/이행)와 4단계(경영성과 기여도)

교육을 마친 후 3~4개월 뒤에 미팅 챔피언들과 영업부서장들을 대상으로 추가 설문조사를 실시했다. 이 설문조사의 목적은 참가자들이 배운 것을 적용하고 있는지 그리고 경영성과가 있는지를 알아보기 위한 것이었다. 36명의 미팅 챔피언 중 7명이, 그리고 27명의 영업부서장 중 14명이 응답했다. 퇴사한 미팅 챔피언들도 있었고, 호텔 1개는 매각됐으며, 수업에 많은 참가자를 보냈던 두 개의 사르디니아 지사는 직원들이 흩어지면서 겨울 동안 문을 닫았었다.

우선 호텔들이 교육훈련 전까지 어느 정도까지 Meeting Promises에 대해서 전달을 했는지를 파악하는 것이 중요했다. 다시 말하면, 개선 정도 측정을 위한 기준치를 수립하는 것이었다. 영업부서장들의 반응이 〈표 5-5〉에 나와 있다. 그들에게 물은 다음 질문은 "교육 훈련 이후로 Meeting Promises에 대한 이행 수준은 어느 정도인가?"라는 것이었다. 결과는 〈표 5-6〉에 나와 있다.

결과를 보니 24시간 이내 응답, 표준제안서 양식 사용, 행사 후 평가에

〈표 5-5〉 호텔의 Meeting Promises 활용 정도(교육 전)

활용 횟수 비율(%)	100%	80%	60%	40% 이하	20% 이하
24시간 이내 응답	43%	36%	3%		
적극적 접촉	71%	29%			
표준제안서 양식 활용	29%	21%	7%		43%
보상프로그램에의 등록	7%	7%	14%	22%	50%
행사 후 평가	14%	36%	29%	7%	14%

〈표 5-6〉 Meeting Promises 활용 정도(교육 후 참가자 추정)

활용 횟수 비율(%)	100%	80%	60%	40% 이하	20% 이하
24시간 이내 응답	54%	46%			
적극적 접촉	85%	15%			
표준제안서 양식 활용	62%	8%	15%		15%
보상프로그램에의 등록	15%	40%	15%	89%	22%
행사 후 평가	38%	62%			

서는 상당한 발전이 있었으나, 보상프로그램에 대한 등록은 예상했던 변화보다 느렸다.

미팅 챔피언들에게도 같은 질문을 했다. 대답한 숫자가 적기는 했지만 각 호텔에서 변화가 일어나고 있다고 판단되는 수치였다. 교육 전과 후 반응이 〈표 5-7〉과 〈표 5-8〉에 나타나 있다.

다시 말하지만, 행사 후 조사를 해 보니 24시간 이내 응답은 상당한 개선, 표준제안서 양식 사용, 보상프로그램에 대한 등록은 약간의 개선이 있었다. 흥미롭게도, 미팅 챔피언들은 24시간 이내 응답이나 보상프로그램에 대한 등록 등 일일 단위의 현실적인 부분에 매우 긍정적이었다.

〈표 5-7〉 교육 전 반응도

활용 횟수 비율(%)	100%	80%	60%	40% 이하	20% 이하
24시간 이내 응답	29%	42%	29%		
적극적 접촉	43%	29%	14%	14%	
표준제안서 양식 활용	43%	14%		14%	29%
보상프로그램에의 등록	29%		29%	13%	29%
행사 후 평가	29%	29%	14%	14%	14%

〈표 5-8〉 Meeting Promises 활용에 대한 교육 후 응답결과

활용 횟수 비율(%)	100%	80%	60%	40% 이하	20% 이하
24시간 이내 응답	71%	29%			
적극적 접촉	43%	43%	14%		
표준제안서 양식 활용	72%	14%	14%		
보상프로그램에의 등록	72%	14%		14%	
행사 후 평가	29%	57%		14%	

24시간 이내 응답

24시간 이내 응답은 호텔의 크기와 사용하고 있는 소프트웨어 시스템에 따라 다른 방식으로 모니터링했다. 작은 호텔에서는 단체 이용 추이를 모니터하고 추적하는 데 시간 기록기를 사용하고 있었다. 큰 호텔에서는 Delphi 또는 Fidelio와 같은 소프트웨어 시스템을 이용하여 모든 단체 이용 추이를 기록했다. 이러한 시스템들을 통해 예약된 객실과 공간 등 단체 이용 추이와 실적을 추적하고 있다. 단체 이용 고객과 계약이 이루어져 실적이 입력되면 그 현황을 알 수 있는 자료를 뽑을 수 있게 되어 있었다.

따라서 이 시스템은 24시간 안에 호텔이 응답을 하는지를 모니터링하

는 데 도움이 된다. Meeting Promises가 각 호텔에서 고객의 요구를 만족시키고 성과를 높일 수 있는 것에 주안점을 두고 있기 때문에 미팅 챔피언들과 영업부서장들은 이 분야의 결과에 신경을 쓰고 있다.

적극적 접촉

작은 호텔에서는 단체 코디네이터(또는 보통 지정된 미팅 챔피언)가 호텔에서 고객과의 직접적인 연락자로 활동한다. 큰 호텔에서는 각각의 확인된 예약이 단체영업부에서 컨벤션 부서로 이관되고, 이 부서에서 지정된 연락담당자가 정해진다. 앞의 내용을 기초로 영업부서장들은 미팅 챔피언들이 생각하는 것보다 더 자주 이러한 것들이 발생하고 있다고 보고 있다.

표준제안서 양식의 활용

앞에서 언급했듯이, 각 교육에서 표준제안서 양식에 관한 형태와 디자인에 대해서 광범위한 토의가 있었다. 참석자들의 말에 따르면 본사의 마케팅부에서 서식을 다시 디자인했다. 이 조치 결과, 앞에 나타난 사용 예상치가 상당히 증가했다. 100% 사용하겠다는 영업부서장들이 62%였다. 매일 관련 활동을 하는 미팅 챔피언들은 보다 확신을 가지고 있었는데 100% 사용하겠다는 수치가 72%나 나왔다.

보상프로그램에 미팅 기획자 등록

이 분야의 교육훈련을 모두 받은 미팅 챔피언들은 보상프로그램을 판매하는 것에 대하여 대단한 자신감을 갖고 있었는데, 이들은 100% 홍보에 활용하겠다고 했다. 그러나 영업부서장들은 자신감이 없어 보였는데, 15%

만이 100% 홍보에 활용하겠다고 했다. 한 호텔은 주로 지역의 작은 회사
들을 상대하고 있는데, 그들의 고객들은 다른 Le Meridien 호텔들을 이용
하지 않고 이미 한 호텔의 단골고객이었기 때문에 보상프로그램이 제대로
홍보되지 않았다고 인정했다. 한 영업부서장은 이렇게 말하고 있다.

"미팅 플래너 프로그램 등록은 아직도 느리게 진행되고 있다. 왜냐하
면 사람들이 Starwood에서 변화가 있다는 얘기를 듣고 혼란스러워하고
있고…… 차라리 기다리고 싶어 한다."

행사 후 평가

행사 후 평가는 교육훈련 후에 더 자주 진행되고 있었다. 62%의 영업
부서장이 80% 정도 활용할 것으로 예상하는 반면, 57%의 미팅 챔피언들
만이 그렇게 예상했다. 작은 호텔에서는 반복되는 일들의 빈도가 높고
강한 개인적인 관계 때문에 형식적인 행사 후 평가는 중요하게 생각하지
않았다. 그럼에도 불구하고, 큰 연례행사를 치르는 대형 컨벤션 호텔에
서는 평가가 호텔 직원의 수행능력과 시설을 점검하는 중요한 수단이 되
고, 미래 사업을 자신감 있게 실행할 수 있는 근거가 되었다.

영업부서장들은 자신의 팀의 Meeting Promises 대비 수행능력을 평가
하는 데 책임을 지고 있다. 활용 가능하다면 Delphi 프로그램을 이용할
경우, 이런 활동의 많은 부분을 추적할 수 있는 자료를 파악할 수 있다.
Delphi를 활용할 수 없다면 어느 영업부서장이 다음에서 인용한 것처럼
다른 도구들을 사용하면 된다.

"단체영업부와 영업부는 주간 미팅을 한다. 매일 보고서를 작성하고
있다. 개인적으로 각각의 미팅 플래너를 환영한다. 그리고 그들이 출발

할 때 또는 행사 후에 전화로 피드백을 꼭 확인한다. 돌아오면 평가지를 확인한다. 단체영업과 행사 코디네이터의 피드백을 확인한다."

미팅과 행사 프로그램의 많은 요소들을 실행함에 있어서 팀의 성과향상에 미친 훈련의 효과를 측정하라고 요청하면 영업부서장들은 교육의 영향은 50%가 넘지 않는다고 믿고 있었으며, 많은 부서장들은 교육에 따른 성과는 없었다고 주장하기도 한다. 호텔 운영과 관련성이 없는 특별히 '신기한' 내용은 없었다. 교육은 영업부와 케이터링부의 원활한 운영에 없어서는 안 될 비즈니스 과정의 강화 요소로서 생동감을 주는 것이었다. 다음 두 코멘트가 그 예다.

"직원들은 교육훈련 전에 Le Meridien Meeting Promises의 내용에 대해서 이미 알고 있었다. 가장 큰 효과는 내용뿐만이 아니라 그 프로그램과 계약의 중요성을 인식했다는 것이었다."

"우리가 이미 갖고 있는 기술들이 있다. 그러나 우리의 지식을 복습하고 발전시키는 것은 항상 중요하다. 보상프로그램에 대해서 더 배웠다는 것은 대단히 중요하다."

한 호텔은 업무 절차를 개선시키는 데 있어서 교육훈련의 효과에 대단히 긍정적이었다.

"호텔은 전에 Le Meridien 미팅 표준을 거의 따르지 않았었다. 훈련 후에 우리는 그 프로그램 이면의 이유들을 이해할 수 있었고, 팀에서 챔피언 역할을 보다 적당한 사람에게 부여할 수 있었다. 그리고 우리는 일반적인 절차에 대해서 보다 명확한 방향성과 코칭 · 감독을 할 수 있게 되었다."

대부분의 훈련 참가자들은 돌아가서 Meeting Promises에 관해서 동료들을 교육시켰다. 이것은 프로그램의 실행에 도움이 됐다. 교육 동안 다뤄지고 있던 과정들은 호텔 관리 회사와 관계없는 건전한 사업 수행에 관한 것들이 대부분이었다.

참가자들은 교육훈련에서 얻은 무형의 혜택들을 열거해 보라고 요청을 받았다. 가장 일반적인 반응은 지역영업소와 발전된 관계를 갖게 된 것이었다. 또한 교육기간 동안 대화를 통해서 표준제안서 양식에 변화가 있었는데, 이를 대부분의 고객들이 고마워했다. 또한 교육의 결과로 호텔에서는 팀 협력 정신이 향상된 분위기였다. 한 참가자는 다음과 같이 말했다.

"프로그램을 이해하고 참여하는 과정은 '한 목소리를 내는 것'으로 이어졌는데, 이는 프로그램을 판매하는 영업부서 사람들이 시작했고, 연회 담당부서 직원들이 참여했다."

교육훈련의 사업적 효과를 결정하는 질문을 했을 때, 응답자의 대다수가 응답을 할 수 없었다. 다시 물었을 때 많은 응답자들은 교육의 효과를 시장에서 수요에 영향을 주는 다른 요소들로부터 분리하는 것이 어렵다고 답했다. 65%의 영업부서장들과 85%의 미팅 챔피언들은 훈련의 결과에 의한 사업 영향이 전혀 없었거나 그것을 측정할 수도 없다고 믿고 있었다. 두 개의 사르디니아 호텔은 교육 후에 바로 문을 닫았다. 그리고 바르셀로나 호텔은 새롭게 대대적으로 단장을 하고 있어서 영업할 수 있는 회의 공간이 제한적이었다. 그러나 한 영업부서장은 이렇게 말하고 있다.

"사업적으로는 성과를 내지 못했지만 내가 느낀 것은 우리의 고객들이 응답의 속도와 응답(사업 지식)의 전문성에 매우 만족해하고 있어 우리 호텔을 이용할 것이라는 확신을 갖게 되었다는 것이다."

비 용

ROI 방법론에 의거하여 전체 비용을 산출하였다. ROI 분석 계획은 평가의 마지막 단계를 계획할 때 준비했다(〈표 5-4〉 참조). 교육에 들어가는 총 비용은 〈표 5-9〉에 나타나 있다.

〈표 5-9〉 교육훈련 비용

	급여/복리후생비	교통비	숙박비	파견자 비용/일	저녁식사	계(£)
파리	9,048	2,612	2,000	2,520	798	16,978
쾰른	6,864	2,370	1,442	1,888	640	13,204
헤이그	5,304	4,275	3,025	1,320	540	14,464
사르디니아	6,864	2,260	1,242	2,470	950	13,786
강사 사전 준비 시간	13,255					13,255
과정 기자재						2,500
평가 비용 (인건비, 재료비 포함)	3,780					3,780
합 계						77,967

교육 참가자는 다음과 같이 구성됨:

지 역	영업부서장	미팅 챔피언	지역영업소 대표
파 리	10	9	3
쾰 른	7	8	1
헤이그	5	7	1
사르디니아	5	12	1
기 타	과정별 강사 2명이 있었으며, 이들에 대한 비용도 포함됨		

경영성과 기여도

각 시장 분야에서 객실 수입은 월별로 확인된다. 〈표 5-10〉은 유럽 지역의 실적을 나타내고 있다. 비교하기 위해 실적을 네 개의 시간대로 분할했다. 중요한 기간은 둘째 해와 비교해 본다면 첫 해의 9월에서 12월까지다. 왜냐하면 이 기간은 스프린트 프로그램의 시작과 관련이 있고 미팅 챔피언들 교육 후 바로 이어지는 기간이기 때문이다.

미팅 챔피언들의 교육이 있은 직후 9월부터 12월에 영업 증가액은 전년도 동일 기간 대비 875,252파운드다.

〈표 5-10〉 유럽 지역의 객실 수익 현황

기 간	콘퍼런스 부분 수익(£) (비교 없음*)	콘퍼런스 부분 수익(£) (비교**)
1~8월, 첫해	40,972,385	40,926,835
9~12월, 첫해	24,980,081	24,901,355
1~8월, 둘째 해	45,490,434(+11.02%)	44,839,229(+9.6%)
9~12월, 둘째 해	26,777,057(+7.2%)	25,776,607(+3.5%)

비교 없음*: 2년 사이의 호텔 간 비교를 하지 않았다.

비교**: 11월 4일 문을 열어 첫해에 78,726£과 둘째 해에 1,526,730£의 수익을 올린 스튜트가르트의 Le Meridien 호텔은 재단장을 위해 5월 문을 닫고 10월에 다시 문을 열었다.

헤이그 지점의 1~5월의 콘퍼런스 영업액은 45,550£이었으며, 10~12월에는 124,925£였다. 비교 칸은 앞의 두 호텔에서 산출한 수치이며, 다양한 시기에 걸친 지역 간 성과의 비교로 보다 공정한 비교다.

비록 많은 영업부서장들이 훈련의 경영성과를 산정해 낼 수는 없었지만, 할 수 있었던 사람들은 90%의 신뢰도 수준으로 영업 증가액의 30%가 훈련에 기인했던 것으로 산정했다. 이 산정을 가지고 다음과 같은 ROI를 추측할 수 있다.

875,252£ × 30% = 262,576£,

262,576£ × 90% 신뢰도 = 236,318£

$$ROI = \frac{순이익}{비용} \times 100 = \frac{236,318£ - 77,967£}{77,967£} \times 100 = 2.03 \times 100 = 203\%$$

다른 측정 내용에는 프로그램에 대한 등록이 증가한 것도 있었다.

무형의 효과들

이 교육으로부터 보이지 않는 효과는 호텔들이 지역영업소를 보다 더 잘 활용할 필요가 있다는 것을 깨달았다는 것이다. 표준 양식은 파워포인트 형식으로 개발되었는데, 강력한 영업도구로 인식되었고, 지역영업소가 호텔에 대한 지식을 넓힐 뿐만 아니라 경쟁력에 대한 지식을 확장시키는 데 도움이 됐다. 훈련 전에는 정기적인 점검 콘퍼런스 콜 정도만 주요 컨벤션 호텔과 주요 지역영업소 간에 있어 왔다. 하지만 훈련 후로는 호텔과 지역영업소 간에 동료의식이 강화되고, 정기적인 점검 콘퍼런스 콜이 적대적인 것이 아니라 협조적인 분위기가 됐다.

다른 이점들

경쟁 호텔 회사의 웹페이지를 예약 미팅 때 편하게 검토해 보는 연습은 Le Meridien 호텔이 자신들의 사이트에서 무엇을 줄 수 있는지를 파악하고, 고객을 위한 기능을 개선하는 기회가 될 수 있는 중요한 계기가 됐다. 단체요금과 객실 사진들을 볼 수 있다는 것은 개선의 여지가 있는 두 영역이었다.

참가자들에게 또 다른 이점은 그들이 자신들의 한 호텔에 미팅 참석 자로서 경험을 해 본다는 것이었는데, 이를 통해 의도적이든지 아니든 지 간에 행사 기간에 일어나는 문제점에 대해서도 이해하게 된다는 것 이었다.

장애 요인과 해결책

안타깝게도 어떤 호텔에서는 참가자를 보낼 수가 없었다. 아프거나 과 중한 업무 또는 예산 부족이 원인이었다. 두 번째 교육이 헤이그에서 새 로 개장한 Des Indes 호텔을 홍보하기 위해 열렸지만, 네덜란드 호텔 에서 아무도 참석하지 못한 것은 특히 안타까운 일이었다. 훈련의 기획 부터 운영까지 걸린 시간은 회사 내부의 약간의 불확실성 때문에 예상 보다 오래 걸렸다. 그럼에도 불구하고, 영업부의 충분한 지원으로 초기 Meeting Promises 프로그램을 전개하고, 교육 프로그램의 기획과 운영의 각 단계를 연결할 수 있었다. 이것이 전체 호텔 차원에 실행되지 않은 것 은 분명했다.

커뮤니케이션 전략

결과가 모아지고 분석 되었을 때, 본부 사무소의 많은 Le Meridien 이 해관계자들이 이미 회사를 떠났다. 프로젝트를 시작했던 CEO를 포함 해서 마케팅 부회장, 유럽 지역 부회장이 회사를 떠났다. Le Meridien을 Starwood로 이관하는 데 책임을 맡은 Starwood 호텔의 수석 부회장이 최종 보고서를 발표하도록 승인했다.

시사점

이 프로그램은 참가자들의 지식 수준을 결정하기 위한 철저한 사전 평가의 중요성을 보여 주었다. 이렇게 되면 적절한 훈련 프로그램을 개발할 수 있게 된다. 초기에는 미팅 챔피언들의 역할과 책임에 대한 이해도가 거의 없었다. 어떤 호텔에서는 Customer Promise 프로그램을 실행하는 권한을 갖고 있지 않은 사람들을 임명하기도 했다. 이러한 사실은 훈련 전 연구 중에 밝혀져 영업부서장들을 훈련 프로그램에 참석하도록 하는 데 기폭제가 되었다. 다양한 경험을 갖고 있는 호텔들이 다양한 영업과 케이터링 시스템을 접목하는 데 있어서 각 영업부의 업무수행을 꾸준히 감독한다는 것은 쉬운 일이 아니었다.

결 론

앞에서 언급한 것처럼, 여러 조건이 어려웠고 가용한 자료도 많지 않아 훈련의 효과를 측정하는 것은 어려웠지만, 보수적인 방법을 사용했음에도 긍정적인 ROI를 측정할 수 있었다. 또한 보이지 않는 효과도 있었다. 예를 들면, 고객 충성도, 팀 단합, 그리고 호텔과 지역영업소 사이의 발전된 관계가 분명히 있었다. 덧붙여, 미팅 챔피언들은 고객들과의 약속을 유지해야 한다는 필요성을 더욱 이해할 수 있었다. 앞에서 언급했듯이, 회의 및 행사 프로그램이 연기되었을 때 유럽에서 교육이 실시되었고, Starwood 호텔 및 리조트의 인수 결정이 연기된 상태였다.

토론을 위한 질문

1. 이 훈련 프로그램은 ROI 연구를 위해 적절한 것이었는가? 그렇거나 그렇지 않다면, 왜 그렇게 생각하는가?

2. 추가적인 2단계 학습 결과가 어떻게 구현되었는가?

3. 조정된 수익(본 연구에 사용한) 또는 수익에 대한 이익이 본 프로그램에 대한 ROI를 계산할 때 사용했어야 했는가? 만약 30%의 이익률이 사용된다면, 70,895£(236,318£×.3)의 이익은 9%로 해석된다.

4. 이 훈련 프로그램의 목적을 어떻게 바꿀 수 있겠는가?

저자에 관하여

Peter Haigh

유럽, Le Meridien 호텔 및 리조트의 전 영업담당 지역이사였다. 앞에서 언급한 교육훈련 강의는 Peter Haigh와 Le Meridien 호텔 및 리조트의 전 마케팅 부장이었던 Janine Lakiss가 한 것이다. Janine은 교육훈련의 핵심 부분이었던 Meeting Champions Support Pack 프로그램을 기획하고 만든 책임자였다. Europe for Le Meridien 호텔 및 리조트의 전 지역 교육담당자였던 Josephine Le Yannou는 교육훈련 내용과 프로그램을 기획하는 데 공헌을 했다. 이 연구의 준비와 검토에 있어서 ROI 연구소의 도움과 지원에 감사한다.

Jane Massy

영국의 ROI 연구소를 대표하는 abdi ltd의 대표다. Jane은 사적 영역과 공적 영역의 프로젝트를 평가하는 데 많은 경험을 가지고 있다.

제 **6** 장

신입직원 유지를 위한
코칭프로그램의 ROI 측정

-글로벌 미디어 회사 사례*-

* 본 사례는 토론을 위한 자료로 마련한 것으로, 효율적이거
나 비효율적인 행정 및 운영 실태를 설명하기 위한 것이 아
니다. 따라서 본 사례에 거명되는 이름, 날짜, 장소, 기업은
저자와 기업의 요청에 따라 가명으로 처리하였다.

Lisa Ann Edwards & Christina Lounsberry

요 약

본 사례는 신입직원을 대상으로 한 코칭프로그램에 대한 파일럿 과정의 ROI 산출사례다. 이 프로젝트는 입사 1년 이내에 자발적으로 퇴사하는 신입직원들의 이직률 문제에 대해 이직의 원인을 파악하고, 이직의 원인별에 따른 구체적인 해결 방안을 찾아 이러한 해결 방안이 실제 이직률 감소에 미친 성과를 계산하는 데 초점을 맞추고 있다. 교육이 가져오는 경제적 이익을 측정하는 방법을 인정하지 않던 회사가 전략적이고 신뢰할 수 있는 측정 방법에 대해 지원을 하게 된 사례다.

배 경

루체미디어(Ruche Media Company: RMC)는 전 세계에 24개의 사무소를 둔 글로벌 미디어 회사다. 2억 6천만 달러 규모인 이 회사의 본부는 북미의 대도시에 있다. 1,100여 명 직원의 대부분은 회사 본사에 근무하며, 나머지는 전 세계 주요 거대 도시에 있는 영업소에서 근무한다. 다른 회사들처럼 RMC는 기업합병 문제, 가격경쟁 압박, 직원의 이직률의 문제에 직면해 있다. RMC의 자발적인 이직률은 연 22%였다. 업계 평균은 19%이고, 『Fortune』의 일하기 좋은 100대 기업은 9%였다. 경영진은 이직 문제를 다루는 것에 관심이 없었지만 이직 때문에 운영상의 문제가 발생되고, 직원과 관리자의 시간이 허비되며, 고객과의 문제가 발생되는 것으로 판단하고 있었다. 이 파일럿 프로젝트의 목적은 회사가 이직률을 경영에 영향을 주는 현실적인 문제로 인식토록 하고, 경영성과와 ROI 측정을 위한 전략적인 방법론에 대해 신뢰하도록 하여 보다 많은 지원을 받아 내는 것이다.

RMC의 이직률 측정과 조사

RMC에서는 다양한 방식으로 이직률을 조사하여 자발적인 이직과 비자발적인 이직으로 구분했다. 자발적인 이직에는 일, 급여, 복지, 정책에 대한 불만, 근무조건에 대한 불만, 개인적인 이유들이 포함되었다. 비자발적인 이직에는 인력 삭감, 징계 조치, 업무수행 기대에 대한 실패로 인한 계약종료가 포함됐다. 조사 기간 동안 어느 누구도 신체장애나 은퇴로 인해 퇴사를 하지 않았기 때문에 이 기준은 프로젝트에 포함하지 않았다.

먼저 이직률의 일반적인 정의를 내린 후에 RMC에서는 장소, 사업집단, 근무 연수 등에 따라 다양한 분포로 이직률을 분석했다. 이 과정에서 1년이 못돼서 퇴사하는 비율이 가장 높다는 것을 발견했다. 실제로 RMC에서는 사무실 근무자의 30%가 이직을 했고, 12%의 새로 고용된 직원들이 1년도 안 돼서 회사를 떠났다.

이직률에 따른 전체 비용 계산

이직률이 정점을 찍었을 때, RMC의 이직 비용을 계산해 보았다. 〈표 6-1〉은 여러 개의 관련 연구에서 수집한 이직에 따른 비용을 직무에 따라 연봉/월급 비율로 계산한 것이다(Phillips & Connell, 2003). 자료는 직무별로 제시되어 있는데, 기술이 필요 없는 직무와 초보 직급에서 중간 간부까지 분류했다. 열거한 영역은 이직 비용을 연봉/월급의 비율로 나타낸 것이고, 사용하기 편리하게 정리한 것이다. 이직에 따른 비용 전체를 산출하였는데, 이직 직원의 퇴직 비용, 채용, 선발, 오리엔테이션, 신입교육, 훈련시키는 동안의 급여, 생산성 하락, 품질 문제, 고객 불만, 전문성/지식 손실, 이직에 따른 상사의 시간 손실, 대체 인건비가 포함되어 있

〈표 6-1〉 이직 비용 요약

유형/범주	연봉 대비 이직 비용 비율(%)
신입 수준 – 시간당, 비숙련자(예: 패스트푸드 종업원 등)	30~50
서비스직/생산직 – 시간당(예: 안내원 등)	40~70
시간제 숙련자(예: 기계 기술자 등)	75~100
사무직/행정직(예: 스케줄 관리자 등)	50~80
전문직(예: 영업점주, 간호사, 회계사 등)	75~125
기능직(예: 컴퓨터 소프트웨어 개발자 등)	100~150
엔지니어(예: 화학 엔지니어 등)	200~300
전문직(예: 컴퓨터 소프트웨어 개발자 등)	200~400
감독자/팀 리더(예: 부서 리더 등)	100~150
중간 관리자(예: 과 관리자 등)	125~200

출처: Phillips & Connell(2003).

다. 이 표에 나타난 이직비용은 산업과 무역 잡지의 연구 발표 자료, 실무자의 발표 자료, 학술연구, 전문 기관과 단체에서 수행한 개별연구 결과를 반영한 것들이다.

각 이직에 사용된 평균 비용을 산출하기 위해서 RMC에서는 12개월 동안 회사를 떠난 개인당 이직 비용을 개인 연봉 대비 이직 비용 비율을 적당한 직무군에 맞게 곱해서 계산했다. 그리고 각 이직 비용을 합해서 그 기간의 전체 이직자 숫자로 나누었다. 그랬더니 직원당 116,927.09달러의 평균 이직 비용이 산출됐다. 이 평균 이직 비용을 사용해서 계산한 회사 전체의 이직 비용 총액은 2,830만 달러였다. 8백만 7천 달러는 회사 사무실 근무자의 이직 비용이었고, 2백만 8천 달러는 1년 경력 직원들의 이직 비용이었다. 더 중요한 것은 116,927.09달러가 한 직원의 평균 이직 비용이라는 점에 모두가 동의했다는 것이다.

이직의 원인 규명

실질적인 이직 원인을 찾아내기 위해서 두 개의 기본적인 방법을 사용
했다. 첫 번째로 인적자원정보시스템(HRIS) 자료의 이직 원인을 분석했
는데 1년 안에 떠난 사람들의 46%가 조직을 떠난 이유가 '경력' 때문이라
고 했다. 1년도 안 된 사람이 경력을 이유로 떠난다는 것은 놀라운 일이
었다. 그래서 RMC에서는 이직의 실제 원인을 찾아내기 위한 둘째 방법
으로 퇴직자 출구 인터뷰를 실시했다. 이 출구 인터뷰 조사를 통해 1년
도 되지 않은 직원들이 왜 직장을 그만두는지 숨겨진 원인을 밝혀낼 수
있을 것으로 믿었다. 〈표 6-2〉는 출구 인터뷰를 통해 밝혀진 주된 이직
원인들이다.

〈표 6-2〉 RMC 신입사원들의 자발적 이직 이유

1. 통상적 혼란, 혼선, 혼돈
2. 불명확한 직무 기대
3. 매일매일의 책무성에 대한 불확실성
4. 채용 당시와 다른 직무수행

이 프로그램이 파일럿이고, 상대적으로 적은 인원이 참가해서 이직 원
인의 철저한 조사는 불필요하다고 결정했다. 신입직원으로 구성된 핵심
집단기법(FGI)과 명목집단기법(NGT)을 활용했었더라면 보다 정확한 이
직 원인에 대한 조사가 가능했을 것인데, 실제로 RMC에서는 본 프로젝
트의 목적상 이러한 방법을 사용하지 않기로 했다.

해결책: 신입직원 코칭 파일럿 과정

모든 이직 원인을 다 찾아낼 수는 없다는 것을 인식하고, 퇴직하는 신입직원들이 출구 인터뷰에서 밝힌 혼란, 혼돈, 비조직적인 것을 해결하기 위한 방안을 개발했다. RMC에서는 '회사 내 경력개발(The Inside Track)'이라고 부르는 신입직원 코칭 파일럿 과정을 만들었다. '회사 내 경력개발'은 신입직원의 성공보장, 1년 이상 근무 유지, 몰입도 향상, 이들이 직면하는 도전을 잘 이해하고자 개발됐다.

참가자 선정

이 프로그램은 파일럿 과정을 시작한 시점에서 2개월 안에 입사한 신입직원을 대상으로 한 것이었다. 이 프로그램을 소개하는 이메일을 한 신입직원 집단에 보냈는데, 이들을 프로그램 참여 전에 프로그램을 자세히 안내하는 안내 회기에 참여시켰다. 참가자들에게 이 프로그램은 막 입사한 직원들을 위한 과정이고, 신입직원들의 근속과 성공을 위한 파일럿 과정이라고 알려 줬다. 아울러 프로그램이 진행되는 동안 계속 프로그램에 참여해야 하는 이유 등에 대해서도 설명했다. 안내 회기에 참가했던 사람의 90% 이상이 실제 프로그램에 등록했는데, 총 13명이 참가했다. 이 참가자 중에서 2명이 2주차 안에 하차했다. 참가자 중 1명은 이 프로그램이 자신에게 필요 없는 것으로 생각하고 참가하지 않았다. 그 직원은 아직까지 RMC에서 근무한다. 다른 1명은 계약기간 만료로 포기했다. 나중에 밝혀진 일인데, 그 사람은 처음부터 이 프로그램에 포함시키지 말았어야 했다. 그 사람의 중간 관리자가 퇴사를 할 사람 명단을 준비 중이었는데, 그 사람의 고용보장 조건이 프로그램의 선택기준을 크게 벗어나는 것이었기 때문이다.

프로그램 설계

참가자들은 4개월 동안 매월 1시간씩 집단 코칭 회기에 참석했다. 그들은 최대 8회까지 개인 코칭 세션을 전문가인 내부 코치와 함께할 수 있었다. 프로젝트 초기에 참가자들은 자신의 참여 수준과 조직에 대한 헌신을 측정하는 설문조사에 참여했고, 프로젝트가 종료될 때 설문조사에 응했다. 최종 설문조사는 1단계 자료를 요구하는 것이었는데, 프로그램에 대한 참가자들의 반응과 이 프로젝트의 성과 인식에 대한 주관식이 포함되었다.

집단 코칭 참가자들은 4개월 동안 월 1시간 집단 코칭 회기에 참가했다. 각 회기에서는 긍정탐구법(Appreciative Inquiry Approach)을 활용했고 새로운 일에 대한 성공의 힘은 자신에게 있다는 근본적인 신념에 관한 것으로 설계됐다.

회기 1의 주제는 장점에 관한 것이었다. 신입직원들이 자신의 일에 그들의 강점을 어떻게 활용하고, RMC에서의 새로운 일이 RMC에서 근무하기 전에 가졌던 희망과 꿈에 어떻게 연결되어 있는지를 확인하는 것이었다. 회기 2는 신입직원들이 배워 나가는 과정에서 자신의 발전 단계를 확인하고, 그 발전 단계에 따라서 필요한 것이 무엇인지와 중간 관리자에게 어떻게 요청하는지를 배웠다. 회기 3에서는 성공적인 직무관리 전략으로, 신입직원들이 1년 뒤의 업무 실적 평가를 어떻게 준비할 것인지를 다뤘다.

개인 코칭 모든 참가자에게 최대 8회 개인 코칭 회기에 참여할 기회가 주어졌다. 모든 참가자에게 훈련된 내부 전문 코치와 코칭이 가능한 문제와 직무를 정하도록 했다. Posner와 Schmidt(1993)의 연구에 따르면, 개인적인 가치에 관해서 명확한 사람들이 조직의 가치에 관계없이 그렇지 않은 사람들보다 조직에 대한 충성도가 높았다. 이것을 바탕으로 코칭의 범위에는 성인 발달의 재생주기뿐만 아니라 RMC에서의 새로운 역할과 관련이 있을 경우에는 전인성과 개인적인 가치, 목표가 포함됐다. 다시 말해서, 코칭 철학과 방식에 깔려 있는 근본 가정은 일에 대한 성공의 힘은 개인 안에 있다는 것이다.

성공의 측정

이 프로그램에서는 기본적인 4개의 목표가 있었다.

1. 신입직원의 성공을 확신시킨다.
2. 신입직원의 활동과 헌신을 증진시킨다.
3. 신입직원이 직면하는 문제들을 파악한다.
4. 1년이 될 때까지 신입직원들을 유지시킨다.

신입직원의 성공을 확신시키기

신입직원의 성공 해결책은 참가자들의 반응과 프로그램에 대한 만족으로 측정했다. 이 단계에서는 해결책에 대한 참가자들의 반응, 프로그램의 각 요소에 대한 그들의 시각, 그리고 프로그램을 시작할 때 그들이 정했던 목표를 달성했는지 여부가 측정치다. 이 정보를 수집하기 위해서 사후 평가 설문조사를 사용해서 5점 척도로 자료를 수집했다. 예상한 대로 결과는 긍정적이었다. 평균이 5.0이었다. [그림 6-1]은 참가자들의 프로그램에 대한 반응과 만족도를 조사한 5개 문항에 대한 조사결과다.

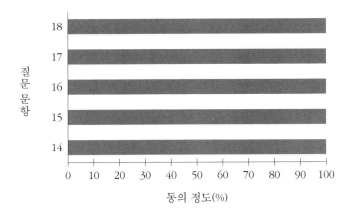

[그림 6-1] 파일럿 과정에 대한 참가자들의 반응

Q14. 전반적으로 나는 '회사 내 경력개발' 프로그램에 만족한다.
Q15. 전반적으로 이 프로그램은 내가 업무에 성공할 수 있도록 도와주는 데 관련이 있었다.
Q16. 전반적으로 이 프로그램 참가는 나에게 유용한 시간이었다.
Q17. 나는 프로그램에서 배운 정보와 코칭에서 배운 통찰을 내 일에 사용했다.
Q18. 나는 이 프로그램을 다른 신입직원에게 추천하고 싶다.

프로그램에 대한 참가자들의 반응을 물으면서 아울러 사후 평가 설문지를 통해 참가자들이 코칭프로그램을 시작할 때 세웠던 자신의 목표를 재설정하는 기회를 제공했으며, 프로그램이 끝날 때 자신의 목표를 달성했는지 여부를 표시하도록 했다. 〈표 6-3〉은 프로그램을 시작할 때 참가자들의 목표와 프로그램이 끝났을 때의 결과다.

〈표 6-3〉 참가자의 목표와 성과

참가자 번호	목표: 프로그램 참가 시 세웠던 목표는 무엇입니까?	성과: 귀하의 목표를 달성하는 데 성과가 있었다고 믿습니까?
1	경력개발	확실함
2	목표와 책임에의 집중	변화가 필요한 부분에 대한 계획을 수립할 수 있었으며, 그러한 프로세스를 잘 활용하는 방법을 알게 됨

3	아이디어와 의견을 효과적으로 표현하는 방법을 배우고, RMC 경영진의 철학을 이해하고 싶음	거의 목표를 달성했으며, 적절한 도구와 방법을 제공받음
4	리더십 역량을 개발해 주는 RMC의 사업운영을 배우고 싶음	예
5	직원 관리	예
6	RMC의 전반에 대해 배우고 싶음	예
7	교육을 받는 방법	예
8	관리자와의 관계 개선 및 역할과 책임의 명확화	예
9	경력개발, 조직 기술, 일과 삶의 조화, 시간 관리	예
10	개인적인 삶의 대부분의 내용	예
11	시간 및 스트레스 관리	완벽함

신입직원의 성과 몰입도와 몰입 증가시키기

참가자들의 반응뿐만 아니라 RMC에서는 참가자들이 프로그램에 참석하기 전과 후에 조직에 대한 성과 몰입도와 몰입의 수준을 측정했다. 대체적으로 성과 몰입도와 관련된 모든 항목에서 11%가 향상됐다. 특히 설문에서 사용한 각 항목은 고용유지율, 수익률, 생산성, 고객만족과 같은 구체적인 기본 측정치와 관련이 있을 것으로 판단됐다. [그림 6-2]는 프로그램의 시작과 끝 부분에서 참가자들이 고용유지율, 수익률, 생산성, 고객만족과 관련이 있다고 동의한 질문들이다.

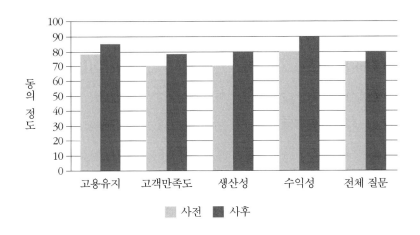

[그림 6-2] 사전, 사후 성과에 대한 동의 정도

신입직원이 직면한 문제점을 바로 알기

이 프로젝트의 또 하나의 목적은 신입직원이 직면하는 문제점을 바로
아는 것과 왜 이들이 1년도 되기 전에 RMC를 떠나는가를 파악하는 데 있
었다. 이 자료를 수집하기 위해 내부 코치는 각 코칭 회기가 끝날 때마다
내용을 기록했고, 참가자들은 RMC에서 직면했던 다양한 문제점들과 장
벽들의 공통 주제를 뽑아 낼 수 있었다. 〈표 6-4〉는 개별 코칭 회기에서
나타난 신입직원이 직면했던 가장 빈번한 공통적인 문제점이다.

〈표 6-4〉 신입직원이 겪게 되는 일반적인 도전 사항

1. 방향 제시 및 지원이 없는 관리자
2. 있기는 하지만 방향 제시 및 지원이 미흡함
3. 혼란, 혼선, 혼돈되는 업무 절차
4. 직무 활용에 필요한 도구 관련 교육의 미흡

입사 1년까지 신입사원 유지하기

마지막으로, 이 프로젝트의 네 번째 목표는 신입직원을 1년까지 유지시키는 것이었다. RMC에서 1년 차 신입직원의 이직률은 12%였다. 이 통계에 따르면, 한 직원이 1년이 되기 전에 퇴사하는 것은 흔한 것이었다. 그런데 이번 프로젝트에 참여한 사람들 중 한 사람도 1년이 되기 전에 퇴사하지 않았다. 결과적으로 RMC에서는 116,927.09달러를 절약했다. 흥미롭게도, 프로젝트의 끝에 가서 세 명의 참가자들은 코치에게 첫 해에 도와주는 프로그램이 없었다면 그들도 자발적으로 퇴사했을 것이라고 털어 놓았다. 이것은 의미 있는 함의였지만 RMC에서는 프로그램을 평가하는 보수적인 접근을 선택해서 한 명만의 이직을 막은 것으로 간주했다.

ROI 분석

프로젝트의 이익

이번 프로젝트의 이익은 한 명의 이직 평균 비용의 50%라고 합의했다. RMC에서는 이 프로그램말고도 유지율에 영향을 주는 다른 요소들이 있을 수 있음을 알게 됐다. 통제집단을 활용했거나 참가자들에게 1년을 조직에 머문 후에 지속근무를 하게 된 이유를 중심으로 이번 프로그램의 효과를 측정하는 것이 이상적이었지만, 효과의 절반, 즉 58,463.55달러를 본 프로그램의 효과로 인정하여 ROI 계산에 활용하는 데 동의했다.

프로젝트 비용

〈표 6-5〉는 프로그램의 비용을 정리한 것이다.

〈표 6-5〉 프로그램 비용

비용 유형	비용($)
내부 코치 급여와 복리후생비	
집단 코칭	450.00
개인 코칭	3,898.13
재료비	55.00
시설비	7,730.00
참가자 급여와 복리후생비	1,760.00
단체 코칭	2,772.00
개인 코칭	
합 계	16,665.13

ROI 계산

효과 측면에서 ROI는 다음과 같이 계산됐다.

$$\text{ROI} = \frac{\text{프로그램 순이익}}{\text{프로그램 비용}} \times 100 = \frac{58,463.55\$ - 16,665.13\$}{16,665.13\$} \times 100 = 251\%$$

ROI 측면에서 보면 RMC가 투자하는 1달러당 2.51달러가 비용 정산 후에 이익으로 돌아왔다. 결과는 훌륭했다. 그러나 ROI는 단지 하나의 측정이고 다른 측정치들이 함께 고려되어야 한다. 보수적인 접근법을 활용해서 개발한 하나의 예측이라고 이해해야 했다. 아마 이 프로젝트에서 나오는 실제적 보상은 과소평가됐을 것이다.

이 프로젝트의 결과로 이 프로그램이 회사 전 분야에 걸쳐 시행되어야한다는 결정이 있었다.

커뮤니케이션 전략

이 파일럿 연구가 ROI 측면이 아닌, 오직 프로젝트를 지원하기 위해 실시됐기 때문에 고위층 및 보다 넓은 계층과 소통하는 것은 도전이었다. 전략적인 연구방법을 활용했기 때문에 중간 관리층에게 분석 과정을 잘 이해시킬 수 있었고 연구결과를 보다 신뢰하도록 만들 수 있었다. 인사담당 부사장과 인사담당 이사 2명에게 다음과 같은 순서로 결과를 보고했다.

1. 프로젝트의 간단한 요약과 목적
2. 방법론 개요
3. 연구에 사용된 가정
4. 반응과 만족도 측정
5. 성과 몰입도와 몰입 측정
6. 경영성과
7. ROI
8. 제안

이 내용은 방법론과 결과 설명을 포함하여 1시간짜리 회의에서 발표됐다. 이 회의는 두 개의 목표가 있었다.

1. 방법론, 가정, 해결책, 결과 설명

2. 큰 규모로 해결책을 실행하는 지원 확보

프로젝트는 성공적이었다고 생각됐다.

시사점

이 프로젝트는 대대적인 ROI 연구를 할 준비가 되지 않은 조직에서 파일럿 프로젝트를 어떻게 실행할 수 있는지를 보여 주는 좋은 예다. 작은 프로젝트를 실행하면서, 그리고 ROI 연구가 어떻게 유용한지를 보여 주면서 관계자들은 나중에 대규모의 ROI 연구를 수행할 수 있는 튼튼한 지원을 확보할 수 있는 것이다.

조직에서 ROI 연구를 크게 후원해 주었다면 여러 요소들이 다르게 실행되었을 것이다. 예를 들어, 이직의 원인을 좀 더 철저히 규명할 수 있었을 것이다. 프로그램이 이직을 낮추는 데 효과적이었지만 다른 원인들도 있었고, 보다 중요하고 큰 영향을 미칠 수 있는 더 좋은 해결책이 있었을 수도 있다. 게다가 프로그램의 효과를 격리시키는 것은 참가자들의 효과에 대한 추정을 통해 계산할 수도 있었다. 더 나아가 코칭을 제공받지 않는 통제집단도 운영할 수 있었다.

토론을 위한 질문

1. 이 프로그램의 가치는 예상 가능한가? 그렇다면 어떻게 가능한가?
2. 포함시켜야 할 다른 비용이 있는가? 있다면 설명하시오.
3. 학습성취도와 현업적용도 자료가 포함되어야만 하는가?
4. ROI 가치가 현실적인가?
5. 이 연구가 신뢰성이 있는가?

참고문헌

Phillips, J. J., & Connell, A. O. (2003). *Managing employee retention*. Boston, MA: Elsevier.

Posner, B. Z., & Schmidt, W. H. (1993). Values congruence and differences between the interplay of personal and organizational value systems. *Journal of Business Ethics, 12*, 171-177.

저자에 관하여

Lisa Ann Edwards

글로벌 미디어 회사인 Global Learning & Development의 이사이며, 직원 개발과 유지에 대한 전문적인 컨설팅 회사인 Bloom Consulting, Inc.의 창립 자다. 그녀는 심리학 석사학위를 가지고 있고, The Hudson Institute의 코칭 자격증을 소지하고 있다. 그녀의 연락처는 Lisa@BloomWhereYouArePlanted. com이다.

Christina Lounsberry

글로벌 미디어 회사의 학습개발 전문가이자 경험이 풍부한 지도자, 강사 그리고 인적자원 전문가다.

제 7 장

조업 및 품질교육에서의 ROI 측정

-가공식품업용 플라스틱 용기 제조회사 사례*-

* 본 사례는 토론을 위한 자료로 마련한 것으로, 효율적이거나 비효율적인 행정 및 운영 실태를 설명하기 위한 것이 아니다. 따라서 본 사례에 거명되는 이름, 날짜, 장소, 기업은 저자와 기업의 요청에 따라 가명으로 처리하였다.

Kirk Smith

7장 조업 및 품질교육에서의 ROI 측정

요 약

한 플라스틱 열성형(熱成形) 회사에서 교육을 통해 해결해 주길 바라는
품질과 장비 조작상의 문제를 갖고 있었다. 회사, 대학, 기술개발업체의
협력으로 단 몇 주만에 여러 명의 직원들의 생각이 발전하고, 이를 실현
시켜 매우 높은 ROI를 얻을 수 있었다. ROI 연구를 실행하는 것은 회사,
대학, 기술개발업체 삼자 모두에게 중요한 목표가 되었다.

배 경

프로그램의 필요

플라스틱 제조회사(PMC: Plastics Manufaturing Company)는 가공식품업
계 공급용 플라스틱 접시를 만드는 국제기업이다. 회사는 열성형 특허
수지를 활용하여 냉동식품용, 고기용, 제과용, 단체용, 가공음식용 접시
를 만든다. 고객들은 북미와 유럽에 있는 대부분 브랜드가 있는 회사들
이다. 미국 남동부에 있는 공장 중의 한 곳에서 교육으로 해결해야 할 장
비 조작과 품질 문제가 있었다.

PMC는 주 정부에서 지원하는 신규 및 확대 기업훈련(New and Expanding
Industry Training) 프로그램에서 재정지원을 받을 수 있는 자격이 있었다.
이 인력개발 프로그램은 주의 지역대학을 통해 교육을 실시하고 있었는
데, 이 업계에 새로 진입했거나 정해진 최소 비율 이상으로 인력이 증가하
는 기업들에게 무료로 제공되었다. PMC에서는 이 프로그램을 이용하고
자 지역대학들의 인력개발부서와 회의를 했다. PMC의 대표와 지역대학

관계자가 만나서 교육을 위한 실행 조건들을 논의했다. 주요 의제는 품질 및 전반적인 장비 효율성(Overall Equipment Effectiveness: OEE)이었다. 스크랩 손실과 장비 사용이 회사가 요구하는 수준에 미달하여 보완이 필요했다. PMC에서는 이러한 것들이 점진적으로 개선될 수 있다면 이익에 중요한 영향을 끼칠 것이라고 생각했다.

회의는 지역대학의 기업교육 담당 이사가 진행했다. PMC에서는 조업, 품질, 엔지니어링, 인력개발 관리자들이 참석했다. 상황 평가 프로세스를 활용하여 사업, 성과, 지식/기술, 우선적으로 필요한 부분을 결정하였다. 현재 5%의 스크랩 비율을 2%까지 떨어뜨리고 전반적인 장비 효율성을 65%에서 75%로 올리는 것이 목적이었다. 업무 수행 목표는 문제 상황을 파악하고 문제의 근본 원인을 찾아 속도와 품질을 향상시키는 데 있었다. 지식/기술 목표는 현장의 조업, 엔지니어링, 품질관리 인력의 문제해결 능력과 의사결정 능력을 향상시키는 데 있었다. PMC에서는 5일 동안 강사가 주도하는 교육 프로그램을 조업, 엔지니어링, 품질관리 분야의 핵심 직원 20명을 대상으로 해 줄 것을 요청했다.

지역대학은 최근에 뉴저지 프린스턴 소재 PMC에서 필요로 하는 비판적인 사고기술을 전수하고 실행해 줄 수 있는 기술개발과 컨설팅 전문회사인 Kepner-Tregoe(KT)와 협력관계를 맺었다. 지역대학은 분석적 문제해결(Analytic Troubleshooting: ATS) 워크숍을 위한 5명의 KT기법 프로그램 리더(강사) 양성 과정을 운영해 왔다. 이 과정은 5일 동안의 사전 워크숍, 리더 양성소(Leader Development Institute: LDI)라 불리는 2주간의 강사 양성 회기, 경험이 있는 KT 컨설턴트가 모니터링하는 강의 평가 시간으로 이루어진 엄격한 자격과정이다. PMC를 위해 계획된 이번 회기에는 프로그램 리더(PL) 후보자 2명을 위한 강의 점검이 예정되어 있었다.

PMC의 분석적 문제해결(ATS) 프로그램은 5일짜리 프로그램이다. 처음 4일은 KT의 네 가지 이성적 생각 훈련의 강의, 실습, 적용훈련이 포함되어 있다. 네 가지는 상황 판단, 문제 분석, 판단 분석, 예상 문제/기회 분석이다. 프로그램 리더가 각 개념을 가르친 후에 참가자들은 소집단으로 나누어 새로 배운 지식과 기술을 사례별 연구와 실제 적용으로 실습한다. 사례연구와 실제 적용 시 프로그램 리더가 각 집단이 필요한 적용 사항을 코칭한다. 5일째는 고위 임원들에게 실제 직무에 적용한 성과를 보고하는 날로 설정하였다.

평가의 필요성

투자 대비 이익률(ROI) 평가를 실행하는 것은 PMC, 지역대학, KT 삼자 모두에게 중요했다. PMC에서는 기술발전 노력에 들인 시간이 참가자들에게 가치가 있고, PMC의 중요한 사업목표를 향상시켰다는 것을 확인하고 싶어 했다. 지역대학은 그들이 투자한 돈에 대한 좋은 성과를 가져오기를 원했다. 예를 들면, 프로그램 리더들을 양성하기 위한 투자와 PMC에 교육훈련을 제공한 투자였다. 또한 그들은 고객사의 요구를 충족시켰는지를 확인하길 원했다. 교육 제공자인 KT에서는 거의 50년 동안 긍정적이고 측정할 수 있는 결과를 보여 주는 역사를 갖고 있었고, 자신들의 핵심 사고기술 기법이 조직을 변화시킬 수 있다는 것을 보여 주고 싶어 했다. 사실 KT의 핵심 가치 중의 하나는 긍정적이고 측정 가능한 워크숍 결과를 낼 수 있다는 것이다.

평가 방법

지역대학의 기업교육 이사가 ROI 방법을 사용하여 평가하기로 결정했다. 4가지 주요 단계인 평가 계획, 자료 수집, 자료 분석 및 결과 보고를 활용하여 각 단계에서 신중하게 자료를 수집한 후 평가가 실행된다. 평가 계획에서 첫 번째 단계인 해결책 목표 개발은 이미 완성되어 있었다. 다음 단계는 평가 계획과 기초 자료를 개발하는 것이었다.

ROI 연구소의 자료 수집 계획 템플릿을 활용하여 어떤 자료를 수집해야 하고, 어떤 측정과 자료가 사용되는지, 수집 방법, 자료 출처, 수집 시기 그리고 누가 책임을 지는지에 관한 정보를 수집했다. 이것은 ROI의 4단계와 5단계에서 실시되었는데, 〈표 7-1〉에 정리되어 있다.

ROI 전략은 4단계 사업목표인 PMC의 스크랩 비율을 낮추는 것과 전반적인 장비효율성을 높이는 것을 목표로 했다. 성과에 영향을 줄 수 있는 교육 이외의 요소들로부터 워크숍의 효과를 분리하기 위한 방안을 강구하였다. 지역대학 대표자, 프로그램 리더 그리고 PMC 관리자들은 토론을 통해서 참가자들과 그들의 상급 관리자들이 교육훈련으로 얼마만큼 실적이 향상되었는지를 평가하도록 결정했다. 이는 개인적인 인터뷰나 포커스 그룹 인터뷰를 통해서 이루어졌다. PMC에서는 목표 향상치를 금전적 가치로 환산하는 데 필요한 매우 정확한 비용 기준을 갖고 있었다.

가능한 한 평가를 보수적으로 하기 위해서 프로그램과 관련한 모든 비용은 ROI 계산에 포함시켰다. 교육 참가로 인해 참가자들이 직무를 하지 못하게 되는 시간, 복리후생비 같은 비용도 비용 계산에 충분히 포함시켰다. 이에 따라 계산에 사용된 참가자들의 급여는 연봉 대비 40% 높게 계산됐다. 비용 분류는 다음과 같은 것이 포함됐다.

- 교육 위탁(KT) 비용
- 출장 비용
- 참가자 시간
- 관리자 시간
- 워크숍 동안의 식비
- 행정 시간(PMC와 지역대학)
- 평가 비용

ROI 분석 계획은 〈표 7-2〉에 나와 있다.

〈표 7-1〉 자료 수집 계획

프로그램 명: PMC 분석적 문제해결 과정　　　　책임자: PMC 교육부서장　　　　날짜: _____

단계	목표	척도/자료	자료 수집 방법	자료원	시기	책임자
1	**반응도/만족도** 5점 척도 기준 4.5점 이상	실행계획	설문지	참가자	과정 직후	프로그램 리더
2	**학습 성취도** 분석적 사고 프로세스의 단계 습득	사례에서의 관련 지식 전개 및 수 업 중 적용 실습	프로그램 리더에 의한 관찰	프로그램 리더	교육 중	프로그램 리더
3	**현업 적용/실행** 실제 직무에서 KT 문제 분석방법과 이 사결정 분석 프로세스를 활용할 것	필요할 때 75% 정도 활용	인터뷰, 포커스 그룹	참가자와 관리자	교육 5주 후	프로그램 리더와 PMC 경영진
4	**경영성과 기여도** 스크랩 비율을 5%에서 2%로 감소 장비 효율성을 65%에서 75%로 향상	6개월 이내	PMC의 운영 정 보시스템	PMC 경영진	5주 4개월 6개월	프로그램 리더와 PMC 경영진
5	**ROI** 50%					

코멘트: _____

〈표 7-2〉 ROI 분석 계획

프로그램 명: PMC ATS　　책임자: 회사 교육부서장　　날짜:

자료 항목 (통상 4단계)	프로그램/ 프로세스 효과 분리 방법	자료를 금전적 가치로 전환하는 방법	비용 유형	무형의 이익	최종 보고 대상	기타 영향/ 적용 중 이슈	비 고
스크랩 비율을 5%에서 2%로 감소	참가자 및 관리자의 추정	표준가치	• 위탁회사 비용	• 공통의 용어	• 공장 관리자	• 시간 압박	
장비 효율성을 65%에서 75%로 향상	참가자 및 관리자의 추정	표준가치	• 교통비 • 참가자 시간 • 관리자 시간 • 교육 중 음식 • 행정 비용 • 평가 비용	• 기능 간 커뮤니케이션 향상 • 커뮤니케이션 향상	• 공장 엔지니어 • 품질 부서장	• 무능력 • 공장 엔지니어 여종 동기부여 여가 높은 챔피언	

평가 결과

반 응

프로그램을 마치면서 참가자들은 과정, 강사, 교육용 소프트웨어 (courseware), 환경에 관한 전형적인 1단계(반응) 평가지를 완성했다. 각 참가자들은 5주 동안 프로그램 리더에 의해 진행됐던 것에서 배운 새로운 지식과 기술에 대한 실행계획을 완성했다. 5점을 기준으로 한 평균 점수는 4.61이었다. 평균 4.35 이하로 응답한 것은 없었기 때문에 성공적인 것으로 평가됐다. 그러나 최종 목적은 프로그램의 ROI를 측정하는 것이었기 때문에 1단계 자료는 프로그램의 성공 여부를 판단하는 자료라고 할 수는 없었다.

학습 성취도

2단계 학습 성취도 결과는 지필평가나 참가자의 평가, 즉 얼마나 배웠는지에 관해서는 측정하지 않았다. 프로그램이 진행되는 동안 프로그램 리더와 KT 관찰자들은 매일 시작 전후로 각 참가자들이 수업 토론, 사례 실습, 그리고 가장 중요한 실제 현장에서의 적용에 기여하는지를 논의했다. 대개 모든 교육 프로그램에서 그렇듯이 다른 사람들보다 앞서 빨리 배우는 사람들이 있고 뒤처지는 사람들이 있었다. 프로그램 리더와 KT 관찰자들은 어떤 사람이 배우고 있지 않다고 느껴지면 그 사람의 실제 현장에서의 적용을 위한 별도의 코칭을 제공했다. 그래서 이 프로그램에서는 개선 교육이 거의 필요하지 않았다. 각 참가자의 학습 성취 정도는 직무현장에서 배운 것을 적용하기에 충분한 것으로 판단되었다. 다시 말해서, 이 프로그램의 궁극적인 평가 목적은 ROI였기 때문에 학습 성취도 측정 단계에서 이 정도의 측정 방법은 적절하다고 생각됐다.

적용과 성과

자료 수집 계획에 따라 참가자들과 그들의 상사들을 대상으로 교육이 끝난 약 5주 동안 자료를 수집했다. 당초 기대하지는 않았지만 상황이 좋아서 3단계(적용)와 4단계(경영성과) 자료를 동시에 수집하여 미리 계획을 세울 수 있었다. 교육훈련이 끝난 뒤 약 3주 후에 PMC 시설의 공장 기술자가 지역대학의 기업교육 이사에게 교육훈련에 참가했던 문제해결 팀에서 학습한 내용을 실제 직무에 적용해 중요한 품질 문제를 해결했다고 알려 왔다. 그 품질 문제는 8년 동안이나 회사를 괴롭게 했던 것이었다.

PMC의 열성형 작업의 제품은 가공식품업계에 공급하는 접시다. 높은 스크랩 비율과 낮은 장비 효율성의 원인이 되는 가장 흔한 품질 문제의 하나가 '천사 머리카락'이었다. 이것은 계속되는 사출성형라인 마지막 단계에서 플라스틱 막의 잘린 부분 주위에 매우 얇은 플라스틱 줄이 생기는 현상을 말한다. PMC의 고객들이나 또는 고객들의 고객들은 음식을 걸리게 하는 접시 주변의 플라스틱 줄을 원치 않기 때문에 이런 쟁반들은 폐기해서 다시 재가공한다. 그들은 이 문제를 해결하려고 8년 동안 계속 노력했다. 이러한 '천사 머리카락'은 한동안 없어지기도 했지만 곧바로 다시 나타나곤 했다. 현장 근로자들에게는 짜증나는 일이었으며, PMC로선 비용이 드는 일이었다. 교육과정에서 배운 독특한 문제해결 방법을 이용해서 공장 기술자가 주도한 참가자들의 한 팀에서 '천사 머리카락'의 근본 원인을 발견하고, 그것을 예방할 수 있었다. KT 문제 분석 방법의 일환으로 질문, 대답, 4영역(무엇이, 어디서, 언제 그리고 어느 정도)

에 대한 일련의 질문들로 문제(접시 위의 천사 머리카락)를 기술하는 것이 있다. KT의 방법이 특별한 것은 4가지 영역에 대해서 단지 무엇이 '일어난다'는 대답이 아니라 무엇이 '일어나지 않는다'는 것에도 있다. '일어난다'와 '일어나지 않는다'의 질문들은 4영역별로 쌍으로 질문을 해서 문제를 규정하고 그 범위를 정하게 한다. 공장 기술자들은 근본 원인과 해결책에 이르는 이러한 질문 쌍에 대한 해답을 찾는 것에 주력했다. '천사 머리카락'은 자르는 기계에 의해 발생되었다.

공장 기술자는 '천사 머리카락' 문제를 해결하면, PMC에서는 연간 1.3백만 달러를 절약할 수 있다고 했다. 이 계산은 폐기율의 감소와 기계 처분에 따른 조정을 거친 후의 생산량을 근거로 한 전반적인 장비 효율성의 증가에 관련한 표준가치를 근거로 산출했다. 교육에 참가한 몇 사람에 의해서 일에 대한 중요한 적용을 하면서 3단계(적용)와 4단계(경영성과)가 정해졌다. 따라서 자료 수집 방법에서 계획했던 개인 인터뷰와 포커스 그룹 인터뷰는 진행할 필요가 없었다. 경영성과는 현장에서 상급 관리자들이 확인했다. 공장 기술자는 자신이 수강하고 있던 품질관리 수업에서 사례 논문을 썼다. ROI 계산을 위해서 문제해결팀의 구성원들에게 문제해결에 교육훈련이 얼마나 영향을 미쳤는지를 계산하도록 했다. 그들은 이구동성으로 '있다'와 '없다'라는 KT의 질문 방식을 배우지 않았다면 문제를 100% 해결할 수 없었을 것이라고 말했다. 대개, 극단적인 자료는 ROI 계산에서 사용할 수 없지만 시간, 팀의 합의, 새로운 방법의 사용을 감안해서 이번에는 그냥 사용하기로 했다. 시간과 자원을 절약하기 위해서 추가 3, 4단계 자료 수집은 예상치 못하고 파악하게 된 앞의 자료가 있어서 불필요하다고 생각했다. 교육훈련으로 인해 앞의 성과 이외의 다른 성과는 없는 것으로 판단한 것이다.

비록 결과는 빠르게 얻었지만 극복해야 할 장벽은 여전히 있었다. 문제해결팀은 PMC 안의 다른 부서에서 임시로 차출해서 구성한 팀이었다.

그들은 그들의 정상적인 업무를 수행하면서 문제해결을 위한 별도의 시간을 할애해야 했다. 이 문제는 강력한 조력자에 의해서 해결됐는데, 리더십과 공장 기술자의 조력, 그리고 다른 팀 구성원들의 의지가 궁극적인 결과를 얻는 데 매우 중요한 역할을 했다.

ROI 계산

다음은 ROI 계산이다. 우리는 이미 이익이 1.3백만 달러라는 것을 알고 있다. 비록 PMC에서는 이것이 매년 반복되는 비용 절감액이라고 발표했지만 보수적으로 우리는 첫 해의 이익만 계산했다. 비용은 다음과 같다.

〈표 7-3〉 비용 분석

항 목	비용($)
교육 위탁 회사 비용	20,000
출장 비용	1,900
참가자 시간	29,166
관리자 시간	3,166
행정 시간	500
훈련 동안의 식비	500
평가 비용	1,500
합 계	56,732

PMC에서는 교육 위탁 회사나 출장 비용을 지불할 필요는 없지만 지역 대학에 지불하기 때문에 포함시켰다. 주 정부의 세금에서 지원받는 프로그램이라 결국 주민들이 지불하는 것이다.

$$\text{ROI} = \frac{\text{프로그램 순이익}}{\text{프로그램 비용}} \times 100 = \frac{1,300,000\$ - 56,732\$}{56,732\$} \times 100 = 2,191\%$$

무형의 이익

참가자들과 PMC 관리자들과의 다른 토의에서 밝혀진 몇 가지 무형의 이익이 있었다. 이러한 것들은 의도적으로 금전적 가치로 전환하지 않았거나 금전적 가치로 바꾸기가 어려운 것들이다. 참가자들과 관리자들 모두 공통의 언어와 방법을 공유했기 때문에 현장에서 소통과 팀워크가 증가했다고 강하게 느꼈다. 이러한 사실을 파악한 것 자체가 상급 관리자들로 하여금 다른 중요한 금전적 이익이 PMC에 올 것이라는 자신감을 갖게 했다. 구체적으로, 공장 기술자는 사람들이 전에는 한 번도 묻지 않았던 것들을 질문한다는 것이 가장 큰 이익 중의 하나라고 생각했다.

커뮤니케이션 전략

마지막 단계는 PMC의 경영진에게 결과를 보고하는 것이었다. 참가자는 공장 관리자, 품질, 운영, 인력 관리자들이었다. 발표는 공장 기술자가 했다. 벌써 성공했다는 것이 전해져서 발표는 일일이 알려 주는 것이라기보다는 좀 형식적인 것이었다. 그러나 구체적인 방법을 보여 주자 발견한 것에 대한 신뢰성 확보에 도움이 됐고, 반응은 대단히 긍정적이었다. 첫 번째 프로그램이 성공했기 때문에 조직의 다른 부서로 KT 프로그램 확대가 계획됐다.

프로그램 개발 제공업체인 KT한테도 보고서를 보냈다. 매년 KT에서는 합리적인 사고훈련을 가장 잘 사용하는 곳에 국제 합리적 프로세스 업적상(International Rational Process Achievement Awards)을 수여해 왔다. 교육과 적용 코칭을 수행했던 PMC의 '천사 머리카락' 팀과 지역대학의 프로그램 리더들이 그 해 수상자들 중 하나였다.

시사점

이것은 내가 처음 진행한 ROI 평가의 하나로 배운 점이 많았다. 처음과 끝 계획이 성공적인 평가에 대단히 중요하다. 항상 사업 목표나 ROI 목표를 우선으로 시작해야 한다. 그런 다음 이를 중심으로 교육 단계별 목표를 수립해야 한다. 교육훈련 프로그램은 꼭 결과가 있어야 한다. 그것이 단지 지식습득이라면 많은 사람들의 시간과 돈을 허비하게 될 것이다. 자료 수집과 ROI 분석 계획은 많은 시간과 노력을 절약하게 해 준다. 당장 필요한 자료가 무엇인지, 어디에서 얻는지, 누가 책임을 담당하는지를 파악하게 되면 추진 과정에서 걱정을 덜 수 있다. 또한 프로그램이 종료되더라도 소통의 채널을 열어 두는 것이 중요하다. 사람들은 일일 업무를 정리하거나 목표를 쉽게 잊어버리곤 한다.

토론을 위한 질문

1. PMC의 공장 기술자처럼 여러분은 어떻게 내부 고객 챔피언을 양성할 것인가?
2. 여러분은 금전적 가치로 환산하려는 표준가치의 정확성을 어떻게 점검하는가?
3. 만약 결과가 빨리 나오지 않고 바로 보고되지 않았었다면 여러분은 어떻게 인터뷰와 포커스 그룹을 구성할 것인가?

4. 만약 여러분이 사후 평가 진행을 요청받았는데 자료 수집 계획이나 ROI 분석 계획이 완성되지 않았다면 무엇을 우선적으로 할 것인가?

5. 만약 여러분이 금전적 가치로 환산하는 두 가지 방법인 표준가치 방법이나 관리자 추정방식을 선택할 수 있다면 무엇을 사용할 것인가?

6. 2,191%의 ROI 소통에 있어서 어려움이 있는가? 있다면 설명하시오.

7. 이 사례가 신뢰할 만한 것인가? 그렇다면 설명하시오.

참고문헌

Kirkpatrick, D. L. (1998). *Evaluating programs: The four levels* (2nd ed.). San Francisco, CA: Berrett-Koehler.

Phillips, J. J. (2003). *Return on investment in training and performance improvement programs* (2nd ed.). Boston, MA: Burtterworth-Heinemann.

저자에 관하여

Kirk Smith

그는 CTP, PMP로서 조지아주 애틀랜타 지역에 기반을 둔 Kepner-Tregoe의 시니어 컨설턴트다. 그는 자격을 갖춘 ROI 전문가로서 인디애나 주립대학교에서 현재 기술관리학 박사학위를 밟고 있다. 그는 조지아 공과대학에서 산업공학 학사를 취득했고, 이스트 캐롤라이나 대학교에서 산업공학 석사학위를 취득했다. 그는 또한 웨스턴 캐롤라이나 대학교에서 겸임교수로서 조직수행에 관한 강의를 하고 있다.

제 **8** 장

전문성 개발의 날 프로그램에 대한 ROI 측정

-연합부족 기술대학 사례*-

* 본 사례는 토론을 위한 자료로 마련한 것으로, 효율적이거나 비효율적인 행정 및 운영 실태를 설명하기 위한 것이 아니다. 따라서 본 사례에 거명되는 이름, 날짜, 장소, 기업은 저자와 기업의 요청에 따라 가명으로 처리하였다.

Jennifer Janecek Hartman & Leah Woodke

요 약

이 사례는 연합부족 기술대학(United Tribes Technical College: UTTC)의 원격평생교육과에서 제공한 전문성 개발의 날의 성과를 평가하는 연구다. 이 전문가의 날은 주어진 기금 활용을 최대화해서 가능한 한 많은 사람에게 혜택을 주기 위해 마련되었다. 전문성 개발의 날이 성공적이어서 지금은 연례적으로 3일짜리 전문성 개발 프로그램이 개설되었다. 이 연구는 ROI 방법론을 간단히 적용한 사례다. 이 연구에서는 1, 2단계에서 수집한 자료를 활용해서 만든 설문조사를 활용해서 3, 4단계의 자료를 수집하는 간단한 액션 플랜을 활용하고 있다. 단순화시켰을 때의 문제는 정확성에 의문이 생기게 된다는 것이다. 이것은 흔한 문제다. 이 사례의 ROI가 −15.2%로 부정적이었지만 중요한 무형의 이익, 현업적용 사례, 반응, 학습자료 등을 밝힐 수 있었다.

배 경

원격평생교육과(Distance & Continuing Education department: DCE)에서는 전문가 양성 위원회와 협력하여 보다 많은 사람들이 보다 많은 목표를 달성하도록 부시 펀드(Bush funds)를 최대한 활용하려고 노력하고 있다. 연합부족 기술대학(UTTC)에서는 현재 전문성 개발을 위해 연간 3일을 할당하고 있다. 전문성 개발의 날(The Professional Development Day: PDD)은 수업이 취소된 날에 시행되는 일정으로, 교수 및 직원이 학습을 위해 초청되는 날이다.

교수와 직원들은 발표용 보고서를 제출해야 하기 때문에 캠퍼스에 있는 전문가와 자료를 찾게 된다. 물론 외부 발표자도 발표에 초청된다. 연합부족 농촌 체계화단(The United Tribes Rural Systemic Initiative)에서 국가과학재단(The national Science Foundation)으로부터 자금을 지원받아 3월에 열리는 전문성 개발의 날에 몇 명의 연사들을 후원했다. 발표 주제는 교수들이 부서 기금의 목표를 고려한 후 교육이 필요한 부분을 확인하여 결정했다. 3월 전문성 개발의 날에 29개의 회기가 열렸다. 참가자들에게 관심 있는 회기를 선택하게 하는 학회 형식으로 진행됐다. 원격평생교육과는 각 회기의 참석자들을 확인하고, 각 회기마다 1, 2단계 평가를 실시했다. 참가자들은 액션 플랜을 활용하여 전문성 개발의 날의 3단계 자료인 학습성취도를 제공했다. 지원한 참가자들은 CEU 상을 받았다. 이 보고서는 전문성 개발의 날 프로그램의 4, 5단계를 평가하고 있다.

평가의 목적

전문성 개발의 날은 그 대학에서는 아주 새로운 프로그램이다. 참가자들과 대학의 많은 행정직원들은 전반적으로 이 프로그램은 중요한 활동이고, 비용이 효율적이며, 즐겁게 함께 배우면서 성장할 수 있는 것으로 생각하고 있다. 소요 비용은 다른 부서 및 후원금으로 공동 부담했다. 전문성 개발의 날은 캠퍼스의 많은 다른 학과에도 영향을 주었다. 대학은 이 프로그램에 시간을 투자했다. 매년 3회 하루씩을 할당하였다. 캠퍼스의 대부분의 사람들은 이 행사를 긍정적으로 생각해서 이 교육프로그램에는 정치적 입김이 별로 작용하지 않았다. 게다가 ROI 연구를 수행하는 2명이 이 행사를 계획·관리·실행하는 당사자들이다. 이 연구의 핵심 문제는 과연 전문성 개발의 날 행사가 투자가치가 있느냐다.

평가 방법

이 연구를 위한 ROI 과정에는 5단계의 평가단계마다 무형의 이익과 각각의 절차를 포함시켰다. 첫 번째 단계는 2006년 3월 16일에 열렸던 전문성 개발의 날의 각 회기마다 만족도 자료를 수집하는 것이었다([그림 8-1] 참조). 전문성 개발의 날의 결과로서 어느 정도의 학습이 일어났는지를 측정하기 위해 참가자들에게 전반적인 교육에 관해서 설문을 작성토록 했다([그림 8-2] 참조). 참가자들은 그날 배운 것을 어떻게 사용했

회기 주제: _____

회기 시간: _____

다음 질문에 대해 여러분이 동의하는 정도를 표시해 주시기 바랍니다.

    1 = 매우 아님   2 = 아님
    3 = 중간 정도임   4 = 동의함
    5 = 매우 동의함

1. 제공된 정보는 나의 업무와 관련성이 높다.
    ☐ 1   ☐ 2   ☐ 3   ☐ 4   ☐ 5

2. 발표에 유용한 정보가 포함되어 있다.
    ☐ 1   ☐ 2   ☐ 3   ☐ 4   ☐ 5

3. 배운 내용을 현업에 적용할 계획이다.
    ☐ 1   ☐ 2   ☐ 3   ☐ 4   ☐ 5

4. 발표에는 새로운 정보가 포함되어 있었다.
    ☐ 1   ☐ 2   ☐ 3   ☐ 4   ☐ 5

5. 강사는 훌륭했다.
    ☐ 1   ☐ 2   ☐ 3   ☐ 4   ☐ 5

6. 이 과정을 다른 사람에게 추천하겠다.
    ☐ 1   ☐ 2   ☐ 3   ☐ 4   ☐ 5

이번 과정에서 배운 것 중 가장 중요한 것은 무엇입니까?

_____

_____

[그림 8-1] 전문성 개발의 날 회기 만족도 평가

연합부족 기술대학(UTTC)

평가 참여에 감사드립니다. 다음 질문에 대해 정직하게 끝까지 응답해 주시기 바랍니다. 여러분이 동의하면 이름을 적어 주시기 바랍니다. 본 설문은 무기명으로 처리됩니다.

어느 대학/부서에 근무합니까?
- ☐ 총장실
- ☐ 학생, 캠퍼스 서비스
- ☐ 직업 및 학사
- ☐ 부족 간의 프로그램
- ☐ 어린이 서비스
- ☐ 재정 및 사업 서비스
- ☐ UTTC에 고용되지 않은 학생

1 = 매우 아님	2 = 아님
3 = 중간 정도임	4 = 동의함
5 = 매우 동의함	

1. 내가 선택한 회기가 나의 일과 관련이 있었다.
   ☐ 1   ☐ 2   ☐ 3   ☐ 4   ☐ 5

2. 회기의 시간(75분)은 적절했다.
   ☐ 1   ☐ 2   ☐ 3   ☐ 4   ☐ 5

3. 회기 진행 속도는 적절했다.
   ☐ 1   ☐ 2   ☐ 3   ☐ 4   ☐ 5

4. 선택한 세션에 대해 만족한다.
   ☐ 1   ☐ 2   ☐ 3   ☐ 4   ☐ 5

5. 전문성 개발의 날에서 가장 좋았던 점은 무엇입니까?

_____

_____

6. 전문성 개발의 날을 개선할 수 있는 방법은 무엇이라고 생각합니까?

_____

_____

7. 이번 과정에 대해 하고 싶은 말이 있다면 무엇입니까?

_____

_____

[그림 8-2] 전 직원 전문성 개발의 날 만족도 평가

는지를 기록하는 방법으로 액션 플랜을 완성했다. 액션 플랜에는 참가자들이 향상된 수치, 현재와 목표 실행 수준, 실행 단계, 향상 수치에 대한 분석이 포함되어 있다. 또한 프로그램의 효과를 분리해서 전문성 개발의 날 활동의 보이지 않은 효과를 찾아냈다. 액션 플랜은 [그림 8-3]에 나타나 있다. 연구자들은 전문성 개발의 날의 사업적 효과를 결정하고 ROI를 계산하기 위해서 액션 플랜을 활용했다.

이름:	사후 관리 일자:
목표:	

향상 측정치: _____

현재 성과: _____

목표 성과: _____

실천 단계	분석
1. _____ _____ _____ 2. _____ _____ _____ 3. _____ _____ _____ 4. _____ _____ _____	A. 측정치의 단위는 무엇입니까? _____ B. 각 단위의 가치/비용은 얼마입니까? C. 이러한 가치를 어떻게 산출하였습니까? _____ _____ D. 평가 기간 동안 얼마만큼의 변화를 가져 왔습니까? (월간 가치) _____ E. 앞의 변화 중 어느 정도가 이 프로그램에 의해 실제 발생되었다고 생각합니까? _____% F. 앞의 추정을 어느 정도 확신합니까? (100%=매우 확신, 0%=확신 못함) _____%
무형의 이익: _____ _____ _____	

[그림 8-3] 액션 플랜

평가 결과

만족도 자료(1단계)

 프로그램이 진행되는 동안 72명이 전문성 개발의 날에 참석했다. 대부분의 참가자들이 하루 종일 참석하지는 않았다. 개별적인 회기의 평가는 긍정적이었다. 참가자들은 각 회기 발표자들의 지식, 활동, 효과성에 대하여 평가를 했다. 각각의 참가자들에게 자신이 참가한 각각의 회기가 끝날 때마다 평가를 하도록 했다. 회기 평가에 대한 제출 비율은 약 96%였다. 전체적인 평균은 5점 만점에 4.2였고, 100% 기준으로 변환하면 92.5%였다. [그림 8-4]는 모든 회기 평가에서 1단계(만족도)에서의 각각의 질문에 대한 평균치다.

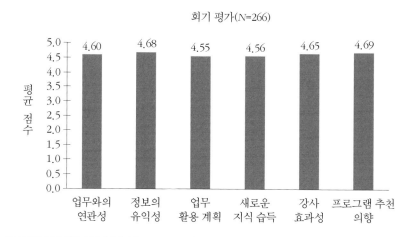

[그림 8-4] 1단계 각 회기의 만족도 평균 점수

학습 성취도 자료(2단계)

회기와 관련된 기술, 지식, 태도 변화에 관한 평가는 회기 평가지 마지막 질문을 통해서 수집했다. "이 회기에서 배운 것 중 가장 중요한 것은 무엇인가?"라는 질문이었는데, 가장 중요하게 나타난 세 가지는 단계적 축소 기술, 기술 토픽, 인디언 원주민 토픽이었다([그림 8-5] 참조).

현업 적용/이행 자료(3단계)

3단계 정보는 액션 플랜에 대한 자율 보고방식을 통해서 수집했다. 제출된 27개의 액션 플랜 중에서 26개를 3단계 분석에 활용했다. 참가자들은 행동, 구체적인 적용, 5개 영역(FERPA, 기술 이용, 스트레스 관리, 단계적 축소 전략, 인디언 원주민 토픽)에 있어서의 학습 실행에 대한 변화를 작성했다. 비율 변화, 즉 프로그램이 기여한 비율과 참가자들의 신뢰도 수준

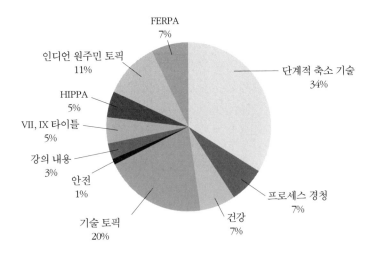

[그림 8-5] 2단계 학습 성취도

을 활용하여 프로그램이 기여한 평균 변화를 계산했다. 이상치는 제거하고 프로그램에 기여한 30%의 평균 변화만 보고했다.

성공에 대한 장애 요인

성공에 대한 다음과 같은 장애 요인들이 밝혀졌다.

- 교수나 직원들이 경청하지 않는 분위기
- 스케줄 중복
- 업무의 성격상 모든 직원이 참석할 수는 없었음(대학 운영의 필수 인력 등)
- 기금 확보(프로그램이 기금에 의존), 기금의 제한 또는 축소

성공 촉진 요인

성공하게 하는 촉진 요인들은 다음과 같다.

- 행정직원들의 지원
- 대체로 교수들은 동료와의 관계나 함께 배우는 기회를 즐김
- 기초적인 평가 단계에서 평가의 진행
- 대학의 전 학과에 걸친 지원

경영성과 기여도 자료(4단계)

전문성 개발의 날에 참석한 72명 중에서 대략 50명 정도가 마지막 날의 회기에 참석했는데, 이날 액션 플랜에 대해 설명해 주었다. 액션 플랜

서를 받은 각 참가자들은 각자 자신의 목표와 확인 가능한 개선 조치, 목표 수행 그리고 실행 단계를 정했다. 한 달 후에 모든 참가자를 위한 별도 회기를 열어 연구자들이 액션 플랜에 대한 분석 부분을 도와주었는데, 27명이 참가했다.

전문성 개발의 날은 다양한 주제로 여러 회기로 구성되어 있었다. 참가자들은 자신이 관심이 있는 주제를 골랐다. 특성상, 금전적 가치로 쉽게 환산되지 않는 성과도 있었다. 각 참가자들은 이번 프로그램에서 얻은 결과를 금전적 가치 또는 무형의 가치로 전환할 수 있는 위치에 있다고 가정했다. 참가자들은 개인이 처한 현재의 전문성의 수준과 개인의 필요나 관심에 따라 교육과정에서 각각 다른 성과를 얻었다. 프로그램 성과를 금전적 가치로 환산하는 데 참가자 개인의 급여보다는 평균 급여를 사용했다. 참가자들이 자신의 변화에 따른 시간의 절약 정도에 대해서 모호하게 생각하면 그 활동은 포함하지 않았다.

액션 플랜과 참가자들의 보고서를 분석한 후에 금전적 가치를 계산했다. 제출된 액션 플랜 중 17개를 4단계 분석에서 활용할 수 있었다. 다른 것들은 금전적 가치 계산에 포함하지 않고 무형의 가치로 보고하였다. 외부 전문가가 제시한 근로자 평균보수표와 유사 직렬의 평균 급여를 바탕으로 산정한 평균 급여를 금전적 가치를 계산하는 데 사용했다.

프로그램의 효과 분리

프로그램의 효과를 분리하는 것은 중요하다. 이 경우에는 참가자의 추정을 활용하는 것이 교육프로그램의 특성을 고려할 때 적절한 방법이다. 참가자들은 발생한 변화를 예상하고, 변화에 대한 프로그램의 영향 정도를 계산하여 그들이 제공한 정보에 대한 신뢰도를 기술하도록 요청받았다.

금전적 가치로의 자료 전환

자료는 그것이 타당할 때만 금전적인 가치로 변환됐다. 액션 플랜에 대해 응답한 참가자들의 자료만 금전적 가치로 변환되는 근거로서 사용됐다(〈표 8-1〉 참조). 완성된 액션 플랜만을 분석과 자료 변환에 사용했는데, 제출된 27개의 액션 플랜 중에 17개만이 분석에 사용됐다. 〈표 8-1〉

〈표 8-1〉 자료의 금전적 가치로의 전환

가치($)	기준/근거	향상 수치 (%)	프로그램의 영향도(%)	신뢰도 (%)	계($)
1,567.12	직원 급여	50	100	90	705.20
329.92	직원 급여	10	90	95	28.21
853.85	직원 급여	400	100	95	3,244.67
195.89	직원 급여	75	25	100	36.73
303.68	사무직 급여	50	70	50	53.14
434.34	직원 급여	10	100	100	43.43
6,518.40	사무직 급여	95	95	80	4,706.28
587.67	직원 급여	33	100	100	193.93
1,078.56	직원 급여	100	100	95	1,024.63
1,600.00	근로자 급여위원회	N/A	N/A	N/A	1,600.00
195.89	직원 급여	100	10	25	4.90
800.00	근로자 급여위원회	100	100	50	400.00
800.00	근로자 급여위원회	200	50	80	640.00
800.00	근로자 급여위원회	50	50	50	100.00
800.00	근로자 급여위원회	0	0	0	–
9,407.72	직원 급여	20	10	50	94.03
9,407.72	직원 급여	40	50	50	940.27
800.00	근로자 급여위원회	50	80	100	320.00
				총 이익	12,535.42

은 총 절감액, 산출 근거, 개선 요소, 프로그램이 성과에 미친 영향 정도, 영향도에 대한 신뢰도, 총 조정 가치를 표시한 것인데, 표준 가치를 사용했다. 참가자들이 절감한 시간은 표준 평균 급여를 이용하여 금전적 가치로 환산했다. 이런 조직 문화에서는 개인의 월급을 이용하는 것은 개인적인 사안으로 현명하지 못하다. 성과향상에 교육이 미친 정도는 조정의 과정을 거친다. 예를 들어, 직원 중 한 명은 'Outlook을 효과적으로 사용하기' 회기에 참가한 후, 회의와 약속을 잡을 때와 'to-to' 목록을 작성하는 데 Outlook을 사용하는 액션 플랜을 완성했다. 그 직원은 하루에 1시간 그리고 주당 5시간을 절약했다고 표시했다. 시간당 직원의 평균 급여는 27.16달러라는 사실에 근거해서 월 절감액이 6,518.40달러로 계산됐다. 그 직원은 액션 플랜에 절약한 시간의 95%가 생산적으로 사용됐다고 명시했다. 프로그램이 기여한 변화 비율은 95%이고 주어진 평가에 대한 신뢰도는 80%였다. 계산된 최종 이익은 4,706.28달러였다(6,518.40$ × 95% × 95% × 80%).

스트레스 관리나 단계적 축소가 액션 플랜의 목표나 측정 단위였다고 응답한 경우에는 외부 전문가들이 제공한 의료 관련 근로자의 스트레스 관련 평균 보상 비용을 적용했다. 예를 들면, 노스 다코타 근로자 보상국에 따르면 의료 관련 평균 근로자의 스트레스 관련 보상액은 800달러였다. 한 참가자는 갈등의 단계적 축소를 두 번 경험했다고 표시했는데, 이는 발생 가능했던 근로자 평균 의료 보상액을 예방한 것이다. 이 참가자의 경우는 변화의 수치가 200% 변했다. 프로그램이 변화에 기여한 비율은 50%였고, 평가에 대한 신뢰도 수준은 80%였다. 계산된 최종 이익은 640달러였다(800$ × 200% × 50% × 80%).

프로그램 비용

프로그램과 관련한 비용은 〈표 8-2〉에 나타나 있다. 비용에는 모든 참가자의 일일 급여, 모든 기자재, 식비, CEUs, 발표자 비용, 프로그램 운영과 평가에 드는 인쇄 비용이 포함되었다. 프로그램의 총 비용은 14,766달러였다.

〈표 8-2〉 전문성 개발의 날의 예산

항 목	비 용
음식 및 음료수	1,259$
강사료	3,000$
참가자 급여(72명)	5,600$
재료비	3,042$
행정 비용	1,875$
예산 소계	14,776$

ROI 계산(5단계)

투자 수익률은 프로그램 순이익을 프로그램 비용으로 나누고, 비율을 구하기 위해 100을 곱해서 계산한다. 이익은 12,535.42달러로 계산됐다. 비용은 14,766달러였다. 순이익은 -2,240.58달러였다. ROI 계산은 다음과 같다.

$$\text{ROI} = \frac{\text{프로그램 순이익}}{\text{프로그램 비용}} \times 100 = \frac{12,535.42\$ - 14,766\$}{14,766\$} \times 100 = -15.2\%$$

무형의 이익

응답자들이 여러 개의 무형의 이익을 보고했다. 액션 플랜에서 밝혀진 주요 무형의 이익은 다음과 같다.

- 학생들의 사생활 준수율이 증가했다.
- Outlook 달력을 사용하면서 시간이 절약됐다.
- 학생과 교수, 교수와 학생 간에 이메일을 통한 소통이 활발하게 일어났다.
- Outlook과 달력 기능을 사용하면서 스케줄 관리에서 오는 스트레스가 줄었다.
- 이메일을 효과적으로 사용하면서 스트레스가 줄었다.
- '내' 생각에 맞는 것 같은 일에 대해 결정을 내리는 것은 좋은 것이다.
- 안전과 보안은 대단히 소중하다.

전반적 평가란에 응답한 내용도 긍정적이었는데, 주로 다음과 같은 내용이었다.

- 동료와 함께할 수 있어서 감사하다.
- 점진적으로 줄이는 방법이 가치가 있었다.
- 기술적인 교육내용(Outlook 온라인 활용)
- 인종차별에 대한 주제 토론이 의미 있었다.

연구의 신뢰도

투자 수익률 연구는 투자 수익률 방법론에 사용되는 12가지 원칙을 따르기 때문에 신뢰할 만하다. 이번 투자 수익률 연구는 모든 평가 단계, 1단계에서 5단계까지 보고된 자료를 포함했다. 낮은 단계의 자료는 높은 단계의 자료를 보완해 주었다. 참가자들은 자신의 학습과 발전에 대해서 보고할 수 있는 최고의 적격자들이었다. 계산에 사용된 자료는 부풀려지지 않았다. 사실, 가장 보수적인 평가방법을 사용했고 비용은 최대한 반영했다. 효과 분리는 응답자의 추정, 프로그램 효과, 그들이 보고한 자료에 대한 신뢰도를 통해서 이루어졌다. 개선에 대한 자료가 제공되지 않은 경우에는 효과가 없었던 것으로 간주하였다. 모든 이상 수치는 활용하지 않았다. 투자 수익률은 1년에 한해서만 산출했고, 그 이후의 성과는 없는 것으로 간주하였다. 효과 분석은 월 단위로 실시하였고 직원들은 1년까지, 교수는 9.5개월을 추정했는데 교수에 대해 9.5개월만 계산한 것은 상당히 보수적인 접근이다. 금전적인 가치로 환산될 수 없는 이익들은 무형의 이익으로 보고하였다. 이 투자 수익률은 모든 관계자들에게 전달됐다.

커뮤니케이션 전략

전문성 개발의 날에 대한 투자 수익률 연구 결과를 모든 이해관계자에게 보고했는데, 먼저 대학의 행정부서와 공유했다. 총장, 부총장, 주요 행정 직원들에게는 한 페이지로 요약하여 보고하였다. 파워포인트 발표를 통해서 결과가 공유되자 행정부서에는 보고서 전체를 보냈다. 교수와 전문성 개발의 날 참가자들을 연구 결과를 들을 수 있는 전체 회의에 초대했다. 그곳에서 그들에게 한 페이지짜리 결과 요약본을 제공했다. 마지막으로 연구자들은 다음에 열린 전문성 개발의 날에 그 결과를 공유했다.

시사점

전문성 개발의 날은 다양한 지원금 중 대부분이 부시 재단-교수 개발기금에 의해 지원된다. 지원금 활동에 대한 투자 수익률은 0%라고 혹자는 예상할 수 있다. 심지어 분석 결과 투자 수익률이 −15.16%로 조사됐는데도 대학은 가치 있는 활동으로 믿고 있다. 비록 이익이 대학의 수입으로 전환되지는 않지만, 분석 결과에 따르면 질적인 전문성 개발 프로그램이 학습 공동체를 강화한다는 점을 강조하고 있다. 액션 플랜에 나타난 다소 낮은 투자 수익률은 매우 보수적으로 계산한 이익 때문이다.

우리가 추측을 바꾸면 투자 수익률은 긍정적으로 바뀐다. 교육 기간 동안의 시간에 대한 직원의 급여가 비용에 포함됐다. 이것은 투자 수익률 방법론의 기준에 부합한다. 만약 다른 가정을 해 본다면, 즉 급여가 포함되지 않았다면 투자 수익률은 긍정적이다. 이 경우 비용은 9,179.20달러가 될 것이고, 그러면 투자 수익률은 긍정적으로 다음에서 보여 주는 것처럼 37%가 된다.

$$ROI = \frac{\text{프로그램 순이익}}{\text{프로그램 비용}} \times 100 = \frac{12,535.42\$ - 9,179.20\$}{9,179.20\$} \times 100$$

$$= 0.366 \times 100 = 36.6\%$$

이것은 또 다른 시나리오라고 할 수 있다. 하지만 투자 수익률 측정 원칙은 보수적인 접근을 활용해야 한다는 것이다. 경영진은 파악이 가능한 모든 비용이 포함되었다는 사실을 알게 될 것이다.

전문성 개발의 날 프로그램에 사용하는 최근 모델은 외부 전문가뿐만 아니라 내부 전문가도 활용하고 있다. 발표에 내부 전문가를 활용한다는 것은 대학의 입장에서는 현재의 직원들에게 자신감을 쌓는 기회를 제공하면서 인적 역량을 증가시키는 수단과 정보와 기술을 공유하는 경로로서 활용할 수 있다. 외부 전문가를 참여시키는 목적은 대학에서 가능한 한 전문성을 높이고, 신선하고 새로운 견해를 전문성 개발의 날 참가자들에게 제공하는 데 있다.

전문성 개발의 날은 긍정적인 변화를 일으키고 있다. 응답자들의 평균 64%가 행동·태도·기술에 있어서 전반적인 변화가 있었다고 보고했으며, 이번 프로그램이 이러한 변화에 대해서 평균 56%를 기여했다고 응답했다. 이들의 신뢰도 수준은 평균 61%였다. 프로그램 참가자들의 행동 또는 실행에 상당한 변화가 있었던 것으로 보여진다.

대학은 이번 프로그램 형식의 전문성 개발 프로그램을 계속하기로 결정했다. 이익은 프로그램의 비용을 훨씬 초과했다. 특히, 보이지 않는 이익들이 포함되었으며, 대학의 학생들을 위한 학생들이 운영하는 전문성 개발의 날 프로그램에 대한 논의가 있어 왔다. 교수, 직원 대상의 이번 프로그램 결과를 고려해 보면 많은 학생들이 참가를 한다면 결과는 비슷하게 나올 것으로 생각된다.

토론을 위한 질문

1. 평가에 대한 전반적인 접근법을 비평하시오.

2. 액션 플랜 과정에 참가 비율을 높이려면 어떤 조치가 필요한가?

3. 어떻게 금전적 가치가 도출됐는지에 대해서 분명히 이해되는가? 그렇지 않다면, 가치를 더 잘 이해하기 위해서 무엇이 이루어져야 하는가?

4. 참가자들의 급여를 비용에 전부 포함시켜야 하는가? 포함시켜야 할 다른 비용들이 있는가?

5. 연구의 신뢰도와 수용성과 관련하여 정확성 대비 단순성의 문제를 토론하시오.

저자에 관하여

Jennifer Janecek Hartman

21년 동안 교육분야에서 일했다. 그녀는 초등학교 과학과 읽기 분야의 학사학위를 갖고 있으며, 코네티컷 대학교에서 영재교육 전공 석사학위를 받았다. 또한, 카펠라 대학교에서 인적자원의 성과향상 교육에 관한 박사학위를 취득했다. Janecek Hartman 박사는 연합부족 기술대학(UTTC)에 새로운 부족 환경과학(TES) 학위 프로그램을 만든 UTTC의 UTPASS 프로젝트의 이사다. TES 프로그램은 학생들을 위한 지원과 성공 전략에 집중하고 있다. 또한 지역과 전국 단위의 조직 및 기관을 연결하고 협력하는 일을 맡고 있다. 그녀는 지역과 주 그리고 전국적인 교육기관의 지도자로서 봉사도 해오고 있다. 또한 다양한 평생교육과 전문적인 교육프로그램을 대학에서 담당하는 일을 맡고 있다.

Leah Woodke

21년 동안 교육분야에 종사했고, 지난 11년 동안 연합부족 기술대학에서 다양한 역할을 수행했다. 그녀는 조기유아교육학과 학장으로서, 그리고 현재는 UTTC의 원격평생교육 이사로서 활동하고 있다. Woodke 박사는 보충 읽기 전공의 초등교육 학위를 취득했다. 센트럴 플로리다 대학교에서 교육 리더십 교육석사 학위와 카펠라 대학교에서 강의설계 전공의 교육학 박사 학위를 갖고 있다. Woodke 박사는 UTTC가 5개 온라인 학위 과정에서 인가를 받는 데 중추적인 역할을 하였다. 원격평생교육원 원장으로서 Janecek Hartman 박사와 함께 대학 내의 다양한 평생교육과 전문적인 개발 프로그램을 진행 · 관리하고 있다.

제**9**장

비영리 조직의
영업 교육의 ROI 측정

-정보 기술 산업 협회 사례*-

* 본 사례는 운영 및 경영상의 효과성 또는 비효과성을 설
명하기보다는 토론을 위한 자료로 마련되었음을 밝힌다.
Conceptual Selling®과 Strategic Selling®은 Miller Heinman,
Inc.의 등록 상표다.

Lisa Sallstrom

요 약

지난 10년간, IT 시장은 급격한 변화를 경험하였다. 과거의 산업 독점, 보장된 수익성, 풍부한 보통수표 등은 해외로의 아웃소싱, 복잡한 사업 환경, 낮은 수준의 수익성 등으로 대체되었다. 최저의 마진과 주식 하락 을 경험한 회사들은 비즈니스 솔루션을 성공적으로 판매하기 위한 새로 운 영업 기술이 필수적으로 필요하게 하였다. 본 사례는 글로벌 영업 직 원들에게 Conceptual Selling®과 Strategic Selling® 접근법을 가르치는 교 육훈련 프로그램의 결과 분석에 ROI 방법론을 적용한 사례다.

배 경

25년간 컴퓨팅기술산업협회(Computing Technology Industry Association: CompTIA)는 세계 IT 시장의 목소리를 대변해 왔다. CompTIA는 전 세계 적으로 2,000개 이상의 회원사들의 비즈니스 이익을 대변하고 있고, IT 산업의 장기적인 성공과 성장을 위해 활동하고 있다. 다시 말해, 기술에 대한 투자 유치로부터 수익을 극대화하는 것을 도와주는 조직이다. 또한 개인이 IT와 관련된 좋은 경력을 가질 수 있도록 기술 획득과 자격증 취 득을 도와주고 있다. 닷컴(dotcom) 회사들이 파산하면서 IT 일자리가 줄 어들고, IT 비즈니스 수익성이 하락하자, CompTIA의 수익도 IT 산업의 하락을 그대로 반영하게 되면서 감소하였다.

이러한 상황을 해결하기 위하여 새로운 영업 전략을 수립하였다. 전 략에는 신규 영업 포지션, 신규 수직시장(vertical markets, 기존의 IT 시장의 외부에 있는 IT 관련 시장) 그리고 회사 전반의 비전, 시장 또는 소비자에게 침투하는 고투마켓 전략(go-to-market strategy) 등의 신규 영업 방법이 포함되었다. 이러한 전략이 미국과 해외 영업팀 모두에게 일관성 있게 적용되도록 하기 위한 교육프로그램 실시에 미국 영업부서장과 해외 영업부서장이 합의하였다. 이에 따라 모든 해외 및 미국의 회계 관리자, 사업개발 관리자, 영업 디렉터들은 미국의 통합 교육훈련 프로그램인 Miller Heiman®사의 Conceptual Selling®과 Strategic Selling®을 3일 동안 받도록 되어 있었다. 몇 번에 걸쳐 따로 진행되는 교육훈련 회기로 인한 출장비 발생을 막기 위해 연도별 면대면 영업 미팅 시기에 교육훈련을 동시 진행하는 계획을 수립하였다.

교육훈련에 드는 비용이 많은 것에 대한 타당성을 확보하기 위해 5단계(ROI) 평가가 필요하였다. 교육훈련은 상당한 결과를 가져오기를 기대하는 임원이 결정하는 리스크이자 투자다. 5단계 평가 결과는 IT 경력과 기술개발 프로그램과 관련된 CompTIA와 유사한 경력개발 및 기술개발 프로그램을 운영하는 회원사들을 컨설팅할 때, 고투마켓 영업 전략에 활용할 수 있을 것이다. 마지막으로 첫 프로그램의 ROI 결과가 좋다면 Miller Heiman®사의 영업 방법의 추가 내용에 대한 심화 교육 실시를 위해 경영진을 설득하는 데도 활용될 수 있을 것이다.

평가 방법론

본 프로젝트에 대한 ROI 평가는 이미 프로그램이 실시된 뒤에 결정되었다. 따라서 사전 프로그램 평가 계획의 이점을 활용할 수 없었다. 사전 평가를 이용했다면 자료 제공에 따른 가치를 사전에 설명하고, 프로젝트 전체에 걸쳐 결과 지향적으로 추진할 수 있었을 것이다. 또한 예측 단계도 완전하지 않았다. 평가 계획은 당시 임원의 요구에 따라 프로그램 수

〈표 9-1〉 자료 수집 계획

평가 목적: 5단계 ROI 평가
프로그램: Miller Hieman® 영업 교육훈련
책임자: Lisa Sallstrom

단계	목 표	측 정	자료 수집 방법/도구	자료원	시 기	책임자
1	**반응도** • 교육훈련에 대한 직원들이 긍정적인 반응	5점 척도 설문에서 4점 이상	피드백 설문	참가자	과정 수료 2개월 후	경영진
2	**학습 성취도** • Conceptual Selling®과 Strategic Selling® 프로세스에 대한 직원의 이해	수업 후 평가에서 85% 이상의 점수	평가 점수	참가자	교육훈련 마지막 날 즉시	참가자/경영진
3	**현업 적용/실행** 1. 블루/그린시트 실행 2. 파이프라인 리뷰 3. 고객 관계 관리(CRM) 청출 및 추적 관리 4. CRM 자료에 지불된 수수료 5. SWAT팀 실행에 앞선 블루시트 요구 6. 기술활용을 담보하기 위한 중요한 회의에의 경영진 참여	1. 1만 $ 이상의 기회 2. 주간 3. 일일 4. 분기별 5. 필요시 6. 필요시	1. 샘플 리뷰 및 사후 질문지 2. Outlook 미팅을 통한 증명 3. 샘플 리뷰 4. 급여 기록 5. 블루시트 6. 현장 관찰	1. 시트 일지 2. Outlook 달력 3. 회사 CRM 기록 4. HR/재무 5. 시트 일지 6. 관리감독자		프로그램 코디네이터

	경영성과 기여도					
4	• 2006년 멤버십 및 바우처 목표치 달성 • 2개의 신규 수직시장 개척 • 회원 참여 증가 - 스폰서십 - 다운로드 수 - 위원회 참여 - 우수사례 인증	-재무적 이익/수익 결과 -참가자 질문지 -CRM에 기록된 수직시장 수 -일지에 기록된 고객 보고서 카드의 수 증가	-경영성과 -고객 관계 관리 -종합 경영 정보시스템	-수익 및 손실 기술서 -참가자 -참가자	-프로그램 6개월 후 -프로그램 6개월 후 -프로그램 6개월 후	프로그램 코디네이터
5	ROI ROI 목표치					

근거 자료: _____

코멘트: _____

행 이후에 수립하였다.

　자료 수집의 측면에서 〈표 9-1〉과 같이 1단계(반응도)의 참가자 피드백 자료는 수업 종료 시점에 수집되었다. 이 자료는 본 프로그램의 가치를 이해하고, 본 프로그램이 다른 수직시장과 글로벌 영업 팀이 담당하는 다양한 지역에 영업 전략으로서 어떻게 적용 가능한지를 이해하는 데 유용하였다. 2단계(학습 성취도) 자료는 학습 프로세스의 효과성을 규명하기 위하여 수업의 마지막 1시간 동안에 진행된 온라인 평가를 통해 수집하였다. 평가 통과 점수는 85%이며, 통과한 참가자만 수료증을 받을 수 있었다. 이 목표를 충족한 참가자들의 관리자에게 인사파일에 기록할 수 있도록 평가 점수를 전달하였다. 3단계(현업 적용 및 이행) 자료는 적용 효과성을 파악하기 위한 것으로, 신규 프로세스 준수 및 경영진 관찰을 통해 수집하였다. 새로 만들어진 공유 드라이브를 활용하여 파이프라인 보고서를 리뷰하기 위한 주간 미팅이 실시되었다. 사업 개발 관리자의 직무 자격 요건이 새로운 프로세스에 맞춰 업데이트되었고, 지속적인 현장 관찰을 실행하였다. 재무부서의 이익 및 수익 결과, 신규 고객 관계 관리 시스템의 참가자 활동 등 몇 가지 신뢰할 만한 출처로부터 4단계 평가를 위한 사업성과 자료를 수집하였다.

　프로그램의 수익 측면의 효과를 수치화하고, 그 효과를 분리하기 위하여 교육훈련 참가자에게 설문지를 배포하였다. 이는 프로그램 효과의 믿을 만한 출처로 판단되었다. 설문 응답은 기대치인 80% 응답률을 초과하였다. ROI 방법론의 9번 기준을 준수하여 9개월 동안 보고된 참가자 응답결과를 바탕으로 12개월간의 변화를 산출하였다. 여기서 프로그램이 영향을 준 순수 경영성과 개선 정도를 파악해야 한다. 이를 위해 참가자들에게 순수 경영성과 조정 목적으로 모든 추정치에 신뢰수준을 기입하도록 요구하였는데, 이는 가장 보수적인 ROI 접근 방법이다. 최종 ROI 산정을 위해 자료를 금전적 가치로 변환할 때는 설문에 응답하지 않은 참가자의 개선 효과는 고려하지 않았다. 〈표 9-3〉의 비용 추정표에서와 같이, 교육에 따른 직원의 시간 손실에 대한 프로그램 비용은 시간당 비율로 변환하였다.

자료 수집 도구

〈표 9-2〉에 나타난 바와 같이, 수업에서의 설문은 1단계 평가(반응도)를 위한 자료 수집에 활용되었다. 설문 형식은 Miller Heiman®사가 관리하였으며, CompTIA가 직원 만족 정도를 판단하고, 교육훈련 제공자의 전달 효과성 측정 및 개선 기회 규명을 위한 두 가지의 목적으로 활용하였다.

2단계 평가(학습 성취도) 자료를 수집하기 위해 영업 측정 보고서 결과([그림 9-1] 참조)를 활용하였다. IT 비즈니스 성격상, CompTIA는 자격 검증을 위한 평가를 지식 습득의 확인 방법으로 활용할 것을 장려하고 있다. 온라인 평가를 도입하기로 한 결정은 각 학습 이벤트의 효과성을 규명할 뿐만 아니라, 향후에 신규 채용되는 직원의 기술을 평가하는 데 지속적으로 사용 가능하다는 차원에서 당연한 결정이었다.

[그림 9-2]는 4단계 평가(경영성과 기여도) 자료를 수집하는 데 활용된 참가자 설문이다. 자료 수집 기간 동안에 불규칙한 수익 결과를 초래하는 주요 제품의 변화가 소개되면서 추세선 분석과 예측 방법을 신뢰할 수 없게 되었다. 따라서 잠재적인 오류를 조정하면서도 프로그램의 효과를 분리할 수 있는 참가자들의 직접적인 피드백을 경영성과를 평가하는 방법으로 선호하였고, 신뢰했다.

〈표 9-2〉 Miller Heiman® 프로그램이 과정 중 1단계 평가 설문 예시

MILLER HEIMAN®
Susan Dustin의 Conceptual/Strategic Selling® 강의

부서장: Matthew Poyjadgi

	전혀 동의하지 않음	동의하지 않음	약간 동의하지 않음	약간 동의함	동의함	매우 동의함
강사 효과성 척도: 1(전혀 동의하지 않음)에서 6(매우 동의함)						
강사는 자신의 배경지식과 경험으로 중요한 신뢰를 구축하였다고 느꼈다.					5.0	
강사는 관련 있는 실질적인 영업 사례를 활용하여 강의 내용을 풍부하게 하였다.						6.0
강사는 나의 이슈와 도전에 대한 이해를 보여 주었다.				4.0		
강사는 몰입을 유발하였고, 참가자의 피드백을 유발하였다.					5.0	
강사는 매우 집중하여 질문에 명확하게 답변하였다.						6.0
강사 효과성 평균					5.20	
내용 효과성 척도: 1(전혀 동의하지 않음)에서 6(매우 동의함)						
워크숍은 워크숍에 포함된 내용에 대한 나의 이해를 상당히 증진시켰다.					5.0	
Conceptual Selling®의 주문 계획 절차를 활용한 결과, 나는 더 많은 기회를 가질 수 있게 되었다.					5.0	
나는 본 프로그램의 결과로서 그린시트를 자신 있게 채울 수 있다.					5.0	

더 효과적인 판매 주문을 더 잘 준비할 수 있다고 생각한다. **5.0**

Strategic Selling®의 결과로, 나는 비즈니스를 더 잘할 수 있게 되었다. **5.0**

나는 나와 우리의 복잡한 영업 기회를 관리하기 위한 체계적인 접근법을 적용할 수 있게 되었다. **5.0**

나는 본 프로그램의 결과로서 블루시트를 자신 있게 채울 수 있다. **6.0**

내용 효과성 평균 **5.14**

전반적인 효과성 척도: 1(전혀 동의하지 않음)에서 6(매우 동의함)

학습한 내용 대부분을 나의 판매 환경에서 직접적으로 적용할 수 있다. **5.0**

평가 척도: 0(형편 없음)에서 100(탁월함)

앞의 척도에 따라 나는 강사에 대한 전반적인 점수를 다음과 같이 부여하겠다. 80.00

앞의 척도에 따라 나는 프로그램 내용 및 자료에 대한 전반적인 점수를 다음과 같이 부여하겠다. 90.00

점수 평균 85.00

추천도 척도: 1(추천하지 않음)에서 10(추천함)

나는 동료에게 본 프로그램을 추천하겠다. 7.00

코멘트:

시험명	영업 평가	전체 문항	20	날짜	02/23/2007	통과 점수	85%
응시자 명	Jack Frost	소요 시간	00:01:58	성적	통과	취득 점수	90%

전체 점수	25%	50%	75%	100%
요구 점수				
취득 점수				

		문항	답안지	정답	검토해야 할 목표
←	∨	1	B	B	맞음
←	∨	2	A	A	맞음
←	∨	3	A	A	맞음

[그림 9-1] 2단계 평가(학습성취도)의 영업 측정 보고서 결과치의 예시

글로벌 영업 팀에게

우리는 이번 Miller Heiman® 영업 교육훈련의 실제 결과에 기반한 ROI 프로젝트를 수행하고 있습니다. 이와 관련해서 2월 23일까지 다음의 문항에 대한 여러분의 피드백이 필요합니다. Miller Heiman® 영업 교육훈련 결과를 잘 설계된 ROI 프로세스를 통하여 살펴봄으로써 우리의 전반적인 영업 전략과 방법에 대한 심도 있는 ROI 개념을 적용하는 데 필요한 추가적인 도구와 지식을 발견할 수 있을 것입니다. 빠른 회신을 해 주시면 감사하겠습니다.

1. 본 교육훈련에 의해 영향을 가장 직접적으로 받은 내용은 무엇입니까?*
   □ 바우처 판매
   □ 멤버십
   □ 스폰서십
   □ 기타

2. 이러한 결과에 영향을 미친 다른 요인을 기술하시오.
   _____

3. 이러한 요인들을 고려할 때, 본 프로그램이 수익에 기여한 정도에 대한 추정치를 %로 기재하시오.
   _____%

4. 그렇게 추정한 근거는 무엇입니까?

5. 상기 추정에 대한 확신 수준은 어떠합니까?
   _____% 확신(0% = 확신 없음, 100% = 확실히 확신함)

* 수익 자료는 다양한 기록 및 시스템을 통하여 바로 획득 가능함

[그림 9-2] 4단계 평가(경영성과 기여도)의 참가자 질문지 예시

ROI 분석 계획

교육프로그램의 결과로 다양한 무형의 이익이 실현되었지만, 경영진은 ROI가 나타내는 주요 요소인 매출로부터의 수익에만 집중하고 있었다. 〈표 9-3〉은 세부적인 ROI 분석 계획이다.

〈표 9-3〉 ROI 분석 계획

프로그램: Miller Heiman® 영업 교육훈련　　　　　책임자: Lisa Sallstrom

자료 항목 (통상 4단계)	프로그램/ 프로세스 효과 분리 방법	자료를 금전적 가치로 전환하는 방법	비용 유형	무형의 이익	최종 보고 대상	기타 영향/ 적용 중 이슈	비고
매출	• 신뢰 수준에 기반한 조정된 전문가 추정치	• 수익을 위한 기준 가치	• 프로그램 비용 • 숙박 • 참가자의 프로그램 참가에 따른 급여 • 식사	회원 만족도 증가 및 위원회, 프로그램, 이벤트 참석률 증가	경영진 영업 팀	CompTIA A+에 대한 주요 제품 수정 직원들의 이직률	

출처: Copyright © 2007 ROI Institute, Inc. All rights reserved.

평가 결과

1단계를 시행한 결과, 강사에 대한 전반적인 효과성은 5점 척도에서 4.4점으로 나타났다. 교육 내용 효과성은 4.83, 전반적인 만족도는 5점 척도에서 4.79로 나타났다. 모든 참가자가 2단계 평가를 통과하였다. 2단계 평가에서 개인별로 시험을 응시하는 횟수에는 제한이 없었다. 3단계 평가의 결과는 블루시트에 100%의 SWATT 기회를 기재하도록 하였다. 주간 판매 파이프라인 미팅이 연중 지속적으로 잡혔다. CRM 보고서에 기반하여 수수료가 지불되었다. 이 보고서는 주간 파이프라인 미팅에도 활용되었으며, 프로세스를 준수하기 위한 직무 만족도를 증진할 목적으로 한 경영진 참여에도 사용하였다.

4단계 평가에서는 멤버십 매출 목표가 4% 부족하였다. 하지만 바우처 영업 목표가 예상보다 140% 이상 초과 달성되었다. CRM에 관련된 신규 기회를 기반으로 재무, 건강관리, 제조 및 정부 부문 등 신규로 4개의 수직시장을 만들어 낸 계정들을 조사하였다. 추가적으로 이벤트 참여도도 상승하였고, 회원들의 몰입도도 증진되었다. 회원 이벤트에 대한 CompTIA의 참가 요청이 증가하면서 스폰서십 수준도 상승하였다. 이는 긍정적인 비공식 피드백을 유발하였다. 참가자로부터 수집한 설문결과로 볼 때, 프로그램으로부터 기인된 수익 증가분은 23%로 밝혀졌다(신뢰수준을 반영한 숫자임).

5단계 ROI 산정을 위한 비용은 〈표 9-4〉와 같으며, 모든 비용이 반영되어 있다. 매출의 23.3%가 본 프로그램으로 인해 발생되었다는 결과는 설문지에 대한 전문가의 분석에 따른 것이다. 이에 따라, 영업 기술 개선에 의해 9개월 동안 627,300달러의 매출이 증가하였다(확신 수준에 따라 하향 조정). 12개월의 연간 회수율로 추정할 때는 836,400달러의 총 매출이 증가하였다. 15%의 이익 마진을 가정할 때, 125,460달러의 수익이 발생하게 된 것이다. ROI 공식을 활용하기 위해 매출을 수익으로 변환하였다.

$$편익비용 \ 비율(BCR) = 프로그램 \ 이익/프로그램 \ 비용$$

$$편익비용률(BCR) = \frac{125,460\$}{83,240\$} = 1.50$$

$$\text{ROI} = \frac{125,460\$ - 83,240\$}{83,240\$} \times 100 = 50\%$$

교육훈련 참가자로부터 규명된 프로그램의 무형의 이익은 다음과 같은 것들이었다.

- 개선된 고객관리를 통한 다양한 CompTIA 위원회 및 프로그램에 대한 고객 참여도 증대
- 빨라진 구매 회수율
- 고객 대상 추가 판매 기회의 증가
- 장기적, 지속적인 비즈니스 관계 구축에 좋은 프로세스

〈표 9-4〉 비용 추정

1. 현장에서의 교육훈련 전달에 따른 시설 임차료	1,500$(3일간, 일별 500$)
2. Miller Heiman® 교육훈련 비용	42,000$
3. 21명의 점심식사 3회(점심별 인당 10$)	630$
4. 해외 직원 11명의 저녁식사 3회(저녁별 인당 25$)	990$
5. 항공료: 교육훈련이 연간 면대면 영업 면담 기간에 계획되었기에 별도의 항공료는 발생하지 않았음	0$
6. 21명 대상 시간당 100$ 기준, 2일 7시간 동안의 근무시간(교육훈련 3일 중 하루는 일요일이었음)	29,400$
7. 해외 직원 11명의 4박 숙박비(1박당 130$)	5,720$
8. 평가(시간 및 자료)	3,000$
합 계	**83,240$**

커뮤니케이션 전략

요약 보고서를 준비하여 해외 영업 부사장과 미국 영업 부사장에게 보고하였다. 두 사람 모두 프로그램의 수치적인 결과에 만족하였고, 교육훈련을 실행하는 비용이 긍정적인 경영성과를 가져오는 데 성공적이었음을 인식하게 되었다. Large Account Management Process^SM(LAMP®)인 Miller Heiman®의 세 번째 모듈로까지 프로그램을 확대하는 합의가 이루어졌으며, 최초 교육훈련 프로그램이 실시된 지 16개월 후에 같은 팀에 다시 실시하였다.

시사점

프로젝트에 대한 가장 큰 도전은 학습된 기술을 지속적으로 적용 및 실행하는 것을 증명하는 것이었다. 여기저기 흩어져 있으며, 영업 직원 스스로 주도성을 가지고 있는 상황에서 문건 형식으로 정리를 요구하면서 프로세스 주도의 영업 모델을 지속적으로 따르게 하는 것은 어려운 일이었다. 경영진의 적극적인 강조와 관찰이 있었고, 기술의 적용을 지속적으로 모니터링하기 위해 직무에 대한 새로운 내용을 익혔으며, 문서 저장 기준 및 기준 준수를 보장할 수 있는 새로운 공유 드라이브 인프라가 구축되었다.

나아가, 첫 번째 교육훈련 후에 몇몇의 다른 내부 부서들도 고객들을 '영업' 역할의 관점에서 감동시켰다. 추가적인 지원 부서 직원들에게 축약된 버전의 Miller Heiman®을 제공하였고, 이로 인해 모든 고객 관리에 대한 조직의 접점에서 직원들이 일관성 있는 고객 대응 방법 및 용어로 일해야 한다는 점을 깨닫게 된 것이다.

토론을 위한 질문

1. ROI는 어떻게 신뢰할 수 있는가?
2. 교육훈련 프로그램의 적용을 증대하기 위해서 어떤 점을 다르게 시도해 볼 수 있는가?
3. 프로그램이 실행되기 전에 ROI 연구를 계획하는 것이 왜 중요한가?
4. 본 연구에 언급된 무형의 이익을 금전적 가치로 변환하였는가? 변환하였 다면 설명하시오.
5. 본 프로그램이 신규로 실행되는 데 교육훈련 대상 부서 외의 다른 부서의 관여가 중요한 이유가 무엇이며, 이러한 관여가 프로그램 실행의 전반적 인 성공에 어떠한 영향을 끼치는가?

저자에 관하여

Lisa Sallstrom

그녀는 IT 산업의 임원으로서, 영리 및 비영리 기업의 프로그램, 제품, 프 로젝트 관리, 고객 서비스 및 판매에 20년 이상 경험을 가지고 있다. 현재 그녀는 가치 증명을 통해 CompTIA 비즈니스 개발 부서를 담당하고 있다. 그녀는 두 개의 학사학위(컴퓨터 사이언스, 뮤직 퍼포먼스 전공), 컴퓨터 사 이언스 석사 및 CompTIA 프로젝트 플러스의 전문 프로젝트 관리 자격을 소지하고 있다. 그녀와는 LSallstrom@comptia.org를 통해 연락 가능하다.

제 **10** 장

전자 문서화 툴, RxSource의 ROI 측정

-약국 수익 관리회사 사례*-

* 사례는 운영 및 경영상의 효과성 또는 비효과성을 설명하기보다는 토론을 위한 자료로 마련되었음을 밝힌다.

Nathan Faylor, Isabelle Maisse, & Kristen Neal

요 약

CVS Caremark Pharmacy Operations에서는 약국 운영과 관련한 다양한 업무를 수행하고 있는데, 정보와 컨텐츠를 어떻게 직원들에게 가장 잘 전달하는가가 중요한 업무다. 첫 번째 평가를 진행하면서 약국 직원들이 주로 인쇄된 매뉴얼과 참고 자료들을 사용한다는 점을 알게 되었다. 프로세스 변경사항에 대한 정보를 종이 메모로 전달하였으며, 직원들은 이 메모를 3공 바인더 종이 매뉴얼철에 보관해 왔다. 상황이 이러함에 따라 전자 저장과 커뮤니케이션 시스템을 신설하면 정보 공유의 속도와 정확도가 증진될 것으로 기대되었다. 또한 직원들이 현행화된 정보와 관련성이 높은 정보를 활용할 수 있을 것으로 기대되었다. 이 사례는 여섯 종류의 자료가 포함된 프로젝트의 결과에 대한 ROI 측정 내용이다.

배 경

CVS Caremark는 미국 내의 대표적인 약국 수익 관리회사로, 기업, 의료 관리회사, 보험회사, 조합 및 정부 조직 등 2천 개 이상의 조직에 포괄적인 처방전 수익 관리 서비스를 제공하고 있다. CVS Caremark는 6만여 개의 약국이 참여한 전국 소매약국 네트워크와 7개의 통신 판매약국을 운영하고 있다.

교육 훈련 부서에서는 내부적으로는 IT e-비즈니스팀과 협업하여 훈련 업무를 수행하고 있으며, 모든 약국 운영 관련 직원들에게 관련성 높은 정보를 정확하게 일관적으로 적시에 제공하기 위한 온라인 문서 저장소 및 커뮤니케이션 툴을 설계하고 만드는 외부 업체와도 협업하고 있다. RxSource는 회사 사내망에서 활용 가능한 어플리케이션으로, 사내 공지, 훈련 자료, 현업 활용자료 및 참고자료 등의 다양한 섹션으로 구성되어 있다. 문서를 업데이트할 때마다, 신규 버전이 기존 버전의 문서를 대체하여 직원들이 최신 정보에만 접근할 수 있도록 하고 있으며, 직원들은 키워드를 사용하여 다양한 섹션 내, 섹션 간의 정보를 검색할 수 있다. RxSource가 생기기 전에 종이 메모나 매뉴얼을 통해 페이지 번호를 수동으로 매기던 것에 비하면 필요한 정보에 훨씬 효과적으로 접근할 수 있다.

추가적으로, 특별히 중요하거나 시급한 자료를 인지하고 있는지 추적하는 기능도 만들어졌다. 감독관과 관리자들은 직원들이 구체적인 변화나 업데이트된 부분에 대한 정보를 보았는지 확인할 수 있게 되었다. RxSource에 로그인하면 직원들이 사이트를 둘러보고 정보를 찾아보는 동안 그들이 본 내용이 무엇인지 파악할 수도 있다. 직원들은 RxSource 컨텐츠를 필터링하기 위해 사이트별, 부서별로 개인별 세팅을 바꿀 수 있다. 또한 본인들의 업무와 직접적으로 관련 있는 문서의 최신 업데이트 내용을 공지받을 수 있는 기능도 탑재하였다.

RxSource가 구축된 후에 훈련 부서에서는 RxSource의 활용에 필요한 자료들을 모으고 올리는 업무를 시작했으며, 교육 담당자를 통해 컨텐츠를 제공하였다. 충분한 양의 컨텐츠가 업로드된 후에 교육 담당자들은 직원들에게 RxSource 사용법을 가르치는 워크숍을 열기 시작하였다. 경우에 따라 새로운 시스템을 적용하는 시간은 차이가 있었다. 어떤 곳은 이러한 변화에 빨리 적응하고, 그들이 보유한 문서를 제공하기 시작하였다. 반면, 여전히 배포된 매뉴얼 형태를 선호하여 전자 형태의 RxSource에 적응하는 데 시간이 더 걸리는 곳도 있었다.

사례연구 개요

지금부터 제시되는 연구는 RxSource 프로젝트에 대한 투자 회수율을 측정하기 위한 목적으로 시행되었다. 본 사례연구는 몇 개의 섹션으로 이루어져 있다. 첫 섹션은 측정을 위한 방법론을 기술하고 있다. 다음은 자료 수집 및 분석에 대한 요약 내용을 제공하고 있다. 이후 RxSource 활용에 영향을 미치는 장애물과 본 ROI 연구의 마무리를 기술하고 있으며, RxSource 활용의 결과로서 실현된 추가적인 이익도 기술되어 있다. 이러한 정보 및 수집된 자료를 바탕으로 Phillips의 ROI 방법론의 가이드라인 및 원칙을 준수하여 ROI를 측정하였다.

결과 요약

전반적으로 RxSource 활용에 따른 ROI 및 이익은 긍정적이었다. 본 연구는 다양한 관점에서 RxSource의 가치를 평가하기 위하여 설계되었다. 첫째, 직원의 정보 검색 활동에 시사점을 제공하기 위하여 설문을 설계하였다. 설문 문항은 직원과 그들의 관리자들이 인지하는 생산성 향상에 대해 묻는 내용으로 구성하였다. 둘째, 전반적인 생산성 지표와 품질에 영향이 있는지를 결정하기 위해 경영성과 자료를 수집하였다. 마지막으로, 온라인에서 활용 가능한 문서에 대한 금전적 이익을 알아보기 위하여 문서 출력 활동에 대한 분석을 실시하였다. 이러한 자료를 기반으로 본 프로젝트의 모든 비용과 이익을 고려해 보았을 때, 12개월 동안의 ROI는 1,196%로 계산되었다.

본 연구에서는 다양한 무형의 이익도 규명되었다. RxSource는 여러 사이트에 걸친 문서들을 처리하기 위한 접근과 가시성을 높여 주었다. 사이트 간의 가시성(cross-site visibility)은 약품에 대한 일곱 곳의 통신 판매 설비의 프로세스상에 구체적인 차이가 문서화되어 있어 차이를 잘 알 수 있도록 해 준다. 인식이 개선됨에 따라 표준화에 대한 요구가 강해졌고, SOP[역자 주: SOP는 Standard(또는 Standing) Operating Procedure의 약자로 표준 운영 절차를 의미한다] 운영위원회 프로세스의 재구조화와 개선을 촉구하게 되었다. RxSource와 SOP 위원회에서 표준 프로세스와 가상 약국 역량을 충분히 실행하는 데 필요한 지원을 받고 있다. RxSource는 버전을 통제하는 문제를 줄이는 방법도 제공해 오고 있다. RxSource를 사용하기 전에는 직원들이 모든 문서의 최종 버전을 참고하는 것을 스스로 확인해야 하는 책임이 있었다. RxSourse가 생기면서 가장 최신의 온라인 문서만 보여 줌으로써 이전 버전의 문서를 활용하는 위험이 현격하게 줄게 되었다. 이제 직원들은 RxSource를 사용할 때 반드시 인증된 최신 버전의 문서만 보게 된다.

평가 방법론

본 섹션은 연구 수행에 사용된 접근 방법에 대해 기술하고 있다. 여기에는 연구 방법에 대한 기술, 자료원, 자료 수집에 활용된 도구가 포함되어 있다. RxSource의 투자 대비 회수율 계산은 Phillips의 ROI 프로세스 모델을 활용하여 도출하였다([그림 10-1] 참조). 모델에는 RxSource가 실행되기 이전과 이후의 자료 수집, 자료 분석, 모든 자료 경향성에서 RxSource 효과 분리, 자료의 금전적 가치로의 변환, ROI 계산, RxSource의 무형의 이익을 규명하는 단계 등이 포함되어 있다.

자료 수집 방법

다섯 단계의 평가와 각 평가의 목적을 확인하기 위한 자료를 수집하였

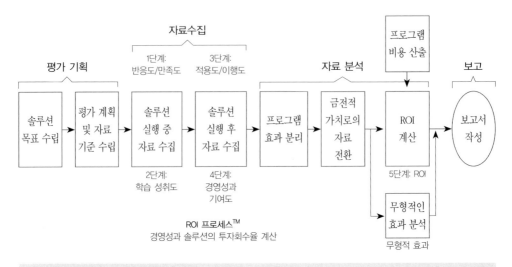

[그림 10-1] ROI 프로세스 모델

출처: ROI Institute, Inc.

는데, 〈표 10-1〉의 자료 수집 계획과 같이 기술 및 요약할 수 있다.

1단계(반응도/만족도) 및 2단계(학습 성취도)는 주 교육 종료 시점에 RxSource 사용자들이 각자의 업무 환경에서 툴을 사용하기 전에 설문을 통하여 측정하였다. 1단계 측정은 RxSource 사용 의향, 직무 관련성, 성공적인 업무 수행을 위한 중요도를 포함하고 있다. 2단계 측정은 각자의 주요 직무 기능 수행을 위해 필요한 정보를 찾는 데 RxSource를 활용할 수 있는 능력을 포함하고 있다.

3단계(현장 적용/이행)는 툴을 사용한 지 6개월 된 사용자들의 설문 응답과 RxSource 조회 수를 통해 산정하였는데, 조회 수는 6개월 동안 30일마다 측정하였다. 자료는 정보 탐색에 RxSource를 사용한 빈도를 활용하였다.

4단계(경영성과 기여도)는 회사 보고서와 사용자 추정치를 기반으로 측정하였다. 측정은 생산성(예: 처방전 입력과 처방전 확인율), 품질(예: 내부 오류 및 외부 불만) 그리고 재료 비용을 주로 고려하였다. 설문은

〈표 10-1〉 자료 수집 계획

단 계	목 표	척도/자료	자료 수집 방법	자료원	시 기
1	**반응도/만족도** • RxSource 활용 의향 • 관련성 • 성공을 위한 중요성	5점 척도에서 4점	설문	참가자	교육 수료 2개월 후
2	**학습 성취도** • 필요한 정보를 찾기 위한 툴 활용 능력	5점 척도에서 4점	주요 기능에 대한 수행능력 자가 평가	참가자	훈련 마지 막 날 즉시
3	**현장 적용/이행** • 직원들이 정보를 찾 기 위해 툴 사용을 정기적으로 함	직원들의 규칙적 사용에 기반한 사 용 빈도(사용 횟수 카운트)	질문지 RxSource 보고 서	참가자 RxSource 운영 강사	6개월 6개월간 30일마다
4	**경영성과 기여도** • 생산성 • 품질 • 재료 비용	• 품질 비율, 생산율 • RxSource로 인한 개선을 측정 • 정보 검색의 변화 • RxSource에 업로 드되는 문서	회사 보고서 설문 질문지 보고서	품질, 관리자 슈퍼바이저 참가자 RxSource 운 영 강사	6개월간 30일마다 6개월 0~6개월 6개월
5	**ROI**	상기 방법을 통해 규명된 금전적 비용 및 이익의 가치를 기반으로 계산			

RxSource 실행으로 인해 발생된 생산 개선 정도와 구체적인 품질개선
추정에 활용되었다.

　　5단계(ROI, 투자 회수율)는 사업 지표와 다른 단계에서 계산된 결과를
금전적 가치로 변환, 이후의 프로젝트의 금전적 이익과 비용을 비교하여
계산하였다.

설문 참가자와 장소

설문 참가자들은 기술자와 약사로, 직접 처방전 발급 어플리케이션과 RxSource를 사용하는 직원들에게 설문지를 배포하였다. 워크숍 종료 직후와 사용자가 RxSource를 사용한 6개월 후에 배포하였다. RxSource 사용자들을 관리하는 모든 1차 상사와 감독자들에게는 리더용 설문지를 배포하였다. 일곱 곳의 통신 판매 관계자에게도 설문지를 배포하였다.

자료 수집 도구

참가자와 리더 대상 설문은 대부분 평가 단계의 자료 수집에 활용하였다. 각 설문의 문항은 다음에 열거된 연구 목적을 고려하여 구체적인 유형의 정보를 획득하기 위해 개발하였다.

RxSource 참가자 사전 설문([그림 10-2] 참조)
• 인구통계학적 정보: 역할, 부서, 주당 근무시간, 근속 연수
• 자원 정보: 연구 방법, 연구에 대한 필요성의 빈도, 필요한 정보를 찾는 데 걸리는 시간

RxSource 참가자 사후 설문([그림 10-3] 참조)
• 인구통계학적 정보: 역할, 부서, 주당 근무시간, 근속 연수
• 자원 정보: 연구 방법, 연구에 대한 필요성의 빈도, 필요한 정보를 찾는 데 걸리는 시간, RxSource를 사용하는 시간
• 직무 영향력: RxSource의 성공적인 사용과 직무에서의 RxSource의 중요성
• 촉진 요인과 장애 요인: RxSource를 사용하는 이유와 사용하지 않는

CVS CAREMARK

RxSource 설문

본 설문 응답에 시간을 내주셔서 감사합니다. 귀하의 답변은 새로 도입한 RxSource의 효과를 측정하는 데 도움을 줄 것입니다. 다음의 항목에 대해 솔직하고 정직하게 답변해 주십시오. 답변은 무기명으로 처리됩니다.

인구통계학적 정보	자원 정보

인구통계학적 정보

1. 설문 응답일: _____

2. 위치:
   ☐ PHX   ☐ BHM   ☐ MAR
   ☐ SAT   ☐ WBP   ☐ MTP
   ☐ AFW

3. 귀하의 역할은 무엇입니까?
   ☐ 약사   ☐ 대표
   ☐ 기술자   ☐ 관리자/감독관
   ☐ 판매원   ☐ 팀리더
   ☐ 기타
   기타에 표기한 경우 상세히 기재해 주십시오.

   _____

4. 귀하의 1차 부서는 다음 중 무엇입니까?
   ☐ 번역   ☐ Rx 입력
   ☐ PTV   ☐ Rx 리뷰
   ☐ DPC   ☐ 의사 전화응대
   ☐ 내부 조율   ☐ 환자 서비스
   ☐ PRU   ☐ 약사에게 문의
   ☐ Changeback   ☐ 서류 파일링
   ☐ 임상 상담   ☐ 자료 담당
   ☐ NewRx   ☐ 운송
   ☐ 투약조제   ☐ 기타
   기타에 표기한 경우 상세히 기재해 주십시오.

   _____

5. 평균적으로 한 주에 몇 시간 일하십니까?

   _____

6. 귀하는 얼마 동안 현재 자리에서 일하셨습니까?
   ☐ 0~6개월   ☐ 1~4년
   ☐ 7~12개월   ☐ 5년 이상

자원 정보

7. 귀하는 직무 수행 시 정보(예: 번역/투약조제 가이드라인, CCM 매뉴얼, 메모, 기타)를 찾을 때 다음 중 무엇을 활용하십니까?
   ☐ 네트워크상의 전자 문서
   ☐ 서면 문건   ☐ 둘 다

8. 귀하는 하루 평균 몇 번이나 CVS Caremark의 절차상 정보나 참고자료를 찾아보십니까?(예: 번역/투약조제 가이드라인, CCM 매뉴얼, 메모, 기타)

   _____

9. 귀하는 상기의 정보를 찾는 데 얼마나 시간이 걸립니까? 분 또는 초 단위로 답변해 주십시오.
   _____ 분 또는 _____ 초

10. 귀하는 하루 평균 몇 번이나 Caremark의 절차상 정보나 참고자료가 아닌 것을 찾아보십니까?(예: ICD-9, MPR, Fact & Comparisons, 기타)

    _____

11. 귀하는 상기의 정보를 찾는 데 얼마나 시간이 걸립니까? 분 또는 초 단위로 답변해 주십시오.
    _____ 분 또는 _____ 초

12. 귀하는 일주일에 평균 몇 번이나 필요한 정보를 찾을 수 없습니까?

    _____

설문 완료에 감사드립니다.
강의가 진행되는 동안 설문을 마치셨다면, 종료 전에 강사에게 전달해 주십시오.
강의 시간 외에 마치셨다면, 강사의 책상에 놓아두거나
Nathan Faylor(메일 코드: SAT)에게 사내 문서 수발로 보내 주십시오.

교육팀

[그림 10-2] RxSource 참가자 사전 설문

RxSource 사후 설문

본 설문 응답에 시간을 내주셔서 감사합니다. 귀하의 답변은 새로 도입한 RxSource의 효과를 측정하는 데 도움을 줄 것입니다. 다음의 항목에 대해 솔직하고 정직하게 답변해 주십시오. 답변은 무기명으로 처리됩니다.

인구통계학적 정보

1. 설문 응답일: _____
2. 위치:
   ☐ PHX　　☐ BHM　　☐ MAR
   ☐ SAT　　☐ WBP　　☐ MTP
   ☐ AFW
3. 귀하의 역할은 무엇입니까?
   ☐ 약사　　　　☐ 대표
   ☐ 기술자　　　☐ 관리자/감독관
   ☐ 판매원　　　☐ 팀리더
   ☐ 기타
   기타에 표기한 경우 상세히 기재해 주십시오.

4. 귀하의 1차 부서는 다음 중 무엇입니까?
   ☐ 번역　　　　☐ Rx 입력
   ☐ PTV　　　　☐ Rx 리뷰
   ☐ DPC　　　　☐ 의사 전화응대
   ☐ 내부 조율　　☐ 환자 서비스
   ☐ PRU　　　　☐ 약사에게 문의
   ☐ Changeback　☐ 서류 파일링
   ☐ 임상 상담　　☐ 자료 담당
   ☐ NewRx　　　☐ 운송
   ☐ 투약조제　　☐ 기타

   기타에 표기한 경우 상세히 기재해 주십시오.
   _____
5. 평균적으로 한 주에 몇 시간 일하십니까?
   _____
6. 귀하는 얼마 동안 현재 자리에서 일하셨습니까?
   ☐ 0~6개월　　　☐ 1~4년
   ☐ 7~12개월　　☐ 5년 이상

자원 정보

7. 귀하는 직무 수행 시 정보(예: 번역/투약조제 가이드라인, CCM 매뉴얼, 메모, 기타)를 찾을 때 다음 중 무엇을 활용하십니까?
   ☐ 네트워크상의 전자 문서

   ☐ 서면 문건　　　☐ 둘 다
8. 귀하는 하루 평균 몇 번이나 CVS Caremark의 절차상 정보나 참고자료를 찾아보십니까?(예: 번역/투약조제 가이드라인, CCM 매뉴얼, 메모, 기타)
   _____
9. 귀하는 상기의 정보를 찾는 데 얼마나 시간이 걸립니까? 분 또는 초 단위로 답변해 주십시오.
   _____ 분 또는 _____ 초
10. RxSource를 사용하신 지 얼마나 되었습니까?
    ☐ 1개월 미만　　☐ 4개월
    ☐ 1개월　　　　☐ 5개월
    ☐ 2개월　　　　☐ 6개월
    ☐ 3개월　　　　☐ 6개월 이상
11. 귀하는 상기의 정보를 RxSource에서 찾는 데 얼마나 시간이 걸립니까? 분 또는 초 단위로 답변해 주십시오.
    _____ 분 또는 _____ 초
12. 귀하는 일주일에 평균 몇 번이나 필요한 정보를 찾을 수 없습니까?
    _____
13. 평균적으로 매주 RxSource에 있는 필요한 정보를 찾기 어려운 경우가 몇 번이나 있습니까?
    _____

학습 효과성

14. RxSource 교육은 툴을 사용하도록 적절한 준비를 해 주었다.

    매우 동의함　　　전혀 동의하지 않음
    7　6　5　4　3　2　1　N/A
    ○　○　○　○　○　○　○　○

업무 영향력

15. 내 업무를 수행하기 위해 RXSource를 성공적으로 활용할 수 있다.

    매우 동의함　　　전혀 동의하지 않음
    7　6　5　4　3　2　1　N/A
    ○　○　○　○　○　○　○　○

[그림 10-3] 참가자 사후 설문　　　　　　　　　　　　　　(계속)

16. RxSource를 활용하는 것이 내 업무에 얼마나 중요한가?

매우 중요함   전혀 안 중요함
7 6 5 4 3 2 1 N/A
○ ○ ○ ○ ○ ○ ○ ○

17. 귀하는 RxSource를 언제 활용 가능하였는가?
   □ 1주 내
   □ 2~4주 내
   □ 5~6주 내
   □ 아직 사용하지 않았지만 향후 사용할 계획임
   □ 사용할 계획이 없음

사용하기에 어려운 점과 도움이 되는 점

18. RxSource를 사용할 수 없었다면, 이유는 무엇입니까?(해당되는 것에 모두 표기)
   □ RxSource가 유용적/실질적이지 않아서
   □ 활용을 막거나 사용을 못하게 하여서
   □ RxSource를 사용할 기회가 없어서
   □ RxSource 사용의 필요성이 없어서
   □ RxSource 사용이 편리하지 않아서
   □ 다른 우선순위가 높은 것이 있어서
   □ 기타 (구체적으로 기입)
   _____

19. RxSource를 사용하게 된 계기는 무엇입니까?(해당되는 것에 모두 표기)
   □ RxSource를 활용할 기회가 있어서
   □ 경영층의 지원을 받아서
   □ 동료의 지원이 있어서
   □ RxSource를 잘 알고 있어서
   □ RxSource가 유용하고 실질적이어서
   □ RxSource를 사용하는 것이 편해서
   □ 기타(구체적으로 기입)
   _____

자원 정보

20. RxSource는 업무 성과를 개선해 주었다.

매우 동의함   전혀 동의하지 않음
7 6 5 4 3 2 1 N/A
○ ○ ○ ○ ○ ○ ○ ○

21. RxSource를 포함한 모든 요소를 고려할 때, RxSource 사용을 시작하고부터 귀하의 업무 성과는 얼마나 개선되었다고 추정됩니까?

□0% □10% □20% □30% □40% □50%
□60% □70% □80% □90% □100%

22. 앞의 21번 답변을 기반으로 RxSource로 인한 개선은 얼마나 되었다고 판단하십니까?(예: 상기에 표기한 성과의 50%가 RxSource의 결과라 생각하면 50%에 표기해 주십시오.)
□0% □10% □20% □30% □40% □50%
□60% □70% □80% □90% □100%

23. RxSource는 다음에 대해 중요한 영향을 주었다.(해당되는 것에 모두 표기)
   □ 품질 향상   □ 생산성 향상
   □ 직원 만족 향상   □ 비용 절감
   □ 고객 만족 향상   □ 이슈 해결 중대
   □ 회수 시간의 감소

투자 회수율

24. RxSource는 내 업무 기능을 위한 투자 가치가 있다.

매우 동의함   전혀 동의하지 않음
7 6 5 4 3 2 1 N/A
○ ○ ○ ○ ○ ○ ○ ○

25. RxSource는 CVS Caremark를 위한 투자로서 가치가 있다.

매우 동의함   전혀 동의하지 않음
7 6 5 4 3 2 1 N/A
○ ○ ○ ○ ○ ○ ○ ○

피드백

26. RxSource에서 보통 가장 많이 찾는 정보는 무엇입니까?
   _____

27. RxSoure의 가장 유용한 특징은 무엇입니까?
   _____

28. RxSource가 귀하의 업무와 관련성이 더 높아지려면 RxSource가 어떻게 개선되어야 하겠습니까?
   _____
   _____

설문 완료에 감사드립니다.
완료하신 설문을 강사나 Nathan Faylor(메일 코드: SAT)에게 사내 문서 수발로 보내 주십시오.

[그림 10-3] 참가자 사후 설문

RxSource 리더 설문

본 설문 응답에 시간을 내주서서 감사합니다. 귀하의 답변은 새로 도입한 RxSource의 효과를 측정하는 데 도움을 줄 것입니다. 다음의 항목에 대해 솔직하고 정직하게 답변해 주십시오. 답변은 무기명으로 처리됩니다.

인구통계학적 정보

1. 설문 응답일: _____
2. 위치:
   ☐ PHX   ☐ BHM   ☐ MAR
   ☐ SAT   ☐ WBP   ☐ MTP
   ☐ AFW
3. 귀하의 역할은 무엇입니까?
   ☐ 관리자   ☐ 관리자
   ☐ 시니어 기술 전문   ☐ 그룹 리더
4. 귀하의 1차 부서는 다음 중 무엇입니까?
   ☐ 처방전 입력(번역/Rx 입력)
   ☐ 처방전 검증(PTV/Rx 리뷰)
   ☐ 의사 전화응대(DPC/MD 전화)
   ☐ 참가자 서비스(PRU/환자 서비스)
   ☐ 내부 관여 및 개입
   ☐ 전환, 복귀
   ☐ 임상 돌봄 서비스(임상 상담)
   ☐ 약사 담당
   ☐ NewRX
   ☐ 투약조제
   ☐ 운송
   ☐ 서류 파일링
   ☐ 자재
   만약 다른 업무를 담당하고 있다면 기재해 주십시오.

   _____
5. 얼마 동안 현재 직위를 담당해 오셨습니까?
   ☐ 0~6개월   ☐ 1~4년
   ☐ 7~12개월   ☐ 5년 이상

업무 영향력

6. 포커스 그룹 인터뷰를 진행한 결과, RxSource가 생긴 이후로 관리자들에게 CVS Caremark 절차를 묻는 직원의 질문이 감소했다고 합니다. 질문 수의 감소 경험을 관찰하셨습니까?
   ☐ 예   ☐ 아니요
7. 앞 6번에 '예'라고 답변한 경우, 질문 감소로 매일 얼마의 시간을 절약할 수 있었습니까?
   _____ 분(전체 숫자를 입력해 주십시오.)
8. 앞 답변에 대한 신뢰도는 어느 정도입니까? 0%은 신뢰가 없음을, 100%은 확실함을 의미합니다.
   ☐0% ☐10% ☐20% ☐30% ☐40% ☐50%
   ☐60% ☐70% ☐80% ☐90% ☐100%

경영성과 기여도

9. RxSource는 내 직원의 전반적인 업무 성과를 개선해 주었다.

	매우 동의함					전혀 동의하지 않음	
	7	6	5	4	3	2	1 N/A
	○	○	○	○	○	○	○ ○

10. 귀하는 주어진 요인들을 모두 고려할 때, RxSource 실행 시점으로부터 직원들의 성과 개선은 얼마나 되었다고 추정합니까?
    ☐0% ☐10% ☐20% ☐30% ☐40% ☐50%
    ☐60% ☐70% ☐80% ☐90% ☐100%
11. 앞의 10번 답변을 기반으로 RxSource로 인한 개선은 얼마나 되었다고 판단하십니까?(예: 상기에 표기한 성과의 50%가 RxSource의 결과라 생각하면 50%에 표기해 주십시오.)
    ☐0% ☐10% ☐20% ☐30% ☐40% ☐50%
    ☐60% ☐70% ☐80% ☐90% ☐100%

[그림 10-4] 리더 대상 설문   (계속)

12. 앞의 11번 답변에 대한 신뢰도는 어느 정도입니까?
0%은 신뢰가 없음을, 100%은 확실함을 의미합니다.

□0% □10% □20% □30% □40% □50%

□60% □70% □80% □90% □100%

13. RxSource는 다음에 대해 중요한 영향을 주었다.
(해당되는 것에 모두 표기해 주십시오.)

□품질 향상   □생산성 향상

□직원 만족 향상 □비용 절감

□고객 만족의 향상

□회수 시간의 감소

□이슈 해결의 증대

피드백

16. RxSoure의 가장 유용한 특징은 무엇입니까?

_____

_____

17. RxSource의 어떠한 점이 개선 또는 변화해야 한다고 생각하십니까?

_____

_____

_____

자원 정보

14. RxSource는 직원들에 게 가치 있는 투자다.

매우 동의함   전혀 동의하지 않음
7 6 5 4 3 2 1 N/A
○ ○ ○ ○ ○ ○ ○ ○

15. CUS Caremark를 위해 RxSource는 가치 있는 투자다.

매우 동의함   전혀 동의하지 않음
7 6 5 4 3 2 1 N/A
○ ○ ○ ○ ○ ○ ○ ○

설문 완료에 감사드립니다.

완료하신 설문을 강사나
Nathan Faylor(메일 코드, SAT)에게
사내 문서 수발로 보내 주십시오.

[그림 10-4] 리더 대상 설문

이유

- 경영성과: RxSource와 관련한 직무 성과의 개선

- 투자 회수율(ROI): 회사에 RxSource가 가져다주는 가치

- 피드백: RxSource에 대한 찬반 의견을 요구한 주관식 질문

RxSource 리더 설문([그림 10-4] 참조)

- 인구통계학적 정보: 역할, 부서, 근속 연수

- 직무 영향력: 본인의 구성원(직원)이 RxSource를 활용한 결과로서 업무 관련 절차적인 질문을 답하는 데 사용된 시간의 변화

- 경영성과: RxSource와 관련된 직원 직무성과의 개선

- 투자 회수율(ROI): 회사에 RxSource가 가져다주는 투자 대비 가치
- 피드백: RxSource에 대한 찬반 의견을 요구한 주관식 질문

자료 분석

이번 섹션에서는 자료 수집 계획(〈표 10-1〉 참조)에서 기술한 것처럼, 본 ROI 연구를 위해 얻어진 자료와 성과를 분리하는 방법에 대해 논의하고자 한다. 이후에는 각 평가 단계 및 그와 관련되어 밝혀진 결과들을 기술하고자 한다. 본 섹션의 마지막에서는 RxSource 프로젝트의 ROI를 측

〈표 10-2〉 자료 분석 계획

자료 항목 (통상 4단계)	프로그램/ 프로세스 효과 분리 방법	자료를 금전적 가치로 전환하는 방법	비용 유형	무형의 이익	최종 보고 대상	기타 영향/이슈 적용 중
생산성	추세선/참가자와 관리자의 추정치	표준 가치	도구 개발/프로그램 개발/교육 운영	커뮤니케이션 개선/직원 만족도/사용자 편의성 개선	보고서/임원 스폰서(일반 관리자)에 대한 프리젠테이션/임원 및 관리자에게 전달되는 요약본	기타 다음을 통한 생산성 개선: 코드 입력/시스템 강화, 신규 절차, 현재 절차 변경
품질	추세선/참가자와 관리자의 추정치	표준 가치				
재료 비용	이제까지 출력된 RxSource 문서 페이지에 대한 추정/매뉴얼 출력이 필요한 신규 입사자의 수	문서 출력 비용(자료 비용 및 인건비 포함)				

정하면서 겪은 어려움과 RxSource를 실행한 이후에 겪은 무형의 이익, 금전적 비용 및 이익에 대해 논의할 것이다. 〈표 10-2〉는 수집된 자료를 분석하는 방법이다.

효과 분리

RxSource가 실행된 기간 동안 경영성과 지표에 영향을 주었을 만한 몇 가지 상충되는 요인들이 있었다. 요인들은 다음과 같다.

- 두 달에 한 번씩 진행되는 현재 약국 처방전 프로세싱 시스템의 업그레이드
- CVS Caremark와 AdvancePCS의 합병을 지원하기 위하여 지속적으로 발생하는 시스템, 프로세스 및 문화적인 변화
- 신규 사업 및 회사 통합과 관련하여 발생하는 직원의 이직 및 직원 수 증가
- 매년 1사분기 및 3사분기에 발생하는 신규 고객과 관련된 통신 판매 처방전의 계절에 따른 변화
- 약국의 우선순위와 고객의 요구를 지원하기 위한 프로세스 및 절차의 일반적인 변화

RxSource 툴의 실행과 활용에 직접적으로 관련된 성과 수행 정도를 확인하기 위하여 몇 가지 전략이 활용되었다. 다음은 본 연구를 위해 사용된 방법들이다.

- 추세선: 변화추이를 밝힐 수 있도록 실행 전과 후의 처방전 입력과 확인율 자료를 수집하였다.

- 참가자의 추정치: 454개의 사전 평가 설문과 201개의 후속 설문을 수집하였다. 설문에서 RxSource의 실행으로 인해 그들이 경험한 개선의 정도에 대한 추정치를 물었다. 또한 그들의 RxSource 사용과 직접적으로 연관된 개선 정도를 물었다.
- 직원의 개선에 대한 관리자의 추정치: RxSource 실행에 따른 직접적인 보고의 개선에 대한 추정치를 결정하기 위하여 11명의 관리자들로부터 설문을 수집하였다.
- 자료 출력 비용 절감의 추정치: RxSource는 비용 절감에 직접적인 효과가 있었다. 문서 출력을 외주로 주는 경우에 대한 취득 원가를 산정하였다.

평가 결과

응답자의 인구통계학적 특성

〈표 10-3〉은 사전 평가 및 사후 설문에 대한 응답률이다. 사후 설문에 대한 응답은 사전 평가 대비 현저하게 낮다. 또한 응답률은 통신 판매 시설 내의 사전 평가와 사후 설문 사이에서도 차이가 있었다. 앞으로 다루는 보고된 모든 설문 결과는 회수된 설문 총수를 분석한 것이며, 통신 판매 시설을 별도로 분리하지 않았다.

〈표 10-3〉 사이트별 응답 및 설문

	A	B	C	D	E	F	G	합계
참가자 사전 평가	88	151	158	13	0	2	27	439
참가자 사후 설문	3		63	109	17	17		209
관리자 사후 설문		1	2	6	1		1	11

1단계(반응도/만족도)

〈표 10-4〉는 RxSource에 대한 주된 반응과 RxSource 실행 동안에 제공된 훈련에 관련된 설문 문항에 대한 직원들의 응답 결과다.

〈표 10-4〉 1단계 결과

	퍼실리테이터	코스웨어	환경
평균(10점 척도)	9.20	9.07	8.80
만족/불만족	88.50%	87.12%	82.00%

2단계(학습 성취도)

〈표 10-5〉는 직원들이 RxSource의 실행 동안에 전달된 훈련의 결과로서 성취된 학습에 대한 그들의 인식과 관련된 설문 문항에 대한 응답 결과다.

〈표 10-5〉 단계 2 결과

	학습 효과성
평균	9.01
본인이 중요한 지식과 경험의 습득을 경험하였다고 인지한 사람 비율	87.23%

3단계(적용도/이행도)

적용과 이행은 두 가지 관점에서 측정하였다. 이행은 직원들의 사내망 RxSource 활용 정도를 분석하여 측정하였다. 적용은 직원의 업무 개선 또는 변화를 반영하는 직원 및 관리자의 설문을 통해 측정하였다.

직원의 사용 실적 RxSource의 실행은 4월에 시작하여 그 해 12월에 종료되었다. [그림 10-5]와 [그림 10-6]은 실행되었을 때부터 RxSource 사이트에 대한 사용 및 트래픽 증가다. 지난 6개월간의 자료를 보면(자료 보고 시스템에 문제를 겪은 5월은 제외), 월 평균 2,070명의 직원들이 Rxsource를 활용하였다. 같은 기간 동안 직원들의 월 평균 방문 횟수는 총 29,460건이었다.

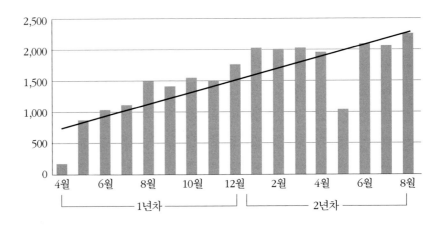

[그림 10-5] RxSource의 순 방문자

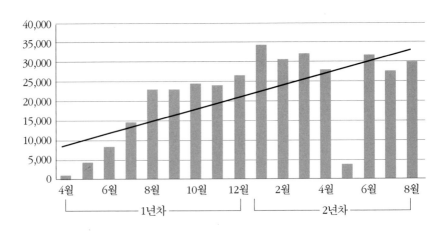

[그림 10-6] RxSource의 총 방문 횟수

직원의 직무 개선　RxSource 사용으로부터 얻어진 대략적인 성과를 계산하는 데 208개의 직원 사후 설문과 추정치, 효과 분리 및 오류 조정 단계를 거쳤다. 〈표 10-6〉은 라인 아이템 평균과 직원 업무 개선의 전반적인 결과다. 그 결과, 인지된 업무 개선은 3%임을 보여 주고 있다.

관리자들이 신규 RxSource 시스템을 사용하고 적절한 시간이 흐른 후에 설문에 응답하였다. 78명의 관리자 중 11명이 응답하였다. 비록 응답률이 유의수준 .05에서 통계적으로 유의미하지는 않았지만, 관리자들이 직원 직무 개선에 대해 느낀 추정치는 직원들이 스스로 느낀 정도와 통상 비슷하였다. 직원들이 3% 개선되었다고 응답했는데, 관리자들은 4.6% 개선되었다고 답변하였다. 〈표 10-7〉은 라인 아이템 평균과 관리자에 의해 추정된 직무 개선의 평균 결과다.

〈표 10-6〉 업무 개선에 대한 직원들의 인지(N=208명)

항 목	평균 응답(%)
RxSource가 실행된 이후의 수행 개선 % 합계	22.4
개선된 수행에 대한 RxSource의 기여	20.6
RxSource에 의한 개선 %(22.4%의 20.6%)	4.61
추정에 대한 신뢰도 조정	65.0
RxSource로 인한 개선 %의 조정치(4.61%의 65%)	3.00

〈표 10-7〉 업무 개선에 대한 관리자의 인지(N=11명)

항 목	평균 응답(%)
RxSource가 실행된 이후의 수행 개선 % 합계	34.0
개선된 수행에 대한 RxSource의 기여	21.0
RxSource에 의한 개선 %(34.0%의 21.0%)	7.14
추정에 대한 신뢰도 조정	65.0
RxSource로 인한 개선 %의 조정치(7.14%의 65%)	4.6

또한 직원들이 정보를 찾는 데 소요되는 시간의 변화에 대한 실행 전과 실행 후의 자료도 수집하였다. RxSource를 사용하기 이전에는 직원들이 절차 업데이트와 확인을 위해 출력된 메모의 바인더를 찾아다녔다. RxSource를 만든 가장 중요한 요인 중 하나는 전자 검색이 가능하다는 것이었고, 이로 인해 검색 시간이 줄어든다는 점이었다. 〈표 10-8〉은 시간 차이를 보여 주고 있다.

RxSource는 정보 검색에 소요되는 시간의 감소를 목표로 하고 있다. 그런데 〈표 10-8〉의 자료 결과를 보면, 검색 시간이 증가하였음을 알 수 있다. 이 결과가 문제가 되었으며, 동시에 결과를 설명해 줄 수 있는 추가적으로 고려해야 할 사항이 있었다.

본 섹션 도입 부분에 언급한 것과 같이, 사후 설문 응답률은 사전 평가 응답률보다 훨씬 낮았다(〈표 10-3〉 참조). 또한, 두 설문은 응답자의 지역적 분포에 있어서도 상당한 차이를 보였다. 사전 평가를 완료한 사람들과 사후 설문을 완료한 직원들이 다른 직원의 샘플일 가능성이 있음을 의미한다. 만일 이것이 사실이라면, 본 비교에 대한 타당도는 매우 낮아진다.

CVS Caremark 자료가 아닌 정보를 찾는 데 소요된 시간은 RxSource 프로젝트 범주에 포함되지 않았다. CVS Caremark 자료가 아니더라도

〈표 10-8〉 직원 사전 평가와 사후 설문의 검색 시간 비교

설문 질문	사전 평가	사후 설문	차 이
하루에 CVS Caremark 정보가 아닌 정보를 찾는 데 소요되는 시간	9.14분	12.90분	+41.14% (3.76분)
하루에 CVS Caremark 절차 자료를 찾는 데 소요되는 시간	13.73분	19.49분	+41.95% (5.76분)
한 주간에 필요한 정보를 찾을 수 없었던 횟수	2.10	3.27	+1.17

CVS Caremark의 다른 아이템을 인증하는 데 도움이 되는 통제 아이템 검색에 대한 측정은 설문에 포함하였다. RxSource가 CVS Caremark 자료가 아닌 것을 입증하기 위한 기능을 포함하고 있지 않기 때문에 달라지는 것은 아무것도 없어야만 한다. 하지만 결과상으로 보면 직원들이 검색에 소요하는 시간이 41.14% 증가하였다. 이러한 사실은 앞의 설문 응답자에 대한 추가적인 논의가 필요하다는 것을 의미한다. 흥미로운 것은 CVS Caremark의 특정 자료를 검색하는 데 소요되는 시간이 41.95%로 밝혀졌다. 만일 CVS Caremark의 외부 자료를 검색하는 시간이 유효한 측정자료라고 한다면, 실제 검색 시간은 (증가도 감소도 아닌) 미미한 변화임을 의미한다.

마지막으로, 자료가 검색 효과성만의 감소를 정확하게 반영하지 않을 수 있다. 실행이 이어지는 몇 달간 RxSource의 검색 기능을 활용하는 데 어려움을 겪는 것이 목격되었기 때문이다. 검색 단어 하나만 입력해도 수많은 검색 결과가 나타났다. 이전에는 종이 문서를 찾고 본인만의 라벨을 붙였지만, 이제는 검색 결과를 좁히기 위한 특수 용어와 필터링의 조합을 활용해야 하는 것이다. 몇몇 직원들은 인터넷 검색과 원리가 비슷하다는 것을 알고, 검색 방법을 빨리 습득했다. 하지만 어떤 사람들은 검색 역량을 갖추는 데 다소 시간이 걸려 어려움을 겪었다. 추가적으로, RxSource는 중대한 변화와 표준화를 미리 실행하였다. 지역별 문서가 업로드되자, 이를 합치고 수정해야 하는 상황이 발생하였다. 이에 따라, RxSource는 지속적으로 업데이트 되었고, 이로 인해 직원들은 원하는 정보를 찾는 데 어려움을 겪었을 수 있다.

앞에서 보고된 업무 수행의 변화 수치와 더불어, 직원들이 RxSource를 성공적으로 사용하기 위한 촉진 요인 및 장애 요인에 대한 정보도 수집하였다. 〈표 10-9〉와 〈표 10-10〉이 그러한 요인들이다.

〈표 10-9〉 RxSource 사용 촉진 요인

질문 문항: 아래 항목 중에 RxSource를 사용하는 데 도움이 된 요소를 모두 체크하세요.

항 목	평균 응답(%)
RxSource를 활용할 기회가 있었음	47
경영진의 지원	21
동료들의 도움	23
RxSource에 대한 이해와 충분한 지식을 갖춤	35
RxSource가 유용하고 실용적임	36
RxSource 사용이 편리함	34

〈표 10-10〉 RxSource 사용 장애 요인

질문 문항: RxSource를 사용할 수 없었다면, 그 이유를 모두 체크해 주세요.

항 목	평균 응답(%)
RxSource가 유용하고 실용적이지 않음	14
사용을 방해받거나 사용하지 않게 함	6
RxSource를 활용할 기회가 없었음	5
RxSource를 활용할 필요가 없었음	6
RxSource 사용이 불편함	8
다른 좋은 방법이 있음	1

4단계(경영성과 기여도)

본 프로젝트가 직원의 개인별 성과에 얼마나 영향을 주었는가(단계 3)를 파악하는 것과 더불어 전반적인 직무 결과에 얼마나 영향을 주었는지를 측정하는 것도 중요하다. 이를 위해 품질과 생산 추이에 대한 자료와 출력 형태가 아닌 온라인에서 생성되는 문서에 대한 분석 자료를 수집하는 계획을 수립하였다.

품질　[그림 10-7], [그림 10-8], [그림 10-9]과 [그림 10-10]은 외부

불만과 내부 오류 비율에 대한 것이다. [그림 10-7], [그림 10-9] 그래프
는 시기별 실제자료이며, [그림 10-8], [그림 10-10] 그래프는 자료의 추
세다. 화살표는 특정 우편 주문 시설에서 RxSource가 실행된 시작일이
다. 자료를 보면 RxSource의 실행이 4개 시설 모두의 오류 추이에 (긍정
적·부정적으로) 영향을 미치지 않았음을 보여 준다. 이러한 상승 및 하락
경향은 RxSource 이후에도 지속되었다.

생산성　[그림 10-11], [그림 10-12], [그림 10-13]과 [그림 10-14]는
처방전 입력과 처방전 인증률이다. [그림 10-11], [그림 10-13] 그래프는
실제자료를 보여 주며, [그림 10-12], [그림 10-14] 그래프는 자료의 추
이다. 이와 마찬가지로 화살표는 특정 우편 주문 시설에서 RxSource가
실행된 일자를 의미한다. 자료는 RxSource의 실행이 4개 시설 모두의 비
율 추이에 (긍정적·부정적으로) 영향을 미치지 않았음을 보여 준다. 이러
한 상승 및 하락 경향은 RxSource 이후에도 계속되었다.

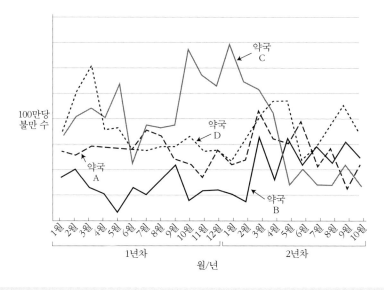

[그림 10-7] 100만당 외부 불만 수

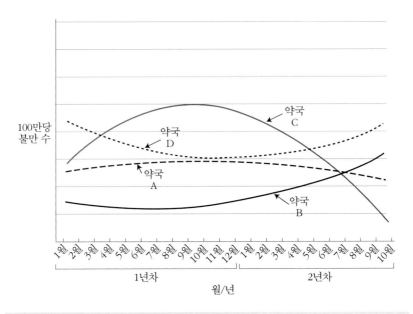

[그림 10-8] 100만당 외부 불만 수의 추이

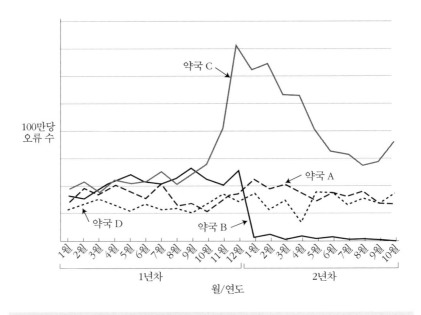

[그림 10-9] 100만당 내부 오류 수

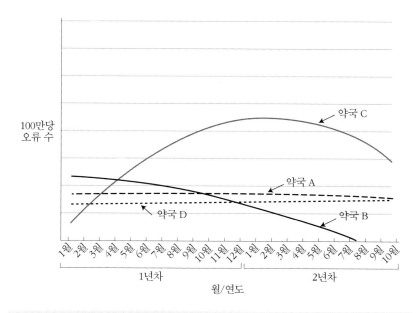

[그림 10-10] 100만당 내부 오류 추이

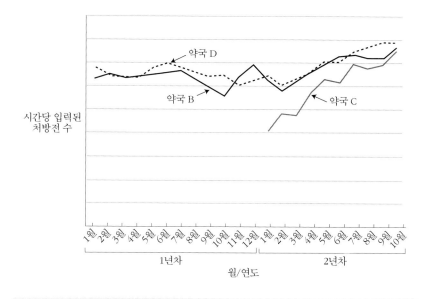

[그림 10-11] 처방전 입력률

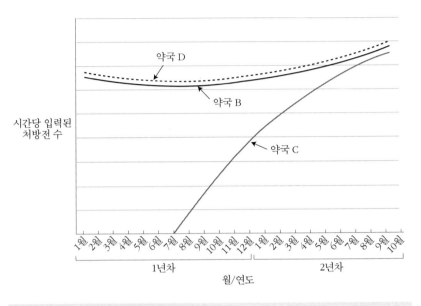

[그림 10-12] 처방전 입력률 추이

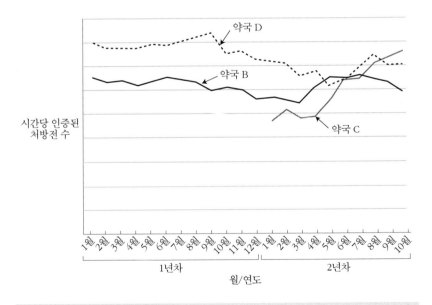

[그림 10-13] 처방전 인증률

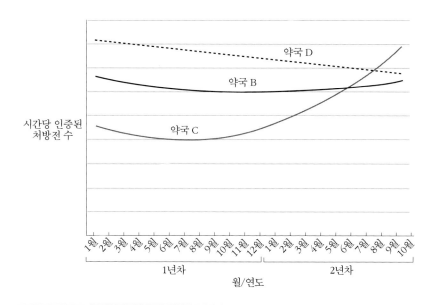

[그림 10-14] 처방전 인증률 추이

자료 출력 감소   자료 출력 비용과 관련하여 두 가지 주요 이익이 기대되었다. 한 가지는 교육훈련 자료의 출력 감소다. RxSource 이전에는 한 강의당 훈련 매뉴얼이 700~1,000페이지 가량이었다. 두 번째는 사업 부서에서 커뮤니케이션을 위해 활용되는 자료들(메모, 프로세스 업데이트 등)의 출력 비용을 없애려는 점이었다. 이 두 가지에 관련된 비용은 후에 자료 전환 부분에서 다루겠다.

다수의 직원들은 훈련 매뉴얼 출력본을 요구해 왔는데, 각 매뉴얼의 비용은 RxSource에 업로드된 훈련 정보에 대한 비용 절감 정도가 된다. RxSource에 업로드된 정보 문서의 수를 보면, 얼마만큼의 정보를 직원들이 출력해 왔는지를 알 수 있다. 업무 설명서, 직무 보조도구, 참고 차트, 공지사항 및 내용 요약 등이 주요 출력물이다. 문서 수와 문서의 유형별 평균 페이지 수, 각 문서를 출력 또는 배포한 직원의 수에 대한 자료가 RxSource 이전에 출력된 문서의 페이지 수를 산정하는 데 활용되

〈표 10-11〉 출력이 필요 없는 자료

항 목	페이지 수
훈련 매뉴얼	54,023
업무 설명서/메모	4,895,397

었다. 〈표 10-11〉은 출력이 필요 없었던 페이지 수다.

기타 경영 지표에 영향을 주는 요인　사후 설문에서 직원들에게 RxSource가 핵심 성과 지표에 어떻게 영향을 미쳤다고 생각하는지에 대해서도 설문하였다. 경영지표의 변화는 회사 내 프로젝트와 핵심 집중 영역 간의 일치 정도다. 〈표 10-12〉의 응답은 지표 측정과 결과에 대한 RxSource의 영향력에 관한 직원들의 인식 정도다.

〈표 10-12〉 경영성과 일치 정도

항 목	선택된 비율(%)
품질 향상	44
이슈 해결 증가	29
생산성 향상	24
회수 시간 감소	18
직원 만족 증대	11
고객 만족 증대	10
비용 절감	9

자료 전환

〈표 10-13〉은 RxSource 시스템을 개발하기 위해 투입된 비용을 요약한 것이다. 이 비용은 RxSource를 개발, 구축, 테스트 및 훈련하기 위한

실행 이전 및 실행 기간에 발생한 금액이다.

다음의 자료는 RxSource 실행 이후의 1년간 실현된 이익을 보여 주고 있다(1년 차 10월 1일에서 2년 차 9월 30일). 전자상으로 배포될 수 있는 출력 비용의 절감도 포함된 금액이다. 직원들의 1년간 성과 개선에 대한 추정치도 계산에 포함되었다(〈표 10-14〉 참조). 성과 개선의 가치는 기본적으로 평균 급여와 복리후생비에 기반하여 계산하였다. 생산성과 품질 향상의 실 측정치는 보다 정확한 재무적 가치 환산을 위하여 금전 단위로 전환하였다. 활용성 분석의 개념을 고려하여 금전적 가치는 급여와 복리

〈표 10-13〉 프로젝트 비용

항 목	단위/가치	비용($)
시스템 개발 컨설턴트 비용	시스템 개발 청구서 비용	56,000
직원 시간 및 복리후생비	1919.5시간@시간당 41.32$	79,314
훈련/실행 강사 급여 및 복리후생비 (1.25시간 훈련 및 준비)	50개 강의@시간당 32.52$	2,032
훈련 참가자 급여 및 복리후생비 (1시간 훈련)	1012@시간당 29.59$	29,945
합 계		167,291

〈표 10-14〉 프로젝트 이익

항 목	단위/가치	비용($)
자료 출력(비용 감소)		
다양한 강의에 활용되는 훈련 매뉴얼	훈련 참가 직원 3,538명 (종이와 바인더 비용)	6,559
RxSource에 게시된 업무 설명서/메모	3,671,548페이지(페이지당 0.08$)	293,784
12개월간 성과 개선에 대한 직원 추정치(3%)	RxSource를 교육받은 참가자 1,012명 연간 평균 61,547$(급여+복리후생비)	1,868,567
합 계		2,168,850

후생비 그리고 RxSource와 연관된 성과 기여를 기반으로 계산하였다.

　RxSource를 구현하였지만 우편 주문 약국에서의 출력을 완벽하게 제거할 수는 없었으며, RxSource의 출력 감소량은 25%였다. 장당 출력 비용에는 종이 비용, 장비, 문서 출력을 위해 투입되는 담당자의 시간이 포함되어 있다.

투자 회수율 계산

투자 회수율(ROI)은 다음의 공식을 활용하여 계산하였다.

$$\text{ROI} = \frac{\text{프로그램 순이익}}{\text{프로그램 비용}} \times 100$$

　앞에서 계산된 비용 167,291달러와 이익 2,168,850달러를 바탕으로 ROI는 다음과 같이 도출되었다.

$$\text{ROI} = \frac{2{,}168{,}850\$ - 167{,}291\$}{167{,}291\$} \times 100 = 11.96 \times 100 = 1{,}196\%$$

이러한 결과는 다음과 같은 자료 활용을 통해 얻어진 수치다.

- 주요 비용을 포함한 계산(RxSource)의 설계, 실행, 훈련에 관련된 직원 급여와 복리후생비
- 업무 개선에 대한 직원들의 추정이 타인의 관찰, 측정의 대상이 아닌 자의 보고로 편견이 반영되었을 수 있는 점을 고려하여 35% 감소시킴(대표적인 학습 측정 회사인 KnowledgeAdvisors에 의해 수행된 연구 참

조). 나아가 연구 1년 차 10월 31일에 훈련된 직원만을 대상으로 성과 개선 정도를 계산하였다. 그들의 답변은 1년 후 RxSource를 사용한 전 직원의 수로 확대 해석하는 데 사용되지 않았다. 따라서 실제 생산성 증가에 대한 총 금전적 가치는 계산된 것 이상일 수 있다.

- RxSource가 메모, 업무 설명서 등의 문서에 대한 출력 요구를 제거하기 위해 설계되었지만, 25%만이 절감되었다. 여전히 일부 출력이 가능하기 때문에 출력 감소가 적었다고 추정할 수 있다. 이와 같이 추가로 감소 가능한 출력을 제외하더라도 25%의 감소는 120만 페이지(97,000달러 이상의 가치)와 동일한 수준이다.

주어진 결과에서 RxSource 프로젝트를 위한 ROI는 최소 1,196%다. 재무적 계산에 대해 몇몇 사람들은 성과 개선이 대차대조표상의 비용 절감이나 수익 증대와 직접적인 관련이 없으므로 ROI 계산에 포함되지 않아야 한다고 주장했다. 이에 따라 성과 개선을 제외하고 ROI를 계산하여도 여전히 ROI는 긍정적으로 높은 수준이다.

$$ROI = \frac{300,343\$ - 167,291\$}{167,291\$} \times 100 = 0.795 \times 100 = 79.5\%$$

무형의 결과

유형의 금전적인 이익과 더불어, 몇 가지 무형의 이익을 확인할 수 있었다. 무형의 이익이 금전적 가치로 전환되지 않더라도, RxSource를 사용하는 회사와 비즈니스 단위에 내재적인 가치를 제공한다는 것을 알 수 있다. 다음 내용에 각각의 무형의 이익을 간략히 논의하였다.

시설별 프로세스의 차이 확인   RxSource 프로젝트의 가장 중요한 무형의 이익 중 하나는 7개의 우편 판매 시설의 프로세스가 다양하다는 점을 확인한 것이다. RxSource를 통해 필요한 문서 작업의 프로세스와 부서 및 사이트별 업무 프로세스, 업무 설명서, 표준 운영 절차(SOP)를 수집할 수 있었다. 컨텐츠 개발팀이 문서를 검토한 결과, 7개 시설마다 상당한 차이가 있음이 발견되었다. 표준화가 매우 절박하다는 이러한 확인을 통해 SOP 추진위원회 재구조화와 강화 조치를 취했다.

프로세스 표준화   7개 시설 간의 프로세스 차이 발견을 통해 프로세스 분석과 사이트 간에 조정이 필요하게 하였다. 그 결과, 업무 프로세스를 규명하고 수정하기 위하여 내부 부서 및 시설 간 부서들의 조정이 필요했다. 다시 말해, 7개 시설의 효율성을 증진하면서도 프로세스 표준화를 유지할 수 있는 시설의 부서 내는 물론 시설 간 소통을 강화해야 한다는 점이 밝혀졌다.

오래된 문서와 관련된 위험 감소   RxSource가 가장 최근에 업데이트된 문서를 저장하고 보여 주는 기능을 갖춤으로써, 직원들이 오래된 자료를 활용하는 경우가 줄어들기 시작했다. 관리자와 직원 모두 가장 최신의 정확한 정보를 참고하는 것이 가능하다는 점에 신뢰감을 가졌다.

훈련의 전달 용이성   RxSource는 운영 강사에게 도움이 되는 핵심 훈련 자료가 되었다. 이 시스템은 사내망 내의 링크를 통해 접근 가능하기 때문에 강사들은 업무 설명서나 훈련 문서를 짧은 공지사항으로 보여 줄 수 있고, 다양한 장소와 환경에서도 훈련이 가능하게 되었다(모든 수업에 자료 복사나 출력이 더 이상 필요하지 않음). 또한, 훈련 종료 후에도 참가자들은 언제나 RxSource를 통해 동일한 문서를 활용할 수 있게 되었다.

문서 이동 용이성　앞서 설명한 바와 같이, CVS Caremark는 전국에 흩어져서 위치한 7개의 우편 주문 약국을 운영하고 있다. 때문에 RxSource에서 전자 문서가 가능하다는 점은 사이트마다 프로세스 문서에 접근이 쉬워지고 가시성이 용이해졌다는 것을 의미한다. 따라서 경영진은 다양한 지역에 걸쳐 업무를 분배할 수 있게 되었다. 직원들은 RxSource에 접속하여 어느 사이트에서나 가장 최신의 정확한 정보를 보고 있다는 점을 신뢰하게 되었다.

앞에서 언급된 무형의 결과 및 이익은 RxSource의 사용자들에게 중요한 가치를 제공하였다. 결국 당초 RxSource 실행 연구에서 제외되었던 우편 주문 부서도 RxSource가 실행되기를 원하는 결과를 낳았다. 더 나아가, 우편 주문 시설 외의 지역에서도 효과적인 문서 저장 및 훈련 툴을 활용하기를 원하게 되었다.

논 의

본 연구는 CVS Caremark의 우편 주문 약국을 위한 RxSource를 만들고 실행하는 데 대한 활동, 비용 및 효과를 살펴보았다. 다양한 관점에서 RxSource의 가치를 평가하기 위한 연구를 설계하였다. 첫째, 직원들의 정보 검색을 살펴보기 위한 설문을 설계하였다. 설문 문항은 생산성 개선에 대한 직원들과 그들의 관리자들의 인식을 묻는 문항으로 구성되었다. 둘째, RxSource가 전반적인 생산성 및 품질 지표에 영향을 주었는지 살펴보기 위하여 업무성과 자료를 수집하였다. 마지막으로, 문서 출력량을 분석하였고, 이는 인쇄필요없이 온라인에서도 접근 가능한 문서에 대한 금전적 이익을 결정짓는 데 활용되었다.

전반적으로, RxSource 실행에 대한 보고된 이익과 계산된 ROI는 긍정적이었다. 프로젝트와 관련된 비용 및 이익을 모두 고려한 후의 12개월 동안의 ROI는 1,196%였다.

CVS Caremark의 ROI 연구 수행을 통해 ROI 프로세스에 대해 많이 배울 수 있었다. 이후의 내용은 본 연구 수행이 지니는 본질적인 도전과 시사점에 대해 추가적으로 논의한 것이다.

장애 요인

본 연구를 통하여 몇 가지 극복 또는 적응해야 하는 어려움을 겪게 되었다. 자료 수집과 분석 계획에 대한 수정은 연구 지속성에 영향을 주었으며, 몇몇 결과에 제한점을 안겨 주었다. 주요 어려움은 다음과 같다.

설문 표본의 분포   RxSource 사용자들의 사전 설문을 완료한 직원 집단이 사후 설문을 완료한 집단과 동일하지 않았다. 따라서 RxSource 사전과 사후에 대한 직접적인 비교가 어려웠다. 두 지역에서 가장 극명하게 드러났다. 첫째, 사전-사후 설문 모두에서 다른 응답률이 나타났다(〈표 10-3〉참조). 둘째, 각 설문 집단의 완료율에 유의미한 차이가 있었다. 예를 들어, RxSource 사후 설문보다 사전 설문의 응답률이 높았다(〈표 10-15〉참조).

〈표 10-15〉 설문 응답률

설문	응답률(%)
RxSource 사용자 사전 설문	41
RxSource 사용자 사후 설문	18
RxSource 리더 설문	15

추세선 생산성 변화를 규명하기 위해 수집된 자료가 그다지 결정적이지 않았다. RxSource 실행 이전에는 처방전 기입과 인증률이 월별로 차이가 있었다. 하지만 실행 이후, 이들 수치에는 뚜렷한 변화가 없었고, 이는 동일한 변화 때문에 일어난 일이다. 실제로 질적으로 측정해 봐도 동일한 것이 맞다. 처방전 입력과 인증 오류율을 실행 사전, 사후에 수집해 보았을 때도 변화 추이는 없었다. 그러므로 생산성 또는 품질의 개선 또는 감소를 측정하는 것은 불가능하였다. 개선을 확인하기 위한 두 번째 방법은, RxSource 활용에 따른 생산성 개선 비율에 대한 직원들의 추정치를 묻는 사후 설문을 진행하는 것이었다. 효과 분리와 오류 조정의 원칙을 활용하여 생산성 개선은 3%임을 알 수 있었다.

시간 추적 RxSource 실행에 직원들이 활용한 시간 자료를 분석한 결과, 어려움이 발생하였다. 본 프로젝트에 배치된 모든 직원이 RxSourrce에 접속한 시간을 답변하였다. 그러나 허용된 실습시간이나 그런 실습할 문화가 없다고 답변하였다. 자동 시간 추적 또는 손쉬운 시간 추적 방법도 불가능하였다. 불행하게도, 프로젝트 종료 시점에 프로젝트 동안 풀타임 기록을 보여 준 직원은 아무도 없었다. 대안으로, 그들이 추정하는 시간을 금전적 가치로 전환하여 그 자료를 활용하였다.

업무 프로세스의 변화 RxSource 출시는 우편 주문 약국에 따라 단계별로 진행되었다. 왜냐하면 새로운 출시는 몇 달에 걸쳐 진행되었고, 그동안 다른 요인들이 생산성과 품질에 영향을 미쳤을 수 있었기 때문이다. 추가적으로 몇 가지 핵심 업무 프로세스가 RxSource 신규 출시 시점에 바뀌거나 조정되었다. 상당수의 문서들이 주기적으로 업로드되었다. 시스템 중단이 자주 있다 보니 정보의 정확성에 대한 걱정도 생겼다. 많은 직원들이 RxSource의 정보는 찾기 쉬운 반면, 오래되었고, 부정확하며, 상충된다고 느꼈다. 이와 같이 몇 달 동안 지속적인 동요가 발생하다 보니 더 오랜 기간 동안 검색하지 않게 되었고, 도구에 대한 신뢰도도 떨어지게 되었다.

시사점과 권장사항

프로젝트 도중 겪은 어려움들은 가치 있는 학습 기회가 되었고, 다음의 시사점을 남겼다.

유효 샘플 수

본 연구 계획에 있어 바람직한 샘플 크기를 산정하였다. 모두에게 설문을 요구하는 낭비 없이 RxSource에 영향을 받는 대표적인 유효 집단에게 충분한 답변을 받으려는 의도였다. 그러나 이러한 결정은 몇 명을 대상으로 설문을 진행하는가와는 상관이 없었다. 이러한 샘플링은 선택된 유효 샘플들이 동일한 특성(homogeneous)을 가졌을 때 의미가 있는 샘플링이라 할 수 있다. 본 연구의 대상인 약국들은 기존의 문화와 관련이 되는 두 가지의 주요 처방전 진행 플랫폼을 기반으로 운영되고 있었다. 추가적으로 몇 개의 사이트는 업무 설명서와 관련하여 다른 사례들이 있는 곳이었다. 이를 바탕으로 단순히 응답률 합계를 내는 것보다 각각의 설문 세부 그룹을 설정하여 이에 맞는 바람직한 샘플 규모를 결정했어야 했다(본 연구에서는 약국의 위치가 세부 집단의 기준이 될 수 있음).

샘플 대표성의 중요성은 RxSource 실행 사전-사후 설문의 응답자 분포에서도 나타났다. 주로 응답자의 약국의 위치에 따라 두 가지 샘플 간에 명확한 차이가 있었다. 이를 해결하기 위해 사이트별로 대표 샘플을 확인하는 것이 한 가지 방법이 될 수 있다. 만약 이 방법이 불가능하다면, 사전–사후 설문을 비교하는 타당성을 확신할 수 있도록 적어도 설문에 응답한 샘플이 사전–사후가 동일하도록 조정해야 했다.

응답률

응답률과 관련하여서는 두 가지 시사점이 있다. 첫째, 생산 중심의 환경에서는 경영진의 현장 리더들의 참여와 직원의 시간을 관리하는 리더십에 대한 요소가 매우 중요하다. RxSource 전체에 대한 스폰서십은 강하였지만, 저자는 본 연구가 구체적으로 지속되고 측정될 수 있는 구체적인 스폰서십을 얻는 데는 실패하였다고 본다. 그렇기 때문에 개별 관리자들이 설문에 응답하는 것을 유도하는 정도에 따라 응답률이 달리 나왔다. 가시적인 스폰서십 없이 회사 리더와 그들의 팀 내에서 자발적으로 참여하라는 것은 어려운 일인 것을 알게 되었다. 둘째, ROI 연구를 수행할 때는 적절한 샘플 크기를 수집하기 위해 응답률을 철저히 모니터링해야 한다. 저자는 설문이 회수되기를 기다리기보다는 설문이 수집되는 동안 더 적극적으로 모니터링하고 반응을 이끌어 내었어야 했다. 만일 더 면밀하게 모니터링했더라면, 일부 사이트의 응답률 평균은 높아졌을 것이다.

측 정

바람직한 측정을 할 수 있는 역량이 중요하며, 본 연구에서는 두 가지 측정이 매우 복잡하였다. 두 가지 측정을 간단히 표현하면 프로젝트에 투입된 시간과 노동력이다. 프로젝트에 투입된 업무 시간 트래킹에 대한 제대로 된 자료 없이 근로 비용을 산정하는 것은 어려웠다. 향후 ROI 연구는 초기부터 직원들이 시스템을 사용한 시간을 정확하고 쉽게 트래킹할 수 있는 이슈를 명백하게 논의하여 추정치에 의거한 계산을 지양하도록 해야 하겠다.

또한 본 연구는 생산성과 품질이라는 두 가지 핵심 비즈니스 지표에서 변화를 측정하고자 하였다. 앞서 설명한 바와 같이, 저자는 RxSource의 실행 전과 후의 추세를 규명할 수가 없었다. 이는 자료 속성 자체 때문이기도 하나, 다음의 몇 가지 변화가 큰 도움이 될 수 있겠다.

- 연구 시작 전에 가능한 자료를 파악해야 한다. 보통 품질과 생산성 자료에 대한 일반적인 지식을 가지고 있기는 하지만, 어느 정도의 자료가 본 연구에 포함되어야 하는지는 알지 못하였다. 자료 수집과 분석 계획 내에서 보고에 관련된 자료에 대한 깊이 있는 이해와 자료의 미묘한 차이에 대해서도 연구 시작 전에 본 연구처럼 다른 대안을 선택하기에 앞서 살펴보아야 한다.
- 추세선 분석을 사용해야 하는 때를 알아야 한다. 추세선 분석은 측정 시점 동안 외부적인 변화가 최소인 수준일 때만 유용하다. 본 연구가 진행되는 몇 개월 동안은 두 개의 회사가 합병되고, 약국 지원의 현격한 업그레이드가 시행되는 등 상당한 비즈니스 변화가 발생하였다. 이러한 최근의 변화와 직원들의 이에 대한 적응은 생산성과 품질의 유용한 자료를 얻는 데 걸림돌이 될 수 있다.
- 자료 수집 계획에 과잉성을 가질 필요가 있다. 본 연구가 도움이 안 되는 추세선 분석으로 인해 위협을 받은 반면, 직원들의 성과 개선에 대한 인식 추정치 분석은 연구에 도움을 주었다. 이 같은 설문 질문을 포함하고, 궁극적으로 연구 결과에 확신을 더 하기 위해서는 반드시 '플랜 B'를 가지고 있어야만 한다.

결 론

RxSource는 CVS Caremark 약국 운영에 몇 가지 이점을 가져다주었다. 앞서 논의된 바와 같이, 회사 전체 차원에서 문서를 온라인으로 쉽게 접근할 수 있게 해 주었으며, 부서 간에 상호 의존할 수 있게 하였고, 업무 프로세스와 실제에 대한 열린 소통이 가능하도록 하였다. 또한, RxSource는 문서 출력 비용을 절감시켜 주었으며, 오래된 자료를 참고하는 위험을 감소시켜 주었다. 직원들의 추정에 의하면, 그들의 생산성 향상에도 기여하였다. 이와 같은 측정 가능한 내용과 무형의 이익 모두를 고려하였을 때, RxSource는 전반적으로 회사의 가치에 기여하였다고 보인다. ROI 계산은 시스템 설계 및 실행 비용을 능가하는 측정 가능한 이익을 의미한다.

RxSource 툴의 가치는 점차 증가할 것이다. 실행 후 첫해에는 부서와 직원들이 RxSource를 활용하는 데 익숙해지는 몇 가지 변화를 발견할 수 있었다. 이러한 변화는 RxSource 컨텐츠의 변화와 정보를 찾는 데 있었던 예상치 못한 어려움들을 수정하는 등 많은 변화를 가능하게 하였다. 그러나 이러한 수정을 거치는 어려움들에도 불구하고 본 연구는 RxSource가 여전히 가치를 제공하고 있음을 알 수 있다. 향후 시스템이 통합되고 업무 프로세스가 더 표준화되면, RxSource의 활용은 더욱 용이해질 것이다. 직원들은 필요한 문서 위치를 찾는 데 더욱 능숙해질 것이며, 생산성과 품질 향상에도 긍정적인 영향을 미칠 것이라 생각한다.

토론을 위한 질문

1. 저자는 ROI 계산을 가장 보수적으로 하고 무형의 가치를 금전화하는 것에 회의적인 사람들을 설득시키기 위해 ROI 1,196%를 79.5%로 조정하였다. 여러분은 이 접근에 동의하는가? 여러분의 업무 환경에서 성과 개선의 추정치는 어떻게 산정할 수 있겠는가?

2. 본 연구가 진행되는 동안 신규 RxSource 시스템의 효과를 측정하고 분리하기 위한 몇 가지 어려움을 겪었다. 연구와 관계없는 다른 요인들이 경영 성과 지표에 영향을 미치는 것을 고려할 때, 여러분은 연구 방법이나 접근을 어떻게 바꾸겠는가?

3. 본 프로젝트 수행에 도움이 되는 추가적인 스폰서 관여가 있다면 어떠한 방법이겠는가? 여러분의 회사에서 ROI 프로젝트를 위한 적절한 스폰서십을 확인하는 방법을 3~5가지 규명해 보시오.

4. 직원 집단 사이에 설문 응답률을 높이기 위해 사용될 수 있었던 방법을 규명해 보시오.

5. 본 연구가 포함하지 않은 다른 비용이 있다면 무엇이겠는가?

6. 몇몇 자료들은 주요 자료 수집 계획과 다르게 수집되었다. 계획을 엄격하게 준수하는 것이 중요한지, 예상하지 못한 환경에 적응하는 것이 맞는지 논의해 보시오.

저자에 관하여

Nathan Faylor

그는 CVS Caremark의 학습 및 수행관리 관리자다. 그의 팀은 미국 전역의 Caremark Pharmacy 서비스 직원들에게 교육훈련을 제공하고 있다. 관련 문의는 CVS Caremark, 6950 Alamo Downs Parkway, San Antonio, TX 78238과 이메일 nrfaylor@sbcglobal.net으로 가능하다.

Isabelle Maisse

CVS Caremark의 SAP 비즈니스 시스템 자문가이며, 신규 시스템 기능 설치와 관련하여 내부 고객들에게 서비스를 제공하고, 현재의 기능을 업그레이드하는 역할을 담당하고 있다. 연락처는 CVS Caremark, 2105 Eagle Parkway, Fort Worth, Texas 76177이며, 이메일은 isabelle_maisse@yahoo.com이다.

Kristen Neal

CVS Caremark 메일 서비스 부서의 약사인 그녀는 회사 품질 부서에서 근무하고 있으며, 임상 정보의 정확성을 위해 전화 통화를 모니터링 및 평가한다. 주로 참가자의 만족도를 증진하기 위한 프로세스 개선 기회를 규명하는 업무를 담당하고 있다.

제 **11** 장

성과향상 훈련 프로그램의 ROI 예측

-건강관리 회사 사례-

요 약

지역병원(The Hospital District: THD)의 성과향상 부서에서는 운영 중인 성과향상 프로그램이 업무수행 과정, 서비스, 환자 만족도 등의 측면에서 효율적인가에 대해 관리, 평가하고 있다. 성과향상 책임자의 중요한 역할은 대규모 건강관리 조직에서 필요로 하는 조직 차원에서의 학습요구를 파악하여 모든 근로자의 요구와 연계시키는 것이다. 또한 모든 구성원이 쉽게 받아들일 수 있고, 조직이 목표하는 바인 '최고 효율적인 조직'을 달성할 수 있는 프로그램을 개발하는 것이다. 훈련 프로그램의 ROI를 계산하기 위한 방법으로는 Phillips의 평가 전략을 사용하고 있다.

배 경

의료 조직에 있어서 환자를 효과적으로 안전하게 돌보는 수준을 측정하는 것은 매우 중요한 이슈다. 수년 동안 병원 인가 기관에서는 병원 평가에 대해 점점 더 엄격한 규정을 적용해 왔다. 따라서 의료 기관이 사전에 환자의 안전과 관련된 잠재적인 이슈들을 파악해 내는 것이 더욱 중요해졌다. 또한 파악한 이슈들을 분석하고, 그 이슈들을 다루는 실행계획을 개발·실행하며, 새롭게 시행하는 프로세스에 따라 직원들을 교육시키며, 이 모든 프로세스가 효율적으로 활용되었는지에 대해 평가해야 한다.

지역병원(THD)은 텍사스에 위치한 지역사회 소유의 건강관리 조직으로, 3개의 병원, 12개의 건강관리센터, 1개의 치과센터, 8개의 학교 협력 의료기관, 4개의 이동진료소로 구성되어 있다. THD에 고용된 사람들은

6천 명이 넘으며, 주로 2개의 의과대학에 근무하며 저소득층과 홈리스를 포함한 지역 주민들에게 의료 서비스를 제공하고 있다. 조직의 목표를 달성하고 안전한 환자 진료와 관련된 프로세스를 향상시키는 데 필요한 인력 투입을 줄이기 위해 THD의 성과향상 부서에서는 현재 운영 중인 성과향상 프로그램에 대한 평가와 성과 달성 프로세스, 서비스, 환자의 안전 등의 측면에서의 효과성을 측정하는 책무를 담당하고 있다.

지역 성과향상위원회(District Performance Improvement Committee)와 품질검토위원회(Quality Review Council)로부터 협조를 얻는 것은 지역 프로그램 성과향상 담당 국장이 맡았다. 품질검토위원회는 성과향상 계획의 모든 부분에 대한 검토를 담당하였으며, 지역 성과향상위원회는 환자의 안전 이슈 등과 같은 광범위한 계획들을 검토하였다. 아울러 고위 임원, 감독관, 일반 관리자, 스태프들과의 관계를 형성하였으며, 간호사, 물리치료사, 보안담당, 환경미화원들과의 관계 형성도 담당하였다.

조직의 미션은 "고품격 의료 서비스를 지역 주민들에게 제공하며, 훈련을 통해 다음 세대의 건강 관련 전문가를 양성하여 지역사회의 건강을 증진시킨다."다(Carpenter, 2006). THD의 전략 계획은 '가장 효율적인 조직'을 구축하는 것이다. 즉, 기본적으로 고품격 의료서비스 제공뿐 아니라 PDCA(Plan, Do, Check, Act)를 이용해 ROI 프로세스의 적용을 통한 재무성과를 높이는 노력을 통해 회사는 효과적이고 효율적으로 새로운 프로그램을 점검할 수 있게 될 것이다.

학습 요구

현재의 성과향상(Performance Improvement: PI) 프로그램에 대한 평가는 2년을 주기로 구성원을 대상으로 한 설문조사, 관찰, 직원들이 제출한 PI 관련 보고서를 모니터링하여 실시해 왔다. 평가를 통해 [그림 11-1]에서

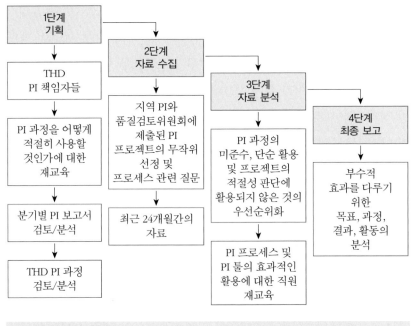

[그림 11-1] 요구분석

알 수 있는 것처럼, PDCA 방법론 차원에서 직원이 성과향상을 이루는데 있어 부족한 부분을 찾아내는 것에 요구조사의 초점이 맞춰져 있다. 직원들은 주로 PDCA 방법에 대한 이해와 활용 미흡, 문제의 우선순위를 결정하는 능력 및 환자의 안전과 관련된 사전 행동을 파악하는 능력이 부족하다는 것이 밝혀졌다. 성과향상 담당 지역 프로그램 국장은 PDCA 체득을 위한 심도 있는 교육프로그램을 개발하는 것 외에도 근본적인 문제를 밝히고 반영되도록 모든 PI 활동의 원인 분석을 실시할 때 식스시그마 방법론을 적용했다. PI 프로젝트의 효과성을 판단하기 위해 ROI 측정을 위한 내용을 교육프로그램에 추가하였다. 교육프로그램은 세 개의 모듈로 구성되어 있다. 모듈 11-1은 PDCA 방법론, 정의, 목표, 조직의 전략적 계획과 관련된 목표를 포함하고 있다. 모듈 11-2는 참가자들이

직접 실천하는 과정으로, 플로우 차트 개발, 인과관계 다이어그램, 프로
젝트 보고용 양식 작성, 컴퓨터를 활용한 양식의 확보도 포함하고 있다.
모듈 11-3에는 ROI 방법을 어떻게 활용할 것인가에 대한 활용법도 포
함되어 있다. 이러한 과정은 각 부서의 부서장을 포함한 직원들이 각 프
로젝트의 효과성을 판단하는 데 도움을 주었다. PDCA 방법과 도구를 어
떻게 활용할 것인가에 대한 적절한 지침을 설계하고 실행한다면 구성원,
전 조직, 나아가 지역사회에도 도움이 될 것이다.

이해관계자

이해관계자와의 관계 형성은 라포(rapport), 신뢰성을 형성하는 지속적
인 과정이다(Combs & Falletta, 2000). 이해관계자들은 변화 활동에 직간접
으로 영향을 받는 사람들인데, 고객, 공급자, 유통업자, 직원, 정부 관계
자 등이라 할 수 있다(Swanson & Holton, 2001). PDCA 방법론 교육훈련
프로그램의 이해관계자는 다양하지만 주로 품질관리 서비스 부서, 치료
사례 관리부서, 간호부, 경영진, 운영위원회라고 할 수 있다.

THD의 경영진과 운영위원회의 역할 및 책임은 필요한 지원을 하고, 결
과를 모니터링하며, 개선된 프로세스를 실행하는 데 있어서 자신의 활동
을 지원할 건강관리 담당자가 누군지를 파악하는 것이다. 〈표 11-1〉은 이
해관계자들의 정보제공 요구, 기대치, 우선순위 등을 정리한 것이다.

〈표 11-1〉 이해관계자들의 정보제공 요구, 기대치, 우선순위

이해관계자	정보제공 요구	기대치	우선순위
운영위원회	• 상세한 원인 분석과 ROI를 포함한 PI 과정 개선의 중요성을 강조 • 개선된 PI 과정이 지역병원에 미치는 영향 및 지역사회에서의 고품질 건강관리 서비스 제공에 대한 영향	• 프로그램의 우선순위를 설정하고 효과를 측정하기 위한 PI 상태 및 환자 안전 프로그램 모니터링 • 목표달성을 위한 기금 할당	• 프로그램은 효율적이고 효과적으로 질 높은 건강관리 서비스를 제공하는 '가장 효율적인 조직'을 만들어 내는 긍정적인 결과를 가져와야 한다.
THD 경영진	• 상세한 원인 분석과 ROI를 포함한 PI 과정 개선의 중요성을 강조 • 개선된 PI 과정이 어떻게 지역병원에 영향을 미치고 지역사회에의 고품질 건강관리 서비스 제공에 영향을 주는가?	• 프로그램의 우선순위를 설정하고 효과를 측정하기 위한 PI 상태 및 환자 안전 조치의 모니터링 • 목표달성을 위한 기금 할당	• 프로그램은 효율적이고 효과적으로 질 높은 건강관리 서비스를 제공하는 '가장 효율적인 조직'을 만들어 내는 긍정적인 결과를 가져와야 한다.
품질관리서비스 및 부서	• 결과에 대한 정보제공 및 개선된 프로세스에 대한 품질관리서비스 지원교육 • 전 지역병원에 새로운 프로세스를 전파하기 위하여 개선된 PI 과정과 일정을 개발하고 전달	• 개선된 PI 과정이 적절한 활성화를 위한 직원 지원 • 직원 요구를 반영한 체계적 교육 프로그램 조정 • 직원 상시 지원 • 직원과 시기적절하게 과정에 대한 질의사항 등 커뮤니케이션 유지	• 정기적으로 직원에 대해 조직 내 재해결, 교정, 성공에 대한 격려 • 직원과의 새로운 계획 또는 PI 목표에 대한 커뮤니케이션 • 직원의 질의에 대한 답변, 지원 또는 고충 지원 • 기타 조직 이슈를 해당 위원회에 보고

구분			
기타 이해관계자 (간호부, 물리치료, 약사, 실험실, 경비, 사무직원)	• 개선된 PI 활동 프로그램에 적극적인 참가 • PI 월례 회의에 성과를 보고할 발표자 선정 • 효율적인 변화 과정을 알리기 위한 챔피언 선정	• 새로운 과정에 대한 교육 참가 • 과정 중 변화에 대한 긍정적인 태도 갖기 • 질문하기 • 동료 지원하기 • 활발한 참여를 위한 동료 격려 • 긍정적·부정적 경험에 대해 말로 표현하기 • 서로 소통하기	• 변경된 PI 과정에 따라 실행계획 실행하기 • 긍정적 태도 유지하기 • 모든 구성원과 팀으로 함께 일하기 • 평가 과정에 참가하기 • PI 위원회를 통해 THD와 프로그램의 결과에 대해 지속적으로 보고하기
환 자	• 의료서비스 품질과 안전성에 대한 환자 만족도 조사에 대한 피드백 제공	• 건강관리 전문가가 건강관리의 품질 및 안전과 관련된 PI 이슈를 파악하고 소통함	• 건강관리 전문가가 건강관리의 품질 및 안전과 관련된 PI 이슈를 파악하고 소통함

평가 방법

이번 ROI 사례 분석은 현재 운영 중인 PI 프로세스에 대한 평가를 포함하고 있으며, 2년간 실제 평가를 해 왔던 PI 훈련 프로그램의 단점을 파악하여 조직에 대한 잠재적인 영향력을 반영해서 새롭게 수정·발전시키려고 하는 것이다. 평가 전략은 투자대비 효율성을 계산하는 Phillips의 ROI 방법을 사용했다. 이번 사례 분석의 목적은 현재 PI 교육프로그램의 잠재적인 영향력을 밝혀내는 것이며, (무엇을, 언제, 어떻게) 이 프로그램을 사용함에 따른 잠재적인 결과를 파악해 내는 것이다.

평가 목표

요구분석 이후, THD의 PI 방법론(=PDCA)에 차이가 있음이 발견되었고, 이에 따라 훈련 프로그램을 설계하였다. 요구분석에서 밝혀진 차이점은 공인 기관이 확인한 최근 결과에 의해 확인되었다. 이해관계자들은 결과를 확인하고 주도적으로 프로그램을 수행하는 것이 조직이 공식적으로 인정하는 기준 달성을 지원하는 것이라고 확신했다.

1단계 목표: 반응도 및 만족도   1단계 평가의 목표는 조직 활동 측정 프로그램에 대한 참가자 반응을 측정하고, 〈표 11-2〉에 나와 있는 것처럼 프로그램 운영의 구체적 계획을 정리하는 것이다. 1단계의 목표는 과정 수료 직후의 만족도와 장기적 만족도를 기술하는 데 매우 중요하다. 1단계 평가는 교육내용, 교육환경, 강의 방법, 강사 유효성 등으로 구성된다.

2단계 목표: 학습 성과 2단계 평가 목표는 교육과정에 따른 지식, 기술, 태도의 변화를 측정하는 것이며, 참가자들의 충분한 성과를 기술하는 것이다. 학습의 목표에는 용어, 개념, 프로세스에 대한 참가자들의 인지 또는 익숙함, 개념과 프로세스에 대한 참가자들의 이해도, 습득한 지식과 기술의 발휘 정도 등이 포함된다. 2단계 평가 목표는 '프로그램이 끝난 후에 참가자들이 정확한 절차와 방식으로 PDCA를 실행할 수 있으며, 필요한 양식을 작성할 수 있다.'다. 프로그램의 파트 2에서는 80%의 참가자들이 퍼실리테이터 앞에서 다음의 내용을 구사할 수 있게 하는 것이다.

- PDCA 프로세스의 단계를 설명한다.
- 적절한 그래프를 찾아내고, 엑셀을 활용해 그래프 그리는 법을 학습한다.
- PI 활동서의 적절한 보고 양식을 작성한다.

〈표 11-2〉 평가 양식

- 과정명: 성과향상(What, When, How)
- 날짜: _____
- 퍼실리테이터: Bonnie Carpenter
- 제공된 프로그램의 품질을 지속적으로 향상시키기 위해 여러분이 참여한 프로그램의 평가에 시간을 내주시기 바랍니다.
- 다음의 방식으로 참가한 프로그램을 평가하여 주시기 바랍니다.
  1=전혀 동의하지 않음, 2=동의하지 않음, 3=중립, 4=동의, 5=매우 동의함
- 다음 칸에 표시해 주시고, 의견 및 제안 칸에 의견을 명확히 기술해 주시기 바랍니다.

교육내용	1	2	3	4	5
교육내용을 통해 해당 주제에 대한 지식이 증가했다.					
교육내용이 과정 목표와 일치한다.					
교육내용이 내 직무와 연관이 있다.					

교육내용을 이해하기 쉽다.					
교육내용이 내 직무에 도움이 될 것이다.					
교육환경	1	2	3	4	5
강의장은 학습하기에 좋았다.					
학습 환경은 아이디어 교환을 촉진하였다.					
시설은 활동하기에 적절했다.					
강의 방법	1	2	3	4	5
강의 소재들이 잘 정렬되어 있다.					
강의 방법이 개념 설명에 적절했다.					
강의 전략이 활동에 적절했다.					
본 과정에 대한 나의 총점은?					
강사 유효성	1	2	3	4	5
설명이 명확하고 요점을 잘 설명했다.					
강사가 주제에 대해 명확히 알고 있다.					
프레젠테이션에 사용한 소재와 방법은 나의 관심을 이끌었다.					
강사는 교육생의 관심사에 호응했다.					
강사에 대한 전반적인 수준은?					
의견 및 제안점					

협조에 감사드립니다!

3단계 목표: 현업 적용/이행 3단계 평가 목표에는 프로그램 이수 결과 학습자들이 활용해야 할 기대 결과를 기술한다(Phillips & Phillips, 2005). PI 프로그램을 위한 3단계의 목표는 '참가자들이 PDCA 과정을 효율적으로 적용하는 것'이었는데, 80%의 참가자들이 PI 시작 시 필요한 사전 서류 작업을 완수하고, 서류작업의 지속적인 모니터링 및 서류작업 내용을 성공적으로 발표를 하는 것, 자신의 PI 활동을 해당 위원회의 검토를 위해 효과적으로 보고하는 것이다. PI 지역담당 국장이 참가자들의 발표와 서류작업을 모니터링하여 위원회에 보고할 내용에 대한 평가를 통해 프로그램의 장애 요인과 성공 요인을 분석할 것이다.

4단계 목표: 경영성과 기여도   경영성과 기여도 평가가 잘되기 위해서는 프로그램에서 습득한 기술과 지식에 대한 측정이 필요하다. 4단계 목표는 기본적으로 학습된 지식과 기술을 적용한 결과와 최종 결산 시 성과 달성 정도를 측정한 결과를 제공하는 것이다(Phillips & Phillips, 2005). 4단계에는 성과 지향, 품질 지향, 비용 절감, 시간 절감이라는 하드데이터를 포함한 네 가지 유형의 경영성과 목표가 있다. 소프트데이터에는 고객 서비스 지향, 근무 환경 개선, 근무 습관 개선 등이 있다. 4단계의 목표는 반드시 그런 것은 아니지만 생산성 또는 운영 효율성 향상, PI 과정에 참여한 병원의 부서 간 소통 증진, PI 활동과 관련된 성과를 유지하는 것이었다. 4단계 측정 내용은 효율성 향상에 따른 생산성/운영 효율성 증가인데, 이는 프로그램 실시 6개월 후 참가자들의 PI 활동 만족도 조사에서 파악된다. 분기 보고서 또는 연간 보고서에 나타난 구성원 만족도, 부서 간 소통 증진 정도, 12개월간 유지된 성과 등 다른 측정치들도 있다.

5단계 목표: ROI   ROI는 훈련 프로그램의 비용과 연계된 금전적인 가치의 비교에 초점을 둔다. 이 프로그램의 목표는 성과향상 및 수행 계획을 40% 이상 향상시키고 유지하는 것이며, 이 수치가 ROI 측정에서의 최소 목표치다. 이 수치는 프로그램의 스폰서가 결정하였다. 그렇게 함으로써 생산성, 구성원 및 환자 만족도가 향상될 것이라는 기대였다. 〈표 11-3〉은 앞의 내용을 쉽게 이해할 수 있도록 정리한 것이다.

〈표 11-3〉 자료 수집 계획

평가 목표 : PI 훈련 프로그램 모니터링
프로그램 : 성과향상 (무엇을, 언제, 어떻게) 훈련 프로그램
담 당 자 : Bonnie L, Carpenter
일   시 : 2007년 1월 23일

단계	광의의 프로그램 목표	측정/자료	자료 수집 방법 및 도구	자료원	시기	책임자
1	**반응도/만족도** • 훈련 프로그램에 대한 직원 반응도/만족도 측정 • 참가자가 본 교육프로그램이 PI 활동과 연계되어 있다고 인식함 • 참가자는 PI 활동을 위한 적절한 실행계획을 수립할 수 있음	• 참가자의 80%가 PI 활동을 위한 적절한 지식과 기술을 습득했는지. 또한 그 지식과 기술이 즉시 현업과 미래의 직무에 활용 가능한지를 5점 척도로 측정	• 프로그램 종료 직후 참가자 대상 설문조사 • PI 프로세스에 대한 온라인 설문을 통한 연례 필수 평가	• 직원	• 프로그램 종료 시점	• PI 부서장
2	**학습 성취도** • 참가자의 PDCA 방법론 이해 • 참가자가 PDCA 절차에 따라 적절한 지표를 설정할 수 있음 • 참가자는 적절한 양식을 작성할 수 있음	• 본 프로그램이 두 번째 파트에서 참가자의 80%는 퍼실리테이터에게 다음 사항을 구사할 수 있음 • PDCA 프로세스의 단계 • 적절한 그래프를 찾아내고, 엑셀로 그래프를 작성할 수 있음 • PI 활동을 위한 적절한 보고 서류를 만들 수 있음 • 사후 검사 점수가 최소 80%임	• 수료 후 참가자 짓 검사 • 시연	• 직원	• 프로그램 종료 시점	• PI 부서장 • 전 직원

3	**현업 적용/이행** • PDCA 프로세스의 효과적이고 지속적인 활용 • PDCA 방법론과 관련한 PI 활동의 빈도 및 관련성의 측정 • 학습한 기술과 지식의 적용 시 장애 및 촉진 요인분석	• PI 활동 시 참가자의 80%는 필요 서류를 작성하여 지속적으로 모니터링하고, 발표하며, PI 활동을 위원회에서 검토받기 위해 효과적으로 보고함 • 프로세스의 촉진 요인에 대한 PI 활동 서류작업 모니터링	• 월별 모니터링 및 PI 활동 보고서 검토 • PI 프로세스에 대한 연간 의무 평가	• 직원 • PI 부서장	• 해당 위원회를 통한 지속적인 PI 활동 모니터링 • PI 프로세스에 대한 연례 필수 평가	• 전 직원
4	**경영성과 기여도** • 첫해 PI 활동의 실패를 줄이고 40%까지 PI 활동의 지속성 유지 • 생산성/운영 효율성 향상 • 부서 간 소통 개선 • 직원 및 고객 만족도 향상	• 유지와 지속을 위한 PI 활동 모니터링 • 직원 및 고객 만족도 모니터링	• PI 위원회의 PI 활동서 검토 • 직원 만족도 설문 • 고객 만족도 설문 • PI 프로세스에 대한 연례 필수 평가	• 월별 PI 요약 보고서 • 관리와 연회의 연간 PI 보고서	• 월별 PI 활동 발표 분석 • PI 활동결과의 전반에 대한 연례 분석	• PI 부서장
5	**ROI** 목표 ROI: 40%	• 기초 자료: PI 프로세스 평가 – 요구 분석 대비 PDCA 방법론을 효과적으로 활용하지 못하는 직원을 파악하는 2년간의 연구 • 무형적 성과: 직원 및 고객 만족도, 직원 스트레스 감소, 커뮤니케이션과 팀워크				

평가 결과

현재의 프로그램에 대한 2년간의 평가를 반영한 요구분석을 통해 현존 프로세스에 대해 직원들이 추가로 알아야 할 부분을 반영하였다.

성과향상 훈련의 효과 분리

성과향상 프로그램의 효과성을 분리하기 위해 "훈련으로 인해 이전의 업무성과가 얼마나 개선되었는가?" 라는 질문을 사용하였다.

THD의 성과향상 프로그램의 효과를 분리하기 위해 훈련 참가자들에

〈표 11-4〉 참가자에 대한 성과 파악 질문들

1. 여러분이 본 프로그램에 참여 후, 자신과 직무가 어떻게 변화되었습니까?(기술과 지식 활용 측면에서)
2. 이러한 변화는 여러분의 직무와 현업 조직에 어떤 효과가 있었습니까?
3. 그 효과를 어떻게 측정하였습니까?(구체적인 사항)
4. 본 프로그램에 참여한 후, 변화에 대한 측정은 얼마나 자주 이루어졌습니까? (월별, 주별 또는 일별로)
5. 측정에 대한 단위당 가치는 무엇입니까?
6. 단위당 가치의 근거는 무엇입니까? 가정한 부분과 그러한 가치를 측정하기 위해 활용한 구체적인 계산방식을 기술하시오.
7. 이러한 변화/개선의 가치를 금액으로 환산하면 연간 얼마입니까?(첫 한 해)
8. 교육뿐 아니라 많은 다른 요인들이 성과향상에 영향을 미친다고 할 때, 성과에 기여하는 다른 요인들은 무엇이 있는지 기술하시오.
9. 본 프로그램을 통해 얻은 기술과 지식을 업무에 직접적으로 적용한다면 성과는 몇 퍼센트 정도 향상될 것으로 보입니까?(0~100% 중)
10. 앞에 작성한 측정치와 기술한 정보는 어느 정도 신뢰도가 있다고 생각합니까?(0% = 신뢰도 없음, 100% = 확신)
11. 어떤 다른 개인이나 집단이 앞에 기술한 내용을 측정할 수 있다고 봅니까?

출처: Phillips, J. J. (2003). *Return on Investment in Training and Performance Improvement Program* (2nd ed.). Woburn, MA: Butterworth-Heinemann.

의한 성과 영향 추정과 발표자에 의한 추정 등 두 가지 방법을 사용하였다. PI 교육훈련 프로그램의 규모와 강도를 고려하여 퍼실리테이터는 효과 분리를 위해 질문법을 사용하였다. 참가자의 성취 내용을 추정할 수 있는 성과 관련 질문들은 〈표 11-4〉에 상세하게 제시되어 있다.

참가자의 질문에 답하기 위한 프로세스 설명회를 교육프로그램의 마지막에 열었다. 필요시 PI 담당 부서장 역시 참가자의 문의사항에 답할 수 있었다. 이 프로그램을 제안한 PI의 부서장은 교육의 성과를 파악하기 위해 PI 활동의 정밀성과 결과의 지속성에 대한 결과를 모니터링했다. PI 평가자가 답변한 내용은 〈표 11-5〉와 같다.

〈표 11-5〉 관리자/프로그램 진행자에 대한 성과 파악 질문들

1. 이 프로그램 이외에 이 성과에 영향을 미친 다른 요인은 무엇입니까?
2. 참가자들의 성과향상에 프로그램이 몇 퍼센트 정도 기여하였습니까?(0~100%)
3. 앞의 추정의 근거는 무엇입니까?
4. 앞에서 추정한 내용에 대한 신뢰도는 어느 정도입니까?(0%＝신뢰도 없음, 100%＝확신)
5. 어떤 사람이나 집단이 이 개선을 알 수 있다고 생각합니까? 또한 앞의 비율을 추정할 수 있다고 봅니까?

출처: Phillips, J. J. (2003). *Return on Investment in Training and Performance Improvement Program* (2nd ed.). Woburn, MA: Butterworth-Heinemann.

앞의 두 가지 측정 방법을 사용했기 때문에 THD가 훈련의 성과 계산 시 신뢰성을 확보하는 데 도움이 되었다. 그러나 최종 결과는 제한점, 상황, 활용 가능한 자원 아래에서의 성과라는 점이 중요하다.

이익 및 비용 계산

환자의 안전 문제는 건강관리 조직의 주요 관심사다. 의료의 질을 보

장할 수 있는 한 가지 방법은 양질의 서비스 프로세스를 활용하는 것이다. THD의 각 지역병원에서 질 높은 의료서비스를 제공하기 위한 시도로 최소한 하나의 프로세스를 파악하는 것이 책무로 되어 있다. 이러한 프로세스는 직원이나 회사에 의해 밝혀지는데, 예를 들면, 울혈성 심부전증 환자의 채혈과 배출, 투석, 수술 후 환자 모니터링 등이 있다. 이러한 이슈가 파악되면 직원은 개선을 위한 실행계획을 개발하고, 신규 혹은 개정된 프로그램을 실행하며, 프로그램의 성공 여부를 모니터링해서 결과를 평가한다. 요구분석 시 도출된 문제는 직원이 이러한 이슈를 해결하는 데 필요한 PDCA 방법론에 익숙하지 않다는 것이었다. 많은 부서들이 PI 활동에 따라 5년 정도 일해 왔으나 원하는 만큼의 성과는 없었다.

가장 중요한 규칙은 12개월간 모든 PI 활동 시에 최소 90%의 (JCAHO Benchmark) 규정을 준수해야 한다는 것이다. 규정 준수를 유지하지 못하거나 문제를 해결하지 못한 경우에는 직원들이 스트레스를 받았고 환자의 안전 문제가 되기도 하였다. 이는 직원과 환자가 조직에 대해 불만을 갖는 원인이 될 수 있다. 좋지 않은 품질의 건강관리 서비스와 관련된 또 다른 문제는 모든 팀이 서로 연계되어 있다는 사실을 제대로 인식하지 못하는 팀워크의 부족이었다. 뿐만 아니라 더 큰 문제는 THD 내부의 커뮤니케이션이 미흡했다는 것이었다. 〈표 11-6〉의 실행계획은 PI 훈련 프로그램의 실행과 관련된 무형의 이익으로 앞의 모든 이슈를 반영하였다. 직원들은 불필요한 재작업을 없애 시간을 줄이고, 효과적으로 PDCA를 활용할 수 있었으며, 스트레스도 낮아졌다. 환자들은 기대했던 우수한 진료를 받고, 직원들은 그들의 성취에 만족함으로써 환자 및 직원 만족도는 올라갈 것이다. 직원들이 문제를 해결하기 위해 효과적으로 소통하고, '가장 효율적인 조직이 되자.'라는 조직의 목적에 맞는 팀 플레이어가 됨으로써 전체적인 개선이 이루어질 것이다.

실행계획에는 목표, 평가 기간, 성과 측정치의 추정값, 최근 성과의 기

〈표 11-6〉 ROI-실행계획: PI(성과향상) 훈련 프로그램

- 소속: THD(The Hospital District)
- 목표: 프로세스 개선에 따른 PI 활동결과 개선/유지
- 측정 성과: 2007년 7월 31일 이후 제출된 새로운 모든 PI 활동 중 40%가 9~12개월간 지속되어야 함
- 추후 활동 일자: 진행 중
- 목표 성과: 90% 이상
- 부서장 확인: Bonnie L. Carpenter
- 평가 기간: 분기별
- 현재 성과: 평균 50~75% 비율로 미유지

실행 항목	분석
1. 파악된 PDCA 프로세스의 교육 요구 2006/8/29 2. 현 프로세스와의 격차 분석 2006/9/15 3. 경영진 보고 내용 및 의견 2006/12/8 4. 개정된 PDCA 프로세스 교육프로그램 개발 2006/12/30 5. 신규 프로그램 개발 및 실행을 위한 리더와 미팅 2007/1/12 6. 병원 관계자에게 자료 제공을 위한 내부 서비스품질 관리자(입원 및 외래환자 담당) 미팅 2007/1/30 7. 새로운 프로세스에 따른 핵심 담당자가 배치될 때까지 다양한 내부 부서별 핵심 담당자 미팅 2007/2/1~2007/7/31 8. 각 프로그램 진행 중 교육 평가 게시 9. 진행 중인 신규 프로세스 정착을 위한 신규 PI 활동 평가 10. 2008년부터 연 2회 PI 훈련 프로그램 시행	A. 측정의 기준은 무엇인가? **JCAHO 준수 기준인 90%** **단, 국제 환자 안전 기준 100% 준수** B. 단위당 가치(비용)는? **35$** C. 가치 산출 근거는? **참가자의 평균 급여** D. 평가 기간 동안 얼마나 많은 변화가 측정되었는가? **40% 이상(예측)** E. 이 프로그램을 통해 실제로 몇 퍼센트 정도 개선되었는가? **약 60%로 추정** F. 앞에서 추정한 내용에 대한 신뢰도는 어느 정도인가?(100%=확실, 0%=불확실) **85%**
무형의 이익: 커뮤니케이션, 팀워크, 직원 스트레스 감소, 직원 만족도 및 환자 만족도 향상	비고: 앞의 분석 E는 프로그램의 추정 성과이며, 개선 효과는 40%를 초과하여 60% 이상일 것으로 기대됨

출처: Phillips, J., & Phillips, P. (2005).

준, 목표 성과의 기준, 완료되었거나 완료된 실천 내용, 그리고 성공을 위해 고안된 프로젝트의 분석 등도 들어 있다. 실행계획의 비고 칸에는 프로그램을 통해 계획된 성과의 추정치도 기재하도록 되어 있다. 2007년 7월 31일, 200명의 직원들이 프로그램을 수료한 후, 직원들을 대상으로

프로그램의 성과 측정을 위해 사후 평가를 실시했다. 프로그램은 사후
평가를 활용하여 수정·보완할 예정이다.

이익과 비용을 계산하기 위해 비용 추정 워크시트를 만들었다(〈표 11-7〉
참조). 〈표 11-8〉에서는 PI 훈련 프로그램 관련 비용이 요약되어 있다. 프
로그램의 전체 비용은 ROI와 BCR(편익비용비율) 계산에 활용되었다.

BCR이나 ROI를 계산하기 전에 성과 향상치를 금전적 가치로 전환해
야 한다. 〈표 11-8〉에서 활용된 내용은 PDCA 프로세스 교육을 받은 첫
200명의 직원에 대한 내용이다. 200명의 직원을 훈련에 따른 기대 이익
을 계산하기 위해 1년에 근무할 수 있는 날(260일)과 200명의 직원을 곱

〈표 11-7〉 비용 및 이익 분석

PI 프로그램 평가 단계	방법/프로세스	프로그램 비용	실현된 이익
1단계 반응도/만족도	• PI 전체 운영비 　– 프로그램 강사 　– PI 평가자, 이해관계자 • 훈련 프로그램 비용 　– 만족도 설문지 개발 　– 급여, 복리후생비, 교통 　비 등	• 총 비용: 3,420 $	• 무형: PI 훈련 프로그 램으로 인한 직원 만 족도 • 유형: 금전적 가치로 의 전환 불가
2단계 학습 성취도	• PI 전체 운영비 　– 프로그램 강사 　– PI 평가자, 이해관계자 • 비용에는 강사와 참가자의 급여/복리후생비가 포함됨	• 총 비용: 28,120 $	• 무형: 향상된 PI 프로 세스(PDCA) 관련 지 식과 조직 몰입도 • 유형: 금전적 가치로 의 전환 불가
3단계 현업 적용/이행	• PI 전체 운영비 　– 프로그램 강사 　– PI 평가자, 이해관계자 • 2.5시간×10회+강사 및 직 원의 평가비, 급여, 복리후 생비를 포함한 재료비	• 총 비용: 29,670 $	• 무형: 수행 중인 PI 활동에 따라 다양함 • 유형: PI 활동에 따라 다양함

4단계 경영성과 기여도	• PI 전체 운영비 – 프로그램 강사 – PI 평가자 – 이해관계자 • 200명의 참가자에게 해당되는 금전적 가치는 PI 활동으로 인한 재작업 시간의 감소로 산정함	• 총비용은 분석비용과 개발비용임 • 운영비/유지비/평가비: 8,582$ • 총 프로그램 비용: 36,107$ • 시간 절감에 따른 총이익: 371,000$	• 무형: 환자 및 직원의 만족도, 팀워크, 직원의 스트레스 감소, 3개 지역병원과 건강관리센터 간의 소통개선 • 유형: PI 활동으로 인해 구현된 재작업 감소와 관련된 시간 감소
5단계 ROI(예측)	• BCR • ROI 공식	• $BCR = \dfrac{371,280\$}{36,107\$}$ $= 10.28$ • $ROI =$ $\dfrac{371,280\$ - 36,107\$}{36,107\$}$ $\times 100 = 928\%$	• 무형: 환자 및 직원의 만족도, 팀워크, 직원의 스트레스 감소, 3개 지역병원과 건강관리센터의 소통 개선 • 유형: 1$를 투자할 때마다 10.28$의 이익이 실현되며, ROI로는 928%가 됨

〈표 11-8〉 프로그램 비용 요약: PI 프로그램

	항 목	비용($)
1	요구분석(1×50$×38%×48시간)	912
2	프로그램 개발비(1×50$×38%×100시간, 10회로 배분)	1,900
3	인쇄비 · 복사비	400
4	퍼실리테이션비	475
5	참가자인건비(200×35$×38%×2.5시간, 10회로 배분)	26,600
6	프로그램 인쇄물과 재고품(10회로 배분)	400
7	교통비	50
8	운영비/유지비	3,800
9	사전 평가비	1,570
	총 계	36,107

해서 총 52,000일의 근무일 수를 계산했다. 그리고 그 52,000일에 평가 기간 동안 향상되었다고 판단되는 정도인 40%를 곱하면 20,800일이 프로세스 교육으로 인해 절약된다고 할 수 있다. 그리고 다시 그 20,800일에 평균 급여 35달러를 곱하면 728,000달러가 된다. BCR과 ROI를 계산하기 위해 측정된 신뢰도(85%)와 프로그램에 의해 변화된 정도(60%)를 곱하면 51%로 나타난다. 728,000달러에 51%를 곱하면 371,280달러가 된다.

다음 단계는 〈표 11-9〉에 나타난 바와 같이 BCR과 ROI를 계산하는 것이다. 여기에 나타난 계산에 따르면, 200명의 직원이 훈련받았을 때 PI 훈련 프로그램에서 사용된 비용 1달러에 대해 10달러의 이익이 회수된 것으로 추정된다. 이 ROI 수치는 당초 ROI 목표치 40%에 비해 880%로 매우 높은 것으로 예측되었다. 〈표 11-10〉은 앞의 계산을 위한 자료 수집 시 파악된 연계 효과 또는 5단계의 자료를 제시한 것이다.

〈표 11-9〉 업무 성과 자료: PI 프로그램

부서/건강관리 기구 직원	성과 (금전적 가치)	추정치	공헌도	신뢰도	금전적 가치로 전환
200명 직원	728,000$	JCAHO 준수 기준인 90% 또는 그 이상	60%	85%	(51%) 371,280$
전 체					371,280$

〈표 11-10〉 ROI 결과 분석: PI 프로그램

편익비용분석(BCR)과 ROI는 다음과 같다.

$$BCR = \frac{이익}{비용} = \frac{371,280\$}{36,107\$} = 10.28$$

$$ROI = \frac{프로그램\ 순이익 - 프로그램\ 비용}{프로그램\ 비용} \times 100 = \frac{371,280\$ - 36,107\$}{36,107\$} \times 100 = 928\%$$

무형적 효과 분석

무형적 효과는 훈련 프로그램과 직접 관계된 이익 또는 손실을 말한다. 무형적 효과는 THD와 직접 관련된 훈련 프로그램에서 나타나고, 금전적 가치로 전환되지는 않는다. 무형의 효과에는 커뮤니케이션, 팀워크, 직원 만족도, 직원 스트레스 감소, 환자의 안전, 그리고 환자의 만족도 등이 포함된다. 이 사례에서는 금전적 가치로 전환되지 않았지만, 환자의 만족도는 2007년 6월 초에 시작하는 의료복지센터(Centers for Medicare and Medicaid Services: CMS) 이용에 영향을 미칠 것이다.

THD 내에서 부서 간의 소통은 중요한 문제였다. PI 프로그램의 이행은 커뮤니케이션 채널의 개방과 커뮤니케이션 불통을 해소하는 데 도움이 되었다. 여기에는 회사 내의 모든 개인이 효과적인 해결책을 찾고, 개발하고, 실행하고, 평가하는 동일한 프로세스를 적용할 것이라는 전제가 깔려 있다. 동일한 상황에서 사용되고 있는 중복이나 상이한 프로세스의 적용을 방지하기 위해서 직원들에게 다른 부서의 협력자와 소통하도록 독려했고, 회사 내에 이 프로세스를 확산하는 데 공동으로 노력하도록 했다.

훈련 후에 직원들은 정해진 대로 절차에 따라 PDCA 방법론을 그대로 사용했을 경우, 그들의 PI 활동에 따른 결과를 알 수 있게 되었다. 미리 결과를 파악하거나 프로세스 시행 초기에 알 수 없는 실패 요인을 파악함으로써 직원들은 더 큰 만족을 얻게 되고, 자신들의 활동으로부터의 긍정적인 결과를 보게 된다. 직원들의 활동이 새 절차나 개선된 절차와 연관이 있기 때문에 스트레스 수치가 낮아지게 되는 것이다. 또한 직원들이 해결되지 않는 문제에 매달리거나 부정적 결과를 지속적으로 보고하는 문제점이 개선되어 새로운 활동을 전개할 수 있다.

환자의 만족도가 높아지는 것은 프로세스가 적기의 환자 간호 또는 방사선 사진이나 검사실의 결과 확인 시간의 절약 등 환자 간호와 관련되어 있기 때문이다. 예를 들면, 지금 CAT 스캔을 필요로 하는 환자들이 정기 검진을 위해 6개월을 기다리고 있는 중이다. 이 훈련 이후에는 직원들이 병목현상이 있는 곳을 효과적으로 분별하고 적절한 조치를 행하는 하나의 팀으로서 일하게 될 것이다. 이러한 결과로 환자나 환자 가족을 기쁘게 할 뿐만 아니라, 병원에서 함께 일하는 의사의 만족 또한 높여 줄 것이다.

THD에는 이 프로그램의 무형의 이익이 다수 있는데, 이는 PI 활동에 따른 긍정적 결과로, 존경이나 자기 확신 등 금전적인 성과가 아닌 것이 있기 때문이다.

예상되는 장애 요인과 촉진 요인

어떤 기관을 위해 일을 하든 직면해야 하는 많은 위기들이 있는데, THD와 같은 기관은 특히 더 그렇다. 브레인스토밍을 통해 모든 잠재적 장벽과 추진 동력이 파악되었는데, 그 내용은 다음과 같다.

장애 요인
- 커뮤니케이션
- 기획 과정에서의 주도적 직원 부재
- 부적절한 계획

촉진 요인
- 프로젝트를 시작할 때 참여한 모든 이해관계자와의 프로젝트 및 목표에 대한 효과적인 커뮤니케이션
- 프로젝트를 시작할 때부터 전반적인 지원을 확실하게 해 줄 프로젝트와 관련된 핵심인물의 참여

- 프로젝트를 시작할 때부터 프로젝트와 관련된 찬성과 반대 의견을 분석하고, 프로젝트가 THD에 도움이 되게 하는 적절한 활동 및 조치가 이루어짐

커뮤니케이션 전략

커뮤니케이션은 THD에서 주요한 이슈다. 특히 조직 내에서 모든 단계에 걸쳐 전 직원 간에 커뮤니케이션이 유지되는 것은 필수적이다. 상이한 단계와 THD의 구성이 다양하여 목표 대상별로 분명한 요구에 맞출 필요가 있다. 효과적으로 커뮤니케이션을 하는 데 필요한 기술은 그 결과를 유지하는 데 필요한 기술만큼이나 중요하다. 커뮤니케이션이 성공적이고 조직의 요구에 부합하는 데 구체적인 원칙들이 있다.

1. 커뮤니케이션은 적시에 이루어져야 한다.
2. 커뮤니케이션은 분명한 청중을 목표로 해야 한다.
3. 미디어(방법)는 신중히 선택되어야 한다.
4. 커뮤니케이션은 왜곡되어서는 안 되고 신중해야 한다.
5. 커뮤니케이션은 지속적이어야 한다.
6. 청중의 존경을 받는 인물로부터의 증언(이야기)이 더욱 효과적이다.
7. PI 직원과 기능에 대한 청중의 의견은 커뮤니케이션 전략에 영향을 미친다.

앞에서 말한 바와 같이, 커뮤니케이션 계획, 커뮤니케이션을 위한 적당한 청중 선택, 정보 조사, 결과를 커뮤니케이션하기 등 커뮤니케이션 계획 개발처럼 중요한 요소가 있다.

〈표 11-11〉은 커뮤니케이션 계획이며, 〈표 11-12〉는 PI 프로그램을
위한 시간표다. 각 발전 단계에서 중요 이해관계자에게 절차를 알리기 위
한 커뮤니케이션을 했다. 프로그램이 실행됨에 따라 프로그램의 결과를
관계자에게 지속적으로 커뮤니케이션할 것이다.

〈표 11-11〉 평가 결과 보고를 위한 THD의 계획

커뮤니케이션 목적	커뮤니케이션 대상	커뮤니케이션 문서	확산 방법
프로젝트 및 목표에 대한 지원 획득	고위 관리자 위원회	요약 보고서	분기 보고서
절차 재강화	지역 PI 위원회 -품질검토위원회 -부서장 -관리자/직원	파워포인트 발표 (한 페이지 요약본)	분기 보고서 -직원 월례회의
프로그램을 위한 참가자 준비하기	직원과 신규 채용자	파워포인트 한 페이지 요약본	신규 직원을 위한 월간 오리엔테이션/직원 월례회의
프로젝트를 통한 결과 및 미래 피드백의 질 개선	부서장 관리자/직원	PI에 대한 인터넷 사이트 기관 정보 발행 소식지	분기 리더십 오리엔테이션/직원 월례회의
훈련 프로그램의 완결된 결과 보여 주기	미래 리더들 (신규 영입 또는 승진 인사)	파워포인트 한 페이지 요약본	지속적인 직원 월례회의
결과 측정에 사용된 기술 설명하기	지역 PI 위원회 -서비스 질 검토위원회 -부서장 관리자/직원	파워포인트 한 페이지 요약본	지속적인 직원 월례회의
프로그램에 연관될 참가자의 욕구를 자극하기	직원 및 신규채용 미래 리더 (신규 영입 또는 승진 인사)	파워포인트 한 페이지 요약본	지속적인 직원 월례회의
미래 프로젝트 홍보하기	고위 관리자 -부서장 -관리자	요약본	지속

〈표 11-12〉 PI 프로그램 갠트차트

업무	책임자	8월 6일	9월 6일	10월 6일	11월 6일	12월 6일	1월 7일	2월 7일	3월 7일	4월 7일	5월 7일	6월 7일	7월 7일
요구분석	경영이사회	× 8/29											
현재 PDCA 절차 평가	성과향상 책임자		× 9/15										
식스시그마와 PDCA 비교연구 시작 자료/정보 수집	성과향상 책임자		× 9/15	→→→	→→→	12/1							
연구 결과 기록	성과향상 책임자					× 12/8							
추진과 함께 리더십팀에 현재 결과 제시	성과향상 책임자					× 12/14							
개선된 과정 실행을 위한 교육프로그램 개발	성과향상 책임자					× 12/30							
러닝센터와의 교육 일정 관련 회의	성과향상 책임자						× 1/12						
PI 리더와 새로운 프로세스 관련 품질관리 직원과의 회의	성과향상 책임자						× 1/30						
교육프로그램을 조직에 실시	성과향상 책임자 품질관리 직원							× 2/15	↑	4/13			
개선된 PI 절차 활용	THD 직원												
지속적인 교육과 사후관리 그리고 그 개선된 과정의 평가, 그리고 필요할 경우 재교육	성과향상 책임자 품질관리 직원										× 4/16	진행	
리더십을 위해 개선된 절차의 평가 결과 보고	성과향상 책임자										× 4/16	진행	7/31

시사점

THD 내 PI를 활용할 직원이 많은 관계로 PI 시도를 해야 하는 직원 200명만을 대상으로 하기로 결정되었다. 연간 비용과 관련 있는 시간당 평균 급여를 받는 200명의 참가자를 토대로 계산하였다. 〈표 11-9〉는 전문가의 추정치에 신뢰도 값을 곱해서 계산한 조정 가치를 계산한 것이 다. 〈표 11-10〉은 잠재적인 BCR(Benefit/Cost ratio)뿐만 아니라 프로그램 교육의 긍정적인 효과를 보여 주는 ROI 결과 분석이다.

다음 단계는 ROI 예측을 이해관계자와 커뮤니케이션하는 것이며, 200명 의 직원들이 환자 안전과 서비스의 질을 학습한 순차적 방법을 적용한다 면 성과향상 프로그램으로 인해 직원들이 스트레스가 줄 것이며 직무 만 족도는 높아질 것이라고 강조하는 것이 될 것이다. 환자들은 양질의 의 료서비스를 받게 될 것이고 만족도는 올라갈 것이다. 전체적으로 THD는 지역사회에 의료서비스를 제공하기 위한 자격 유지에 필요한 요건을 충 족시키는 성과를 가져올 것이다. THD가 건강보험제도(Medicare)와 저소 득자에 대한 의료 보장제도(Medicaid)에서 요구하는 환자만족 요건을 충 족시킴으로써 지역사회 주민들이 의료서비스를 받기 위해 방문하기를 원하는 '가장 효율적인 병원'이 될 것이며, 재정 상태도 개선될 것이다. 따라서 성과개선(무엇을, 언제, 어떻게) 교육프로그램을 전체 6,000명이 넘 는 직원들에게 실시하여 효과적인 커뮤니케이션과 팀워크를 높이고 근 본적인 성과를 높일 필요가 있다.

토론을 위한 질문

1. 모든 ROI 연구의 요소를 요구 분석에서 언급하였는가?

2. 이 사례가 신뢰할 만한가? 이유를 설명하시오.

3. 예측은 시간 절약만을 위해 실시해야 하는가?

4. 이 연구의 결론이나 제언이 연구의 타당성을 확보하고 있다고 보는가?

5. 200명의 참가자가 대규모 조직에 대한 영향을 예측하는 데 충분했는가?
   왜 그런가? 또는 왜 그렇지 아니한가?

6. 조직의 리더들에게 보다 긍정적인 결과를 보여 주기 위해서 어떻게 연구
   를 다르게 수행할 수 있겠는가?

참고문헌

Carpenter, B. (2006). PDCA: Back to basics. An HPI project presented in partial
    fulfillment for ED 851: Principles of Instructional Design. Unpublished.

Combs, W., & Falletta, S. (2000). *The targeted evaluation process*. Alexandria,
    VA: American Society for Training and Development.

Phillips, J. (2003). *Return on investment in traning and performance
    improvement programs* (2nd ed.). Burlington, MA: Butterworkth-
    Heinemann.

Phillips, J., & Phillips, P. (2003). Using action plans to measure ROI.
    Performance Improvement, 42(1), 22-21. Retrieved October 1, 2005, from
    XanEdu course pack ED 7652.

Phillips, P., & Phillips, J. (2005). *Return on (ROI) investment: Basics*.
    Alexandria, VA: American Society for Training & Development.

Swanson, R., & Holton, E., III (2001). *Foundation of human resource
    development*. San Francisco, CA: Berrett-Koehler.

저자에 관하여

Bonnie L. Carpenter

간호사 및 MSHS, CMAC인 Carpenter는 텍사스의 큰 규모의 지역사회 소유 건강관리시스템의 성과향상 담당 국장이다. 그녀는 간호사, 품질향상 전문가, 사례관리 국장, 의료소송 및 법인 법 관련 분야의 법률 담당자로서 건강관리 분야에서 25년 이상의 경험을 가지고 있다. 다른 간호사들처럼 Carpenter의 궁극적인 목적은 질적이고 안전한 환자 관리다. 자신의 목적을 달성하기 위해서는 인간수행향상과 품질성과향상에 균형이 있어야 한다는 사실을 깨달았다. 그녀의 연락처는 bonnie_carpenter@hchd.tmc.edu다.

제12장

협상 기술 교육훈련의 ROI 측정

-대출업 회사 사례*-

* 본 사례는 회사 운영 및 경영상의 효과성 또는 비효과성을 설명하기보다는 토론을 위한 자료로 마련한 것이다. 본 사례에 거명되는 이름, 날짜, 장소 및 자료는 저자 및 기업의 요청에 따라 가명으로 처리하였다.

Kendall Kerekes, Kelly Coumbe,
John Ruggiero, & Sanam Razzaghi

요 약

본 연구는 대출회사 직원을 위한 협상 기술 프로그램에 대한 평가를 다루고 있다. 만족도, 학습성취도, 적용도, 경영성과 기여도, ROI 등 포괄적인 평가를 진행하였다. 성공적이었지만, 새롭게 배운 점도 있다.

배 경

Home Retention Group(HRG)은 조직개발부서와 협력하여 모든 직원에게 협상 기술 교육훈련을 제공하고자 했다. 교육훈련 프로그램을 설계한 후, 조직개발부서장은 이해관계자들이 확인을 요구한 프로그램 효과성을 측정하기 위하여 교육훈련평가(Training Evaluation & Assessment: TEA)팀과 협업하였다.

몇 차례의 회의 진행 후에 교육훈련 프로그램이 성공적일 경우, 다음과 같은 영역의 경영성과에 대해 교육훈련이 긍정적인 영향을 가져올 것으로 기대했다.

- 활성화된 거래 수의 증가
- 완수된 거래 수의 증가
- 공매(short sales) 제공량의 증가
- 미리 해결된 채무 불이행률의 증가

바람직한 기대효과가 정해진 후, 교육훈련평가팀은 다음의 과정으로 결과 측정을 설계하였다.

- 과정 종료 시 평가: 참가자들은 프로그램에 대하여 어떻게 반응하였는가?
- 사전 평가: 교육훈련 시작 전에 직원들은 얼마나 알고 있는가?
- 사후 평가: 교육훈련 종료 후 직원들은 얼마나 알게 되었는가?
- 감독관 관찰: 교육훈련을 통해 습득한 지식/기술이 현업에서 얼마나 사용되고 있는가?
- 사후 평가: 교육훈련이 얼마나 유용한지와 경영성과에 대한 인지도

과정 목표

연구를 설계한 후, 정량화할 수 있는 과정 목표를 반드시 기술해야 한다. 이번 협상 교육과정의 목표는 다음과 같다.

- 비즈니스 친화적인 문제해결가처럼 협상할 수 있다.
- 협상 과정 동안 적극적으로 경청 기술을 활용할 수 있다.
- 윈-윈 협상을 얻기 위한 전략들을 적용할 수 있다.
- 협상 상황에 관련된 자신의 개인적 스타일을 확인할 수 있다.
- 자신이 본래 선호하는 곳과 다른 상황에서 협상하기 위한 네 가지 스타일의 강점을 적용할 수 있다.
- 다양한 협상 기술을 활용하고, 이에 대응하는 방법을 규명할 수 있다.
- 다른 종류의 기술이 적용되어야 하는 상황에 적응할 수 있다.
- 다양한 목소리 톤에 대해 알고, 이에 효과적으로 대응할 수 있다.

참가자 선정

연구 수행을 위해 조직개발부서에서 기술측정개발 직무전문가를 내용

전문가(subject-matter expert: SME)로 선정하였다.

내용전문가들은 연구(8월의 협상 교육훈련 회기)를 위하여 직위 및 직무 경험을 기반으로 직원을 추천하였다. 세 개의 다른 직군의 직원들은 교육훈련을 받는 중이었다. 직군에 따라 교육훈련이 영향을 미치는 방식이 다를 수 있기 때문에 직군은 중요한 요인이다. 참가자들이 고객들과 협상하는 데 투자한 시간이 사전-사후 기술 평가와 관리자 기술 관찰에서 보여 주는 결과와 관련이 있기 때문에 업무 경험도 동일하게 중요한 요인이다.

교육훈련에 참가한 직원의 경험 수준 및 직군에 기반하여 교육훈련에 참가하지 않은 직원을 통제집단으로 선택하였다. 유사한 경험 수준과 동일한 직무를 가진 직원과 매칭하였다(〈표 12-1〉 참조).

이러한 대상자 선정 과정으로 교육훈련평가팀이 측정이나 관찰에 따른 수행 격차를 교육의 결과로만 돌리는 것을 막을 수 있었다. 수행 격차는 협상 지식/기술 수준의 차이에서 기인한 것으로 간주할 수 있었다.

그런데 교육훈련평가팀에서는 사전-사후 평가 및 관리자의 관찰이 50% 이상 완료된 후에 통제집단 HRG 직군 1과 3에 선택된 대다수가 실제로 7월 파일럿 회기에 참가했었다는 사실을 알게 되었다. 때문에 사후 평가 비교 및 관리자 관찰을 위하여 교육훈련을 받지 않은 직원들이 신규 통제집단으로 선정되었고, 7월 교육훈련에 참가한 직원들은 연구 전반에서 제외하였다.

〈표 12-1〉 경험 수준

교육훈련을 받은 직원(8월 참가자)			교육훈련을 받지 않은 직원(통제집단)		
성 명	직 군	근속 기간	성 명	직 군	근속 기간
○○○	HRG1	4.5개월	○○○	HRG1	6개월
○○○	HRG3	6년	○○○	HRG3	5.5년

평가 도구 설계

측정 전략 설계, 내용전문가, 참가자 및 통제집단의 선정이 완료됨에 따라 평가 도구 설계를 시작하였다. 이에 관한 내용은 다음과 같으며, 평가 단계에 따라 나뉘어 있다.

- 1단계: 참가자들은 프로그램에 대하여 만족하였는가?
- 2단계: 교육훈련 동안 얼마나 많은 정보를 학습하였는가?
- 3단계: 업무로 복귀 후 교육훈련에서 배운 내용을 얼마나 사용할 것인가?
- 4단계: 교육훈련의 경영성과는 어떠한가?
- ROI: 긍정적인 투자 회수율이 있는가?

1단계: 참가자들은 프로그램에 대하여 만족하였는가

평가 설계

다음 내용에 대한 표준 과정 평가가 진행되었다.

- 강사: 교육과정 동안 강사는 어떠했는가?
- 교육내용: 교육내용이 잘 구성되었으며, 학습활동은 학습과정에서 유용하였는가?
- 환경: 학습환경은 학습에 도움을 주었는가?
- 학습효과: 참가자들이 새로운 정보를 학습한다고 느꼈는가?
- 직무에의 영향: 습득한 정보는 참가자들의 직무에 적용이 가능한가?

- **경영성과:** 참가자들은 교육과정을 수강한 결과로 그들의 성과가 개선되었다고 느끼는가?
- **ROI:** 과정은 참가자가 기대한 바를 충족하였으며, 그들은 본 과정을 다른 동료들에게 추천하고자 하는가?

자료 수집

참가자들은 각 교육과정의 종료 시점에 평가를 완료하였다. 협상 교육훈련 모듈 1-4에 대한 점수는 〈표 12-2〉와 같다.

〈표 12-2〉 HRG 협상 과정의 만족도(N=19)

컨텐츠 영역	평가 점수
강사	6.89
교육내용	6.83
학습효과	6.85
직무에의 영향력	6.95
경영성과	6.58
투자 회수율	6.84
전반적인 평가	6.85

(매우 동의함 = 7, 전혀 동의하지 않음 = 1)

결과 및 분석

〈표 12-2〉의 정보에 따르면, 참가자들은 과정에 대해 만족하는 것으로 분석된다. '직무에의 영향력' '강사' 및 '투자 회수율' 영역에서 각각 6.95, 6.89 및 6.84점의 높은 점수를 받았다. 5.0 미만의 점수는 즉시 원인 파악이 필요한 부분인데, 이러한 점수는 없었다.

2단계: 교육훈련 동안 얼마나 많은 정보를 학습하였는가

기술 평가(사전-사후 평가)

내용전문가는 교육훈련 참가자들이 알아야만 하는 핵심 영역을 교육훈련 종료 시점에 규명하였다. 이러한 정보를 바탕으로 교육훈련평가팀은 조직개발부서 및 각 사업부서에서 온 내용전문가와 협업하여 시나리오 및 정답의 보기들을 개발하기 시작하였다. 평가는 문화를 '발전'시키기 위한 방향으로 설계되었다. 따라서 평가 유형은 보기 중 다른 보기보다 더 맞는 답변을 선택하는 형태로, 이는 미국대학원 입학시험인 GRE 또는 미국대학 입학시험인 SAT와 유사한 유형이다. 현재의 문화와 일치하는 답은 '어느 정도 맞다.'고 인정되는 내용이며, 문화의 향후 방향과 일치하는 답은 '100% 정답'으로 간주되었다.

자료 수집

단계 I: 8월 교육훈련에 참가한 직원들은 모듈 1을 시작하는 시점에 온라인 기술 평가를 완료하였고, 동일한 평가를 프로그램 종료 2일 후에 다시 보았다.

단계 II: 남은 직원들(통제집단: 앞서 언급된 교육훈련에 참가한 집단을 제외한 전원)도 교육훈련 참가 직원들이 평가를 치르는 시점에 동일하게 온라인 기술 평가를 완료하였다. 〈표 12-3〉은 평가 결과다.

〈표 12-3〉 교육훈련 전과 후의 지식(교육훈련 참가 집단)

	사전 평가 (%)	사후 평가 (%)	점수 변화 (%)	유의미한 차이 (유의도)
HRG 1	69	75	6	없음
HRG 2	72	83	11	없음
HRG 3	77	85	8	없음

결과/분석

교육훈련에 참가한 집단은 사전 평가 대비 사후 평가 점수가 긍정적으로 향상되었다. 하지만 이러한 차이는 통계적으로 유의미하지는 않았다. 실질적으로 사전−사후 평가의 차이의 의미를 분석해 보자면 교육훈련에 참가한 직원들이 사후 평가에서 평균적으로 정답 1개 정도를 더 맞은 것이다. 이러한 결과로 볼 때, 교육과정 동안에 대단한 양의 학습이 일어났다고는 볼 수 없다(〈표 12-4〉 참조).

교육훈련 참가 집단과 비참가 집단의 사후 평가 점수를 비교할 때, 교육훈련에 참가한 HRG 1과 3의 평균 점수는 비참가 집단 대비 높다. 하지만 이미 언급한 바와 같이, 이러한 차이는 통계적으로 그리고 실질적으로도 유의미하지 않으며, 교육훈련을 받은 직원들이 한 개의 정답을 더 맞춘 수준이다. 더군다나 HRG 2의 평균 점수는 정확히 교육훈련 참

〈표 12-4〉 교육훈련 후의 지식 비교(교육훈련 참가 집단 vs. 비참가 집단)

	참가 집단 (%)	비참가 집단 (%)	점수 변화 (%)	유의미한 차이 (유의도)
HRG 1	75	71	−4	없음
HRG 2	83	83	0	없음
HRG 3	85	79	−6	없음

〈표 12-5〉 직군 간의 전반적인 차이

직 군	사후 평가(%)
HRG 1	73
HRG 2	78
HRG 3	79
관리자	81

가 집단과 비참가 집단의 평균 값에 그치고 있다.

〈표 12-3〉과 〈표 12-4〉의 결과가 보여 주듯이, 비록 직원들이 교육훈련을 즐겼으나 정보의 학습량이 증가하지는 않았다는 점을 알 수 있다.

〈표 12-5〉에서 보는 바와 같이, 직군 번호가 높아짐에 따라 점수가 긍정적으로 상승함을 알 수 있다. 점수가 낮은 몇 명의 경우, 참가자들이 '어느 정도 맞다.'는 답변을 선택하였기 때문일 수 있으며, 이러한 결과는 직원들이 업무상 거래성사에서 반드시 활용되는 새로운 기술을 습득해야 할 개선의 여지가 여전히 있음을 보여 준다.

3단계: 업무로 복귀 후 교육훈련에서 배운 내용을 얼마나 사용할 것인가

평가 설계

내용전문가는 참가자들이 업무로 복귀하였을 때 적용하는 데 중요한 교육훈련의 19가지 핵심 기술 영역을 규명하였다. 이 정보에 의거하여 교육훈련평가팀은 두 가지 평가 도구를 개발하였다.

첫 번째 도구는 관리자들이 쉽게 평가할 수 있는 한 페이지짜리 관찰 체크리스트이며, 이를 통해 협상 교육프로그램에서 직원들이 습득한 각 각의 기술의 적용을 전화 한 통으로 자주 평가할 수 있었다. 측정 척도의 범주는 '전혀'부터 '항상'이며, '기회가 없었음'의 선택도 가능하게 만들어 두었기에 직원들이 기술을 적용할 기회가 없었을 때 낮은 점수를 받는 일이 없도록 개발해 두었다.

두 번째 도구는 후속 사후 질문지로, 교육훈련에 참가한 직원들이 학 습한 내용을 매일의 업무 전화통화에서 얼마나 적용할 수 있다고 느끼는 지를 파악하는 도구다. 이 평가는 직원들이 "교육훈련 목표 중 몇 개나 충족되었는가?"부터 "교육훈련 결과로서 귀하의 협상 기술은 얼마나 변 화되었는가?"까지의 범주를 측정한다. 이 질문지는 기술을 적용하도록 돕는 근무 환경 요소, 적용을 저해하는 요소 및 학습한 정보를 얼마나 빨 리 적용할 수 있는가에 대한 정보를 묻는 질문도 포함하고 있다.

마지막으로, 개인별 직원의 성과를 명확히 알기 위해서 지속적인 관찰 을 실시하였으며, 교육훈련평가팀은 HRG 관리자들을 대상으로 관찰자 간 관찰 신뢰도를 높이기 위한 교육훈련을 제공하였다. 이 교육훈련은 두 가지 목적을 위해 설계되었다. ① 관리자는 직원의 성과를 관찰하는 데 관여되는 인간의 오류를 더 잘 이해할 수 있다(누군가가 평가자가 하는 방 식대로 업무를 수행했기 때문에 점수를 더 높게 주거나, 바로 앞에 관찰한 직원 과 비교하여 현재 관찰 중인 직원의 점수를 실제보다 낮게 부여하는 등), ② 또 한 관리자들이 관찰을 하면서 성과를 충족한 수준, 초과한 수준, 기대 이 하인 경우에 대한 합의를 하는 것이 매우 중요하다. 상기 두 가지 목적이 달성된 후, 관리자들은 교육훈련을 받은 직원들을 객관적으로 평가하는 방법과 HRG 부서의 비전과 일치하는 방향으로 평가하는 방법을 이해할 수 있다.

자료 수집

직원들이 교육에서 학습한 협상 기술이 업무상 통화에서 활용되는지를 알기 위해서는 HRG 관리자들이 전화 통화(교육훈련 참가 집단과 비참가 집단 직원 각각의 통화)를 6주간 매주 들어야 한다. 계획상으로는 모든 직원이 자동 다이얼로 통화를 한다고 가정하였기 때문에 관리자들은 녹음된 통화 내용 청취를 요청하면 언제든지 들을 수 있다고 생각했었다. 하지만 상당수의 직원들이 자동 다이얼 장치를 활용하지 않아 관리자들은 직원들의 실제 전화를 관찰할 수 있도록 '직원의 전화 라인에 접속'하여야 하는 상황이 되었다. 동시에 잠재적인 편견을 배제하기 위하여 관리자들은 자기 부서 직원의 전화를 관찰할 수 없도록 하였다. 이러한 제약하에서 관리자들은 본인 지역이 아닌 다른 지역에 있는 직원을 관찰하는 스케줄을 잡아야 하는 문제가 발생하였고, 이 또한 다른 지역의 관리자가 전화를 하도록 '요구'할 수 없기에 지역 1의 관리자는 지역 1의 직원을 관찰할 수 있고, 지역 2의 관리자는 지역 2의 직원을 관찰할 수 있도록 변경하여 매칭하였다.

나아가, 직원들은 본인의 각 통화마다 피드백을 받을 수 있었고, 관리자의 검토를 통해 각 통화당 직속 상관의 피드백을 받을 수 있게 되었다. 이와 같이 본인의 직속 관리자에게 코칭을 받는 것은 참가자들이 가장 적절한 방안이라고 느꼈기 때문에 진행될 수 있었다.

교육훈련평가팀은 각 참가자마다 수집된 자료를 확인하고, 참가자들을 직접 면대면으로 관리하기 위하여 각 지역을 방문하였다. 이를 통해 설문지의 모든 질문이 명료하였는지, 그리고 모든 평가지가 회수되었는지를 확인할 수 있었다.

결과/분석

관리자들은 관찰 평가를 위해 다음의 척도를 사용하였다.

- 항상 그렇다 = 5
- 보통 그렇다 = 4
- 절반(1/2) 정도 그렇다 = 3
- 그렇지 않다 = 2
- 전혀 그렇지 않다 = 1
- 기회가 없었다 = 평가 제외(점수 없음)

비교분석 결과는 〈표 12-6〉과 같다. HRG 2에 속하는 교육훈련 참가 집단과 비참가 집단을 비교하였을 때 유의미한 차이가 없었다. 〈표 12-7〉은 직군 간에 비교한 결과다.

HRG 2 집단은 기술에 대해서는 모두 평균적으로 '항상 그렇다' '보통 그렇다'를 보였다. 그러므로 본 교육훈련 프로그램은 교육훈련을 받지 않은 사람이 가지고 있지 않은 기술적인 내용을 추가적으로 제공하지 않았다고 볼 수 있다. HRG 1과 3은 기술에 대해 평균 '절반 정도 그렇다'와

〈표 12-6〉 HRG 2에 대한 비교 분석

	교육훈련 참가 (N = 11명)	교육훈련 비참가 (N = 7명)	차 이	유의미한 차이
통화 평균 점수	4.54	4.46	.08	없음

〈표 12-7〉 직군 간 HRG 비교 분석

	HRG 1	HRG 2	HRG 3	유의미한 차이
통화 평균 점수	3.6	4.5	3.6	없음

〈표 12-8〉 HRG 협상 목표의 달성

다음은 여러분들이 8월에 수료한 협상 프로그램의 목표입니다. 프로그램을 상기한 후, 이러한 목표를 달성하는 데 얼마나 성공적이었는지 체크해 주시기 바랍니다.

1=성공 없음, 2=거의 성공적이지 않음, 3=제한적으로 성공적임,
4=일반적으로 성공적임, 5=완전히 성공적임

질 문	HRG 1 (N=3)	HRG 2 (N=11)	HRG 3 (N=1)
비즈니스 친화적인 문제해결가처럼 협상하였다.	3.67	4.27	3.00
협상 과정 동안 적극적인 경청 기술을 사용하였다.	4.00	4.45	4.00
윈-윈 협상을 얻기 위한 전략을 활용하였다.	3.67	4.27	3.00
협상 상황과 관련된 나의 개인 스타일을 규명할 수 있다.	3.33	4.00	4.00
내가 본래 선호하는 것과 다른 상황에서 협상하기 위해 나의 스타일의 강점을 적용할 수 있다.	4.00	3.91	3.00
다양한 협상 기술을 어떻게 사용하고 대응하는지 규명할 수 있다.	4.33	4.09	3.00
다양한 협상 기술이 적용되어야 할 때 상황을 조정할 수 있다.	4.00	4.27	4.00
다양한 목소리 톤을 알고 효과적으로 대응할 수 있다.	4.00	4.27	5.00
긍정적 또는 부정적인 목소리의 다양성 모두에 적절하게 대응할 수 있다.	3.67	4.09	4.00

'보통 그렇다'의 수준을 보였다. 이 부분에 대해서는 개선의 여지가 필요한 것이다.

사후 설문지 내용은 〈표 12-8〉과 같다. 교육훈련 프로그램의 목적을 충족한 정도를 질문하였을 때, 다음과 같은 결과가 도출되었다.

- HRG 1(N=3)은 '일반적으로 성공적임'보다 약간 낮은 정도의 성공이라고 평가하였다(3.85).

- HRG 2(N=11)는 협상 교육훈련이 목적을 달성하는 데 '일반적으로 성공적임'보다 약간 높은 수준으로 나타났다(4.18).
- HRG 3(N=1)은 '제한적으로 성공적임'과 '일반적으로 성공적임' 사이 정도의 성공이라고 평가하였다(3.67).

결과에 대한 추가 내용은 〈표 12-9〉를 참조하면 된다.

모든 참가자가 강사의 강의와 상호작용 학습활동(역할 연기)이 그들의 업무와 가장 관련성이 높았다고 응답하였다. 부연 결과들은 〈표 12-10〉부터 〈표 12-17〉까지 살펴볼 수 있다.

모든 참가자는 배포용 협상 카드를 활용하지 않았다고 응답하였다(〈표 12-11〉 참조). 심지어 몇몇 사람들은 본인이 카드를 받은 적이 없다고 답

〈표 12-9〉 HRG 협상 프로그램의 관련성

협상 프로그램의 각 요소들이 귀하의 직무와 얼마나 관련이 있었는지를 1~5점 척도로 평가하시오.

질 문	HRG 1 (N=3)	HRG 2 (N=11)	HRG 3 (N=1)
1=관련 없음, 5=매우 관련 높음			
상호작용 학습활동(역할 연기)	4.33	4.36	3.00
교육훈련 워크북	3.67	4.18	4.00
강사 강의	4.33	4.64	4.00
배포용 협상 카드	3.33	2.36	4.00

〈표 12-10〉 HRG 협상 도구의 활용

질 문	HRG 1 (N=3)	HRG 2 (N=11)	HRG 3 (N=1)
교육훈련 워크북을 업무에 사용하였습니까?	'그렇다' 응답 33%	'그렇다' 응답 36%	'그렇다' 응답 100%

〈표 12-11〉 HRG 협상 도구의 활용

질 문	HRG 1 (N=3)	HRG 2 (N=11)	HRG 3 (N=1)
배포용 협상 카드를 활용하였습니까?	'그렇다' 응답 0%	'그렇다' 응답 0%	'그렇다' 응답 0%

〈표 12-12〉 HRG 협상 기술의 활용

귀하가 협상 프로그램에 참여한 결과, 다음의 행동 중에 어떠한 행동이 긍정적으로 변화되었는지 정도를 답변하시오.

1=변화 없음, 2=약간 변화함, 3=보통 변화함, 4=매우 변화함

질 문	HRG 1 (N=3)	HRG 2 (N=11)	HRG 3 (N=1)
전화 통화 첫 3분 내로 대출자와 좋은 라포를 형성하게 되었음	3.00	2.27	3.00
대출자에게 설득할 수 있는 역량을 활용하게 됨(스스로를 그들의 입장에서 생각하고 상황에 적절하게 대응하게 됨)	3.00	2.55	2.00
필요시 대출자의 목소리 톤에 자신의 톤을 적절하게 매칭할 수 있음	3.00	2.09	4.00
대출자와 협상 시, 비즈니스 친화적인 목소리로 정보를 전달할 수 있음(전문적인 톤과 말을 유지함)	2.00	2.00	4.00
코멘트나 진술이 부정적인 반응을 야기할 때 자신의 언어적 반응이 대출자에게 미치는 영향에 대해 심도 있게 이해하고 있음을 보여 줌	3.00	2.55	3.00
자신이 협상하고 있는 가정과 사실에 대해 이해함(대출자에 의해 제공된 사실에 대해 명확하게 이해함)	2.33	2.45	2.00
추가 정보를 얻기 위한 후속 질문을 물어볼 수 있음(대출자가 입증할 수 있는 명확한 정보를 주는 경우)	2.33	2.18	2.00
대출자가 방금 말한 내용을 요약하여 상호 이해가 공유됨(같은 내용에 대해 말한 내용을 재정리 및 요약함)	2.33	2.27	3.00
설명과 정보를 제공함(옵션에 대한 추가 정보를 제공하고, 그러한 옵션이 왜 이 상황에 적절한지 설명함)	1.67	2.36	2.00
통화를 통제할 수 있는 상황을 효과적으로 유지함(또는 대출자가 방향을 지시할 때도 통화 통제 가능함)	2.67	2.09	2.00

대출자와 협상 시 AMC 정책 구조를 인식함(HRG 정책/절차를 준수함)	1.33	2.18	2.00
우호적인 협상 전략을 인식함(대출자가 상호 대치되지 않는 우호적인 방식으로 협상하려고 하는 상황을 파악할 수 있는 능력)	2.00	2.27	1.00
비우호적인 방법에 효과적으로 대응함(비우호적인 방법이 활용되고 있음을 인식할 수 있고, 이에 대해 적절히 대응함)	2.00	2.55	4.00
할인 등의 전략을 효과적으로 활용함(이를 활용하기 위한 기회를 포착하거나 대출자가 제안하기에 앞서 먼저 제안함)	2.67	2.36	3.00
한계선에 대해서는 효과적으로 언급함(고객에게 협상될 수 없는 조건을 명확하게 설명함. 원칙을 준수함)	1.67	2.36	4.00
대출자가 "아니요."라고 말할 때 협상 과정을 지속할 수 있음("'아니요.'를 이해하지 못하는 것은 고객이 아닌 자신임"을 인식하는 지식을 보여 줌)	2.33	2.64	2.00
최후통첩을 제시하는 대신 고객이 가장 관심 있는 것이 무엇인지에 대해 지속 집중함('포지션'이 아닌 '관심'을 협상함)	3.00	2.36	2.00
AMQ와 대출자 모두의 요구를 충족할 수 있는 최종 결과를 확신함(윈-윈 협상 결과를 지향)	2.67	2.27	2.00

* 이 설문의 전체 점수에서 '기회가 없었음'은 제외됨

변하였다.

참가자들이 교육훈련이 목표로 하는 행동 변화가 긍정적으로 일어났느냐는 질문을 받았을 때, 모든 참가자가 '약간 바뀌었다'에서 '어느 정도 바뀌었다' 사이의 경험을 느꼈다고 하였다(HRG 1=2.39, HRG 2=2.32, HRG 3=2.61).

교육훈련 내용이 다음 상황에서 더 자주 활용되었다고 하였다.

- HRG 1 = 강조할 때
- HRG 2 = 라포를 형성할 때
- HRG 3 = 우호적인 협상 방법을 인식할 때

참가 직원들은 그들의 전체 업무 시간의 60%가 교육훈련에서 학습한 기술을 요구하는 업무라고 생각하고 있었다(〈표 12-13〉 참조).

이러한 기술을 적용하는 것이 업무의 성공에 있어 얼마나 중요한지를 0%(전혀 그렇지 않다)에서 100%(극도로 중요하다) 척도로 물었을 때, 예상보다 낮은 점수를 매겼다(〈표 12-14〉 참조). 비즈니스의 기본은 성공이기에 이 부분은 더 높은 점수를 받도록 과정이 설계되었어야 했다.

모든 직원이 1주 내에 교육훈련을 적용할 수 있었다(〈표 12-15〉 참조). 어떤 HRG 직군에 교육훈련이 잘 활용될 수 있느냐는 질문은 다음과 같았다(〈표 12-16〉 참조).

〈표 12-13〉 HRG 협상 기술의 활용

질 문	HRG 1 (N=3)	HRG 2 (N=11)	HRG 3 (N=1)
교육훈련에서 제시된 지식/기술을 요구하는 업무는 귀하의 총 근무 시간의 몇 %를 차지하고 있습니까?	57%	58%	60%

〈표 12-14〉 HRG 협상 기술 적용에 대한 결정적 관점

질 문	HRG 1 (N=3)	HRG 2 (N=11)	HRG 3 (N=1)
0%(전혀 그렇지 않다)에서 100%(극도로 비판적이다)의 척도상에서, 본 프로그램의 컨텐츠가 귀하의 직무 성공에 적용되는 정도는 얼마나 결정적입니까?	52%	72%	40%

〈표 12-15〉 HRG 협상 활용의 시기

질 문	HRG 1 (N=3)	HRG 2 (N=11)	HRG 3 (N=1)
교육훈련을 업무에 적용할 수 있었다.	100% -처음 며칠	100% -첫 주의 처음 며칠	100% -처음 며칠

〈표 12-16〉 HRG 협상을 위한 가장 적합한 직무

질문: 협상 프로그램이 가장 유용하리라 생각되는 HRG 직원 직군을 선택하시오.

질 문	HRG 1 (N=3)	HRG 2 (N=11)	HRG 3 (N=1)
HRG 1 중 협상 경험이 거의 없거나/없는 직원	100%	73%	100%
HRG 1 중 협상 경험이 있는 직원	67%	73%	100%
HRG 2	33%	91%	0%
HRG 3	33%	73%	0%
감독자/관리자	33%	55%	0%

- HRG 1은 HRG 1 중 협상 경험이 거의 없거나 없는 직원들에게 가장 효과적이라고 느낀다고 답하였다.
- HRG 2는 HRG 1 중 협상 경험이 있는 사람들에게 가장 유용하다고 느낀다고 답하였다.
- HRG 3은 교육훈련이 HRG 2에게 가장 유용하다고 진술하였다.

본 연구에서 HRG 3에는 한 명만 있었음을 주의하며 결과를 살펴보아야 한다.

교육훈련에서 얻은 기술을 활용하는 데 어떤 점이 도움이 되겠느냐는 질문에는 다음과 같이 답하였다(〈표 12-17〉 참조).

- HRG 1과 2는 시간과 기술을 활용하는 환경의 지원이 있다면, 활용 기회가 있다고 느낄 것이라고 답하였다.
- HRG 3은 도움을 주는 촉진 요인이 없다고 느꼈다.

기술 활용에 어려움이 있느냐는 질문에 한 명이 어려움이 존재한다고

〈표 12-17〉　HRG 협상 활용에 대한 조력자

질문: 귀하가 협상 프로그램에서 얻은 기술 또는 지식을 활용하는 데 도움이 되는 것이 있다면 무엇이겠습니까?

질 문	HRG 1 (N=3)	HRG 2 (N=11)	HRG 3 (N=1)
기술을 활용하기 위한 기회 제공	100%	73%	0%
기술을 적용하기 위한 충분한 시간	100%	45%	0%
기술/행동 활용을 지원해 주는 업무 환경	100%	64%	0%
협상 교육훈련에서 배운 정보를 재강화할 수 있는 감독자의 도움	33%	45%	0%
협상 교육훈련에서 배운 정보를 재강화할 수 있는 관리자의 도움	33%	45%	0%
업무 상황에 바로 적용할 수 있는 자료	33%	73%	0%

답변하였다. 바로 기술을 적용하는 데 충분한 시간이 없다는 점이었다.

4단계: 교육훈련의 경영성과는 어떠한가

평가 설계

교육훈련이 HRG의 비즈니스에 긍정적인 영향이 있는지를 확인하기 위해서(즉, 활성화된 거래 수의 증가 등의 긍정적인 영향) 비즈니스 관련 결과 각각에 대한 자료를 수집하였다. 가장 정확한 측정치를 얻기 위해 참가자 추정 자료를 수집하기로 결정하였다. 이는 직원 수준에서의 관련 성과 자료를 수집하고자 하였으나 자료가 '지불 미이행 연체 총 금액'의 메트릭스 수준으로만 제공되었기 때문이다. 또한 자료를 제공한 분석가는 다음과 같이 의견을 주었다.

"참가자 성명이 정확하지 않고, 'Resolve'라는 시스템은 거래 시스템에 불과하며, 모든 자료를 다 수집한 것이 아니라 최근에야 직원들의 자료를 조금씩 수집하기 시작하였다."

따라서 자료가 정확하지 않으며, 수치의 증가가 교육훈련 때문인지 아닌지 모호하다는 것을 의미한다. 그렇기 때문에 후속 사후 설문 회기 중에 본 사례의 첫 번째 페이지에 명시한 네 가지 경영성과 각각에 관련된 연속된 질문을 했다. 네 가지 경영성과는 다음과 같다.

- 활성화된 거래 수의 증가
- 완수된 거래 수의 증가
- 공매 제공량의 증가
- 미리 해결된 채무 불이행률의 증가

자료 수집/효과 분리 기술

후속 사후 설문 회기 동안, 직원 개인별로 그들이 습득한 지식/기술이 상기 네 가지 경영성과에 영향을 미쳤다고 생각하는지를 질문하였다. 만일 직원이 지식/기술이 영향을 미쳤다고 생각한다면, 어느 정도 영향을 미쳤다고 생각하는지 '약간 영향을 미침'에서 '매우 중요한 영향을 미침'의 범주 내에서 답변하도록 요구하였다. 이와 같은 영향의 정도가 규명되면, 직원들에게 다음에 대한 정보를 제공하도록 요청하였다.

- 교육훈련 전과 비교하였을 때, 교육훈련 후에 월별 증가가 얼마만큼 이라고 생각하는가?
- 교육훈련 참가의 직접적인 결과로 개선된 비율은 어느 정도인가?

- 앞의 두 가지 질문에 대한 응답 신뢰도는 어느 정도라고 평가하는 가?(측정에 대한 신뢰도가 부족하면 응답치를 보수적으로 판단하기 위한 목적임)
- 각 결과의 평균 금전적 가치는 무엇인가?

위의 두 번째, 세 번째 질문을 설명하기 위해 개선이 얼마나 교육훈련의 결과로서 나타난 것인지를 측정하는 분리 기법이 사용되었다.

결과/분석

〈표 12-18〉부터 〈표 12-20〉까지는 결과 자료들이다. 대다수의 직원들은 HRG 교육훈련 프로그램이 경영성과에 영향을 미치는 관계라고 보았다.

〈표 12-18〉 완료된 거래의 수 – 금전적 가치가 기인한 경우

	총 가치	교육훈련으로 인해 개선된(%)	단위당 평균 가치($)	추정에 대한 신뢰도(%)	조정된 가치($)
HRG 1	0	0	20,000	0	0
HRG 1	0	0	20,000	0	0
HRG 1	3	5	20,000	15	450
HRG 2	0	0	20,000	0	0
HRG 2	5	50	20,000	40	20,000
HRG 2	0	0	20,000	95	0
HRG 2	15	80	20,000	90	216,000*
HRG 2	0	0	20,000	0	0
HRG 2	10	50	20,000	60	60,000
HRG 2	4	20	20,000	90	14,400
HRG 2	8	15	20,000	90	21,600*

HRG 2	15	10	20,000	70	21,000
HRG 2	0	0	20,000	0	0
HRG 2	0	20	20,000	90	0
HRG 3	0	10	20,000	50	0

합계=137,450$

* 추정치를 보수적으로 계산하기 위해 제외됨(합계 353,450$)

〈표 12-19〉 미리 지불된 체납액 – 금전적 가치가 기인한 경우

	총 가치	교육훈련으로 인해 개선된(%)	단위당 평균 가치($)	추정에 대한 신뢰도(%)	조정된 가치 ($)
HRG 1	10	50	10,000	75	37,500
HRG 1	50	0	10,000	0	0
HRG 1	0	0	10,000	0	0
HRG 2	0	0	10,000	0	0
HRG 2	10	50	10,000	80	40,000
HRG 2	0	0	10,000	0	0
HRG 2	10	75	10,000	80	60,000
HRG 2	0	0	10,000	0	0
HRG 2	10	50	10,000	60	30,000
HRG 2	15	50	10,000	90	67,500
HRG 2	10	15	10,000	80	12,000
HRG 2	0	0	10,000	0	0
HRG 2	0	0	10,000	0	0
HRG 2	0	0	10,000	0	0
HRG 3	0	0	10,000	0	0

합계 247,000$

〈표 12-20〉 활성화된 거래의 수 – 비금전적 가치가 기인한 경우

	총 가치	교육훈련으로 인해 개선된(%)	단위당 평균 가치	추정에 대한 신뢰도(%)	합 계
HRG 1	20	50	X	80	8.00
HRG 1	12	10	X	20	.24
HRG 1	10	70	X	85	5.95
HRG 2	0	0	X	0	0.00
HRG 2	15	10	X	80	1.20
HRG 2	15	30	X	90	4.05
HRG 2	5	20	X	85	.85
HRG 2	10	50	X	60	3.00
HRG 2	0	0	X	0	0.00
HRG 2	0	0	X	0	0.00
HRG 2	0	0	X	0	0.00
HRG 2	10	50	X	40	2.00
HRG 2	10	80	X	90	7.20
HRG 2	0	0	X	0	0.00
HRG 3	0	0	X	0	0.00

이익 합계＝33개의 거래

ROI: 긍정적인 투자 회수율이 있는가

편익비용비율(BCR)과 투자 회수율(ROI) 계산은 다음과 같다.

- 편익비용비율(Benefit-Cost Ratio): 이익/비용
- 투자 회수율(Return on Investment): 프로그램 순수익/비용 × 100

참가자에 의해 분리된 금전적 이익에 의하면, 협상 교육프로그램은

12.15:1의 BCR과 1,114.62%의 ROI를 나타내었다. 이와 같은 결과는 협상 교육프로그램에 1달러 투자할 때마다 HRG가 투자한 1달러 외에 11.14달러를 환수할 수 있다는 것을 의미한다.

$$BCR = 384,450.00\$ / 31,651.98\$ = 12.15 : 1$$

$$ROI = \frac{384,450.00\$ - 31,651.98\$}{31,651.98\$} \times 100 = 1,114.62\%$$

무형적 이익의 측정

후속 사후 질문지

- 고객 서비스의 증가
- 관리자 라인까지 올라가는 통화의 감소
- 자신감 상승

일화적 정보

관리자들이 교육훈련을 완료하고, 일관성이 있고 객관적으로 HRG 직원 성과 검토에 대한 성과 환산 작업을 실행한 후, 광범위한 피드백이 제공되었다. 평가자 교육은 그들이 받아 본 교육 중 가장 가치 있는 교육이었다는 평가를 했다.

관리자들은 그들이 코칭을 촉진하고, 업무의 생산성은 물론 품질에도 집중하기 위하여 현재 문화를 통합적으로 감독하는 관찰 과정을 굉장히 가치 있게 여겼다.

결국 관찰 체크리스트는 HRG 직원들의 성과 관리 과정에 통합된 가치
있는 도구로 인정받았고, 활용되었다.

제한점

ROI 연구를 통하여 연구의 제한점을 수집하고 문서화하였다. 첫째, 모
든 참가자가 사전 평가에서 이름을 기재한 것이 아니었다. 따라서 교육
훈련 사전과 사후 결과의 변화를 찾기 위한 수작업의 매칭 과정이 필요
했다. 둘째, 앞서 잠시 언급한 바와 같이, 내용전문가에 의해 통제집단(교
육훈련을 받지 않은 집단)이라고 정의된 직원들이 이미 교육훈련 파일럿
과정에 참가한 직원들로 구성되어 있었다. 따라서 이 통제집단은 연구에
서 제외되었다. 그 결과, HRG 1과 3을 관리자 관찰 섹션이라는 의미 있
는 자료를 통해 비교할 수 있는 역량과 기회를 약화시키는 결과를 초래
하였다. 셋째, 내용전문가에 의해 제공된 다수의 시나리오와 문제 정답
이 정확하지 않았다. HRG 집단은 거대한 문화 변화를 겪고 있었으며, 평
가 집단에게 제공된 문제 문항들은 새로운 문화에 적합하지 않았다. 그
러므로 8월과 9월의 평균 점수에서 몇 가지의 문항을 제거하였고, 이에
따라 정확한 점수를 스폰서 경영진에게 전달할 수 있었다. 그리고 경영
진의 요청에 따라, 질문을 재정리하여 정확한 평가를 10월 및 11월 회기
에서 활용할 수 있었다. 대신 8월/9월 점수와 10월/11월 점수 비교는 제
거되었다. 점수 비교 없이도 경영진들은 직원들이 문화 변화를 제대로
이해했는지 아닌지를 판단할 수 있었다.

또한 이미 논의한 것과 같이, 다음의 연구 한계점을 경험하였다. 첫
째, 관리자 관찰 체크리스트는 '신규' 협상 기술을 각 단계의 직원들에게
가르쳤다는 전제하에 설계되었다. 그러나 참가자들로부터 질적인 정보

를 받은 후 살펴보니, 교육내용이 그들의 경험에 따라 차이가 없었다. 모든 직원은 (단계 1에서 3까지) 동일한 정보를 학습하였다. 둘째, 내용-전문가가 '어떻게' 관리자들이 각 직원들의 성과를 관찰하는가에 대해 설계한 내용이 모든 관리자에게 적용되지 않았다. 관찰 과정이 시작된 후, 일부 직원의 고객과의 대화만이 녹음되었다는 점이 발견되었다. 따라서 몇몇 관리자들은 통화 녹음 복사본을 요청하지 않았고, 직원들이 통화할 때까지 관리자들이 기다렸다가 관찰하였다. 마지막으로, 허리케인 카트리나 (Hurricane Katrina)가 연구 도중에 발생하여 관리자 관찰 과정이 지연되었으며, 관찰 과정을 마무리 짓지 못한 몇 명은 어려움을 겪었다.

커뮤니케이션 전략

자료 결과는 수집된 시점으로부터 2주 내에 커뮤니케이션이 되어야 한다. 연구와 관련하여 효과를 극대화하기 위해 변화를 주어야 하는 부분이 있는지와 연구 진행이 제대로 되고 있는지를 확인하기 위해서 수집된 정보를 훈련자, 조직개발 임원, HRG 임원과 함께 논의해야 한다. 뿐만 아니라, 최종 ROI 연구는 특수 서비스 부문의 부사장 수준, 관련 경영진, 그리고 해당 팀이 조직개발부서에 설명해야 한다. 지속적인 진행과 강화를 위한 개선의 기회가 있는지 보기 위해 결과 공유와 디브리핑 회기를 진행하였다.

시사점

연구 진행 동안 많은 한계를 마주치게 되면서 가치 있는 점들을 배울 수 있었다. 첫째, 내용전문가는 교육훈련을 요구하는 고객과 교육훈련을 전달하는 부서 모두의 합의하에 선별되어야 한다. 그래야만 모두가 동의하고, 확신할 수 있는 정확한 정보를 제공할 수 있을 것이다.

둘째, 평가와 관찰 전략 모두를 검토할 시간을 확보해 두거나 만일을 대비해 예비 검토자들을 준비해 두는 것이 좋다. 그래야만 자료 수집이 계획한 속도대로 가능하고, 프로젝트도 진행될 수 있다.

셋째, 만약 핵심 임원들이 구체적인 자료 수집 방식을 요구하면 실행에 앞서 최종 가안을 먼저 검토받는 것이 좋다. 그래야만 모든 기대를 충족할 수 있다는 자신감을 가지게 된다.

넷째, 프로젝트를 시작하기에 앞서 연구에 대한 전면적이고도 세세한 계획을 확실히 수립해야 한다. 모든 연구방법 수행에 필요한 영향력 있는 자료들이 실제로 수집 가능한 것인지 확인하고, 문화, 기술, 자원 할당 등 연구에 영향을 미칠 수 있는 환경을 확인해야 한다. 이러한 것들이 가능하다면 상대적으로 눈에 띄지 않기를 원할 것이다.

다섯째, 연구와 관련하여 남은 일들이 무엇인지 명확히 해야 한다. 비즈니스 파트너나 내용전문가가 자신이 생각하고 행동하는 대로 할 것이라고 '가정'해서는 안 된다. 모든 단계를 걸쳐 상세한 지침을 제공해야 하며, 혼란을 주는 변수를 다루거나 연구에 영향을 주어 상황을 어렵게 만드는 경우가 있는지를 파악하기 위해 연구 진행 기간 동안 자주 방문해야 한다.

여섯째, 연구 막바지에 참가자 추정 자료를 수집할 때는 회의당 가능하면 최소한의 인원과 회기를 가질 것을 권한다. 만일 매우 복잡한 결과변인을 가지고 있고 신입사원 수준의 직원에 대해 연구할 경우, 한 명 또는 두 명의 직원이 최대치다. 책임을 더 가지고 있는 높은 직위의 직원을 대상으로 회기를 가질 경우에는 세 명에서 다섯 명을 추천한다.

마지막으로, 모든 관찰자가 같은 방식으로 '성공적인 수행성과'라고 평가할 수 있도록 점수 오차 조정 회기를 가지고자 한다면, 모두가 동의할 수 있는 충분한 시간을 가지도록 해 주어야 한다. 관찰 시작 전에 약 3번의 회기가 필요하며(회기당 약 2시간 정도), 이렇게 연습한 평가자들에게도 관찰 점수 재조정이 필요하다는 점을 잊어서는 안 된다.

토론을 위한 질문

1. 교육훈련 프로그램이 이미 시작하였으나 아직 교육훈련 프로그램을 통해 성취하고자 하는 목표가 규명되지 않았다면, 어떠한 단계를 추진해야만 하겠는가?

2. 내용전문가(SME)를 선정할 때, 여러분은 그들이 적합한 인력인지 아닌지 어떻게 평가하겠는가?

3. HRG 직원들이 획득한 지식의 양을 측정하는 데 사용할 수 있는 다른 방법들은 무엇이 있는가?

4. 가장 정확한 자료를 얻는 동안 3단계 평가 계획이 자료 수집에 최소한의 영향을 줄 것이라는 점을 어떻게 확신할 수 있는가?

5. 긍정적인 ROI 수치가 도출되었음을 보고하였지만, 교육훈련 프로그램보다 기술적 해결책이 더 효과적인 방법일 수 있다는 '문제'가 발생하였을 때, 어떤 종류의 준비를 해야만 하겠는가?

6. 이해관계자와 여러분이 함께 일하는 교육훈련 부서에서 얼마나 자주 자료에 대해 커뮤니케이션해야 하겠는가?

7. ROI 연구 시작에 앞서 어떠한 종류의 보안 유지를 고려해야 하는가? 누가 고려되어야 하며, 이러한 예상에 대해 어떻게 대처하겠는가?

8. ROI 연구 시작에 앞서 여러분은 고객의 기대수준을 어떻게 관리하겠는가? 그리고 이러한 관리는 중요한가?

저자에 관하여

Kendall Kerekes

Kendall은 Indymac 은행에서 고객 직접 그룹(판매, 서비스 및 뱅킹 업무)의 HR 임원으로 재직 중이며, 채용, 교육훈련, 보상 및 직원노사관계 부서의 전략적 설계 및 개발을 담당하고 있다. 미국 웨스트몬트 대학교에서 심리학 학사 및 CSU San Bernardino에서 산업조직심리학 석사를 취득하였다. 연락처는 미국 1 Banting Rd, Irvine, CA, 92618이며, 이메일은 Kendall.Kerekes@imb.com이다.

Kelly Coumbe

현재 그녀는 『Fortune』 선정 글로벌 50대 기업에서 식스시그마 블랙벨트로 활동하고 있으며, 비즈니스 프로세스 설계 및 개선과 전사에 걸친 식스시그마 실행을 돕고 있다. 미국 미네소타 주립대학교에서 심리학사와 캘리포니아 주립대학교에서 산업/조직 심리학 석사를 취득하였다. 연락처는 미국 ING, 200N. Sepulveda Boulevard, El Segundo, CA, 90245와 이메일 coumbek@ingadvisors.com 또는 kelly-lynncoumbe@hotmail.com이다.

John Ruggiero

미국 럿거스 대학에서 심리학사와 저널리즘을 복수전공하였다. 석사학위 취득 후, 대형 조직들의 조직개발과 성과관리 분야를 담당하였다. 그는 현재 Southern California Edison의 학습 분석론 부서에서 프로그램 관리자로 일하고 있다.

Sanam Razzaghi

미국 컬럼비아 대학교에서 사회-조직 심리학 석사를 취득하였고, 이후 계속 대학원에 재학 중이다. 대학원 재학 중, 조직개발 관련 실무 경험을 제공해 주는 대형 기업들의 인턴십을 수료하였다. 현재 Watson Wyatt Worldwide에서 근무하고 있다.

제13장

사실경영 교육의 ROI 측정

-자동차 바퀴 제조회사 사례*-

* 본 사례는 효율적이거나 비효율적인 행정 또는 경영 사례 공유 목적보다는 토론의 자료를 위한 목적으로 준비되었음을 밝힌다.

Alaster Nyaude

요 약

Quality Wheels International(QWI)은 1차 관리자, 2차 관리자를 포함한 200명의 전 직원을 대상으로 '사실 경영(Manage By Fact: MBF)' 프로그램을 시키기를 원했다. MBF 교육 성과를 측정하기 위해 이 교육을 수료한 10명을 대상으로 4단계 평가를 진행하였다. 교육 효과를 분리하기 위해 참가자, 감독자, 재무부서의 추정치를 사용하였다. 프로그램에 대한 총 투입 비용은 187,600달러로 계산되었다. ROI는 332%, BCR은 4.3:1로 밝혀졌다.

배 경

QWI는 북미, 남미, 아시아, 아프리카, 유럽 지역의 다수 고객들을 대상으로 자동차 바퀴를 생산하는 회사다. 회사는 최고로 선도적인 자동차 바퀴 공급회사가 되는 것을 전략적 비전으로 삼고 있다. QWI는 다음의 세 가지 전략을 통해 사업에서 더 큰 가치를 창출하는 데 노력하고 있다. ① 고객을 만족시킴으로써 성장―QWI는 고객들이 회사 전반에 걸친 지속적인 개선, 품질, 기술, 혁신 그리고 안정성을 극대화할 수 있는 통합적인 사업 진행 방식을 활용하기를 요구한다고 믿고 있을 뿐 아니라, 모든 회사 부문에 걸친 사업의 탁월성을 보장하도록 복합 기능(cross-functional) 조직을 활용하고 있다―하며, ② 비용이 적게 드는 제품을 생산하고 운영비를 최소화할 수 있는 새로운 방법을 지속적으로 연구하고 적용함으로써 성장하며, ③ QWI의 경쟁력 있는 강점이자 끊임없이 지속적인 성장을 담보할 수 있는 우수한 인적 자원에 투자함으로써 성장하고자 한다. 회사는 모든 수준에 걸쳐 유능한 직원들이 지속적으로 훈련된 팀(Winning Team)을 갖추도록 촉진 · 양성 · 학습하는 조직이다. QWI의 철학적인 문화는 곧 지속적인 개선, 열린 커뮤니케이션, 조직 학습, 밀접한 상호작용, 구성원의 책임으로 이루어져 있다.

사업 문제

QWI 미국 조지아주의 공장 한 곳이 품질문제, 배송 지연, 재고의 고비용 그리고 저조한 판매량 때문에 대내외적으로 제품 반품의 문제를 겪어 왔다.

격차와 요구분석

성과 개선 전문가와 회사는 문제의 해결을 제안하기 앞서 조직의 격차와 요구 진단을 실행하기로 합의하였다. 격차 분석의 목적은 목표와 현재 수준 간의 차이를 규명하기 위함이다. 〈표 13-1〉과 같이 '기대 성과(A)' 열은 바람직한 성과 수준을 보여 주고 있다. '현재 성과(B)' 열은 실제 성과를 의미한다. '성과 격차' 열은 두 열의 차이다.

〈표 13-1〉 격차 분석

주요 프로세스	기대 성과(A)	현재 성과(B)	성과 격차(A-B)	조직에 미치는 격차의 영향
스크랩 비율이 높음	5%의 스크랩	29%의 스크랩	-24%	공장 문을 닫거나 사업을 다른 국가로 이전해야 한다.

대내외 거절 (고객 불만)	불만 0개/월	불만 8개/월	8개 감소해야 함	시장을 잃을 가능성이 높다. 회사는 현재 상황을 반전시키고 품질과 고객 만족에 집중해야 할 필요가 있다
스크랩 관련 비용	150,000$/월	1,200,000$/월	−1,050,000$	비용이 지나치게 높아 지속이 불가능하다
공급자재 사용	운영 경비의 10%	운영 경비의 35%	−25%만큼 불리한 상황	사업의 지속이 불가능한 상황이며, 생존을 위해 비용을 감축해야 한다.
배송 시간	95% 정시 배송	65% 정시 배송	정시 배송 30% 개선 필요	경쟁사에게 고객을 빼앗길 수 있다.

출처: Gupta(1999, p. 145)에서 발췌, 일부 수정

해결 방안의 선택

격차와 요구를 분석한 결과, 이러한 사업상 문제들이 문제해결 기술 부족과 팀워크 훈련 부족으로 인해 발생하였다는 것을 알게 되었다. 직원과 임원들이 더 큰 성과를 낼 수 있도록 연결해 주고 격려하기 위한 목적으로 교육방안을 제안하였으며, 이에 따라 사실경영(MBF) 교육프로그램을 설계·개발하였다. 교육 목적은 참가자들에게 비즈니스 탁월성의 원칙을 소개하고 팀으로 일하는 방법, 문제해결 프로세스의 단계별 적용을 통한 비즈니스 문제해결을 가르치는 것이다. 주요 주제는 안전, 직원의 기여, 경제적 부가가치, 직원 행동강령, 비즈니스 윤리와 더불어 비즈니스 탁월성을 강화하기 위한 원칙, 예를 들어 실행 절차도, 점검표, 파레토(Pareto), 어골도(fishbone), 5-Whys, 문제 시뮬레이션, 역할극, 협상 그리고 중재 활동과 같은 문제해결 도구에 대한 원칙 숙지가 포함되어 있다.

MBF 교육의 목적

8시간의 훈련을 통해 참석자들은,

- 교육수료 다음 날부터 본인 업무에 비즈니스 탁월성의 원칙을 적용할 수 있는 기술을 습득하고, 시간당 규격품 생산을 적어도 25% 개선할 수 있다.
- 품질 개선과 고객 만족 증진을 위한 도구를 활용하여 교육수료 1주일 내에 내부고객 반품(불만) 수를 0 또는 1개 수준으로 줄임으로써 경영성과에 새로운 가치를 부여할 수 있다.
- 교육수료 1주일 내에 장비 최적화 및 가동시간을 적어도 20% 개선하기 위해 교육에서 배운 MBF의 표준 문제해결 방법론을 실행할 수 있다.
- 비용 효과성을 늘리고 공급자재 사용을 20% 감소시킴으로써 비즈니스 프로세스 흐름상의 가치를 증진할 수 있다.

자료 수집 계획

자료 수집 방법은 설문 조사, 관찰, 자가 진단, 인터뷰 등이다. 〈표 13-2〉에 상세한 자료 수집 계획 명세서가 나와 있다.

교육 효과 분리 방법

교육 효과를 분리하기 위해서는 경영성과에 영향을 미치는 서로 다른 프로세스 관리자가 있어야 한다. 또한 개선 교육이 단독적으로 얼마나 성과에 영향을 미칠 수 있는지에 대해 분석해야 한다.

〈표 13-2〉 자료 수집

단계	평의의 프로그램 목표	측정	자료 수집 방법/도구	자료원	시기	책임자
1	**반응도/만족도** 참가자들이 프로그램이 본인의 업무와 관련 있고, 중요하며, 활용 가능한지 평가하는 것	5점 만점 기준 4점	5점 척도 기반 설문 문항 설계	직원, 감독자, 강사	교육 후 1일차	운영 탁월성 관리자 및 퍼실리 테이터
2	**학습 성취도** 참가자들이 학습한 기술을 업무에 적용하기 위한 능력을 보여 주는 것	통계 프로세스 통제(SPC) 차트 및 측정 기록상 적어도 85%의 완성	관찰, 성과 기록 및 자가진단	직원, 감독자, 측정 차트, SPC 기록 및 생산 기록	교육 중 료 예상 일	비즈니스 탁월성 관 리자 및 퍼 실리테이터
3	**현업 적용/이행** 참가자들이 습득한 역량을 일상적으로 연습하고 적용하는 것	설비 가동 시간의 20% 증가, 시간당 생산성 25% 이상 증가, 45%의 배송지연 감소를 통한 정시 배송/수송 증대	설문 문항 및 구조화 된 인터뷰, 관찰 및 성과기록	직원, 감독자, 직원의 부하, 동료직원	교육수료 2주 후	운영 탁월 성 관리자 및 퍼실리 테이터
4	**경영성과 기여도** 참가자는 사업의 모든 핵심 영역에서 주도적인 개선을 이룸 - 내부 함: 생산성, 설비 가동 시간, 대내외 거절 수, 판매량, 정시 배송 및 감소된 미완성 제품	개인별 처리량 30% 이상 증가, 내부 및 외부 제품 거절 수 50% 감소, 배달 손실 제로, 미완성 제품 90% 감축 및 정시 배송	설문 문항	직원, 감독자, 비주얼 시스 템 매니지먼 트(VMS)	교육수료 2주 후	운영 탁월 성 관리자 및 퍼실리 테이터
5	**ROI** ROI의 최소 25%가 기대됨	**기초 자료:** 생산성, 설비 가동, 생산 효율성, 판매량, 미완성 제품, 대내외 거절 수, 미완성 제품, 수송 정보에 대한 비즈니스 메트릭스 활용 **비고:** ROI는 생산성, 효율성, 판매량, 내부 거절이 감소, 외부 반품이 감소, 미완성 제품 수의 감 소와 관련된 금전적 가치를 통해 밝혀질 것이다. 이해관계자들은 이러한 메트릭스와 ROI 효과 측정을 신뢰한다.				

출처: ROI Institute (2006). *ROI Certification: Building Capability and Expertise with ROI Implementation.* Birmingham, AL: Author, p.127.

교육 효과를 분리시키기 위해 가능한 몇 가지 기법 중에서 QWI는 참가자의 추정, 관리자와 경영진의 추정, 그리고 전문가의 추정을 선택하였다. 이러한 기법들은 다음 기준에 의거하여 선정되었다. ① 실행 및 관리가 가능한지, ② 정확성이 필요한 비교를 할 때, 그 정확성을 제공할 수 있는 기법인지, ③ 상대에게 신뢰를 주는 기법인지, ④ 관리하기에 간단하고 저렴한 기법인가에 근거하여 선택하였다.

MBF의 ROI 효과 연구를 위한 이익과 비용 계산 계획

자료 신뢰성 확보를 위한 측정　　모든 이해관계자에게 프로젝트의 모든 중요 단계를 명확하게 알 수 있도록 커뮤니케이션 계획을 수립해야 한다. 자료의 신뢰를 확보하기 위하여 자료 수집 계획표는 모든 이해관계자가 신뢰할 수 있는 비즈니스의 표준을 고려해서 작성해야 한다. 표준 수집 계획표에는 판매량, 대내외 제품 거절 수, 진행 중인 작업, 정시 배달, 스크랩, 물품 소비 및 내부 칩의 사용 비율이 포함된다. 이와 관련한 주요 비즈니스 자료는 회사의 일간, 주간, 월간 성과기록 보고서를 활용하면 된다. 〈표 13-3〉의 자료는 표준 회계 및 프로세스 메트릭스에 의해 측정된 저장 자료로, 비즈니스 관련 주요 대상들로 구성되어 있다. 각각의 비주얼 매니지먼트 시스템(VMS)상의 공장 성과 자료에는 직원을 포함한 모든 이해관계자의 커뮤니케이션 목적이 붙여져 있다. 〈표 13-3〉과 [그림 13-1]은 MBF 교육 이전에 측정된 공장 성과의 백분율이다.

〈표 13-3〉 교육 이전의 기본 자료

성과 메트릭스	8월	9월
외부 제품 거절 수	8	9
내부 제품 거절 수	8	11

진행 중인 작업	10	11
판매량	8	7
정시 배달	65	60
스크랩	28.57	30.22
물품 소비	35	37
내부 칩 사용	54	40
설비 가동	65	60

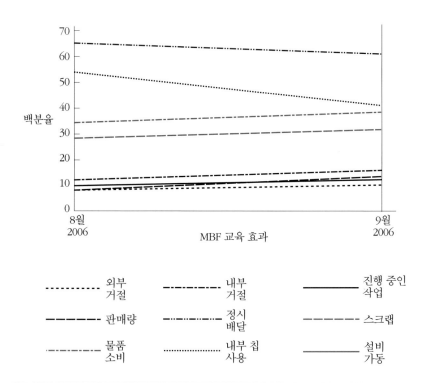

[그림 13-1] 교육 이전의 성과 로드 프로파일

자료를 금전적 가치로 전환하는 방법 자료를 금전적 가치로 전환하는 방법에는 몇 가지가 있다. QWI의 경우에는 이미 전환을 해 오고 있었다. 내부 칩 사용에 대한 측정만 제외하고는 각각의 측정에는 표준 가치가 있었고, 이 표준 가치를 판매 회사(vendor)에 적용하였다. 이 부분이 전환을 쉽고 신뢰 있게 만들어 주었다.

ROI 계산 접근법

ROI 연간 효과를 화폐가치로 나타내는 데 두 가지 접근 방법이 선호되고 있다. 편익비용비율(Benefit-Cost ratio: BCR)과 기본 ROI 계산 공식이다. BCR은 프로그램을 통한 연간 경제적 이득을 프로그램 비용과 비교한다. ROI 방식은 교육에 대한 투자를 평가하는 데 가장 적합한 방식으로, 프로그램의 순이익을 프로그램 비용으로 나눈 비율로 표현된다.

교육프로그램의 ROI

MBF 교육은 10명을 대상으로 2006년 10월 6일에 실시되었다. 성과 기본 자료는 2006년 8월부터 9월 사이에 수집되었으며, 〈표 13-3〉과 같이 주요 경영성과 측정치를 바탕으로 정리하였다. 〈표 13-4〉와 [그림 13-2]는 2006년 10월부터 11월까지의 MBF 효과 분석을 새로운 그래프와 추세선 형식으로 보여 주고 있다. 모든 주요 사업 영역에서 가시적인 개선이 있음을 알 수 있다. 외부 및 내부 제품 거절 수의 감소, 판매량의 증대, 진행 중인 작업의 감소, 물품 소비의 감소, 내부 칩 사용의 증가, 설비 가동시간의 증대, 스크랩의 감소 그리고 정시 배달이 주요 변화다.

〈표 13-4〉 성과 자료 추세 분석

성과 메트릭스	8월	9월	10월	11월
외부 거절	8	9	3	1
내부 거절	8	11	3	2

진행 중인 작업	10	11	5	4
판매량	8	7	15	40
정시 배달	65	60	81	90
스크랩	28.57	30.22	22.7	15.4
물품 소비	35	37	18	12.7
내부 칩 사용	54	40	78	88
설비 가동	65	60	70	85

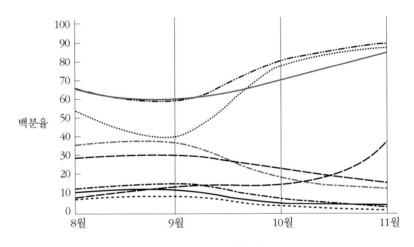

MBF 교육 효과

[그림 13-2] 교육 이후의 성과 로드 프로파일

ROI 계산하기

MBF 교육의 경영성과에 대한 효과를 측정하기 위해 ROI와 BCR 비율을 활용하였다. 〈표 13-5〉는 교육효과만을 분리하고 자료를 금전적 가치로 전환하기 위한 성과 측정 및 전략을 요약한 것이다. 〈표 13-6〉은 ROI 사업 효과분석 및 프로그램 효과에 대한 평가 결과다.

〈표 13-5〉 경영성과 측정 및 분석 계획

자료 항목	교육효과 분리 방법	자료 전환 방법
외부 거절	품질 보증 관리자의 평가	기준 가치
내부 거절	품질 보증 관리자의 평가	기준 가치
진행 중인 작업	감독자의 평가	기준 가치
정시 배달	운송 관리자의 평가	기준 가치
판매량	공장 관리자의 평가	기준 가치
물품 소비	자재 관리자의 평가	기준 가치
스크랩	공장 관리자의 평가	기준 가치
내부 칩 사용	자재 관리자의 평가	공급자 기준 가치
설비 가동	감독자의 평가	기준 가치

〈표 13-6〉 경영성과 기여도 분석

참가자	성과 측정	연간 개선 ($)	프로그램의 기여(%)	신뢰치 (%)	조정 가치 ($)
품질 보증 관리자	외부 거절	120,000	87.7	90	95,040
품질 보증 관리자	내부 거절	72,000	75	85	45,900
감독자	진행 중인 작업	145,000	60	95	82,650
공장 관리자	판매량(수익)	350,000	40	94	131,600
수송 관리자 평가	정시 배달	75,000	25	100	18,750
공장 관리자 평가	스크랩	568,000	46	95	248,216

자재 관리자 평가	물품 소비	75,000	64	85	40,800
자재 관리자 평가	내부 칩 사용 (수익 상품)	250,000	34	100	85,000
감독자 평가	설비 가동 시간	105,000	20	90	18,900
					총: 766,856$

원래의 자료는 10명의 직원에 기반한 것이며, 전체 공장 범위까지 추론하여 정리하였다. 그 결과, 〈표 13-6〉은 교육을 받은 10명의 효과가 교육을 받지 않은 190명의 직원들에게도 동일하게 적용했다는 가정을 하고 실시한 공장 전체에 대한 효과 분석이다. 〈표 13-6〉에서 보는 바와 같이, 총 조정 이익은 766,856달러다.

프로그램 비용 계산

〈표 13-7〉은 MBF 교육 개발 및 운영과 관련된 연간 총 프로그램 비용 계산 결과다. 프로그램 비용은 요구분석, 설계, 개발, 과정 운영 및 ROI 평가와 관련된 비용이며, MBF 프로그램 비용을 요약한 것이다.

총 조정 이익 = 766,856$
총 프로그램 비용 = 187,600$

BCR = 프로그램 이익 / 프로그램 비용 = 766,856 / 187,600 = 4.09:1

비율의 의미는 MBF 교육에 1달러를 투자할 때마다 약 4달러의 이득이 회수된다는 의미다.
따라서 ROI는 다음과 같다.

〈표 13-7〉 MBF 프로그램 비용 측정

주요 내역	비용 측정($)
내용 습득(Contents Acquisition) 및 요구분석	26,000
1. 요구 분석 비용	2,000
2. 내용전문가 컨설팅 비용(총 400시간, 시간당 60$)	24,000
※ 내용 습득에 걸린 총 시간: 400시간	
8시간짜리 과정의 내용 기술을 포함한 표준 내용 개발	100,000
− 1시간 코스 개발에 50시간 투입을 가정(8×50×시간당 50$=20,000$)	
− 과정 설계 프로젝트를 위해 XX Wheel의 5명 활용(5×20,000$=100,000$)	
※ 총 표준 개발 시간: 400시간	
교육과정별 비용	33,600
1. 직원 200명(8시간, 시간당 14.50$)	23,200
2. 임원 및 엔지니어링 직원(개인별 8시간, 시간당 50$)	10,000
3. 강사 급여(8시간, 시간당 50$)	400
자료 수집 및 분석	2,300
(자료 수집 비용)	
1. surveymonkey.com을 통한 평가 설문(10×50$)	500
2. 인터뷰(10시간, 시간당 45$)	450
3. 포커스 그룹(10시간, 시간당 45$)	450
−자료 수집 총 시간: 30시간	
(자료 분석 비용)	
4. 자료 분석 비용(2×10회 회기, 시간당 45$)	900
과정운영 비용	17,000
1. 교육장 대여, 중식 및 스낵 총 비용	16,000
− 호텔 교육 장소 대여비: 80시간, 시간당 200$	1,000
− 중식 및 스낵: 200명, 인당 5$	
참고 매뉴얼 등	7,200
1. MBF 매뉴얼(200개×개당 20$)	4,000
2. 복사비	200
3. 명찰, 커피 기계, 프로젝터, 비디오 프로젝터(10개×200$)	2,000
4. 포장(200개×개당 5$)	1,000
ROI 평가 비용	1,500
MBF 교육의 200명 직원 대상 제공 시 연간 총 비용	187,600

$$ROI(\%) = 프로그램\ 순이익\ /\ 프로그램\ 비용 \times 100$$
$$= 766,856\$ - 187,600\$\ /\ 187,600\$ \times 100$$
$$= 309\%$$

무형의 이익

무형의 이익에 대한 측정은 일부러 금전적 가치로 전환하지 않는다. QWI에서는 세 가지 전략적 경영 목표가 있다고 믿는다. 첫째, 고품질 제품을 통해 고객을 만족시킴으로써 성장한다. 둘째, 직원을 최고의 사람들로 발전시킨다. 셋째, 경제적으로 생산한다. QWI에서는 직원 몰입, 직원 만족, 고객 만족, 직원 유지, 직원 태만, 혁신, 역량 그리고 팀워크에 대한 큰 개선효과가 나타났다고 이야기한다. 교육 효과의 무형의 이익을 측정하기 위하여 감독자와 지역 관리자들을 인터뷰하였으며, 무형의 이익은 다음과 같다.

- 몰입 증가
- 직원들의 태만 감소
- 더 많은 혁신
- 직원들의 만족 증대
- 폭넓어진 역량
- 직원 유지율 증대
- 팀워크 개선

커뮤니케이션 결과

이해관계자들에게 MBF 교육의 효과를 설명하기 위해서는 5단계 평가에 의거한 경영성과를 설명할 수 있어야 한다. 커뮤니케이션 내용에는 교육프로그램에 대한 설명은 물론 성과를 왜 평가하였는지, 평가 방법론의 적용과정은 물론 교육에 대한 반응, 학습, 적용, 장애물, 촉진자, 사업효과, ROI 및 무형의 효과, 향후 제언 등을 포함하여야 한다. 〈표 13-8〉은 가장 큰 성과를 가져다준 결과에 대한 요약이다. 결과를 포함한 발표 계획은 〈표 13-4〉에 제시해 두었다.

〈표 13-8〉 커뮤니케이션 내용

1단계: 반응도	2단계: 학습	3단계: 적용	4단계: 효과	5단계: ROI	무형의 이익
5점 척도 평균 4.3점	사전평가 대비 사후 평가 60% 증가	설비 가동률이 65%에서 95%로 증가	개인별 처리량 30% 증가, 내외부 제품 거절 수 50% 감소, 배송 손실 제로, 미완성 제품 90% 감소	309%	직무 만족, 몰입, 혁신, 직원 만족, 직원 유지, 직원 태만 감소, 팀워크 증가, 역량 증대

결 론

신뢰할 수 있고 수용 가능한 ROI와 BCR 값을 도출하기 위해서는 ROI 프로세스 전반에 걸친 이해관계자의 지원이 필요하다. MBF 교육은 더

큰 경영성과를 안겨 준다는 전제를 가지고 있다. 측정된 ROI 값은 전체
200명 직원 및 경영진이 본 교육을 모두 받을 때 전체 공장에 309%의 교
육 효과를 가져다줄 것이라는 좋은 예상을 보여 주고 있다.

토론을 위한 질문

1. 〈표 13-6〉의 자료에 대한 신뢰도를 평가하시오. 자료에 어떠한 이슈들이
   있는지 설명해 보시오.

2. 수송 관리자는 100% 신뢰수준이라고 보고하였다. 이러한 신뢰수준은 ROI
   계산 결과에 어떠한 영향을 줄 수 있는가? 문제를 해결하기 위한 최선의
   접근법은 무엇인가?

3. 처음으로 교육받은 10명의 직원과 유사한 조건을 갖추었다는 전제하에 만
   약 200명 직원 전원이 동일한 해에 교육을 받았다고 한다면, ROI와 BCR
   값은 얼마이겠는가?

4. ROI 효과분석을 위해 정보를 제공한 교육 참가자 프로필을 고려해 볼 때,
   도출된 ROI 가치의 타당성을 어떻게 입증할 수 있는가?

5. MBF 교육의 목표를 분석하고, ROI 가치와 비교하시오. MBF 교육은 QWI
   회사에 가치를 더해 주는 프로그램인가?

6. ROI 수치 309%는 투자 대비 높은 가치로 보인다. 이러한 ROI 수치를 QWI
   의 고위 임원들에게 어떻게 입증하겠는가?

저자에 관하여

Alaster Nyaude

미국 카펠라 대학교의 교육훈련 및 성과 개선 박사 수료자인 그는 성과 개선, 코칭 및 인력 역량 향상에 열의를 바탕으로 10년 이상의 교육훈련 및 조직개발 경험을 가지고 있다. 그는 스웨덴, 네덜란드, 아프리카 및 미국에서 근무하여 다양한 관리 경험을 가지고 있으며, 프레젠테이션, 커리큘럼 설계, 교육훈련 및 육성 전문성과 경험을 인정받는 관리자다. 그의 연락처는 nyaudea@bellsouth.net이다.

제 14 장

직원 재훈련 프로그램의 ROI 측정

-글로벌 구리채광 및 제조회사 사례*-

* 본 사례는 운영 및 경영상의 효과성 또는 비효과성을 설명하기보다는 토론을 위한 자료로 마련되었음을 밝힌다.

Christian Faune Hormazabal, Marcelo Mardones Coronado,
Jaime Rosas Saraniti, & Rodrigo Lara Fernández

요 약

조직의 요구는 지속적으로 변화하며, 직원들은 이러한 변화에 적응해야 한다. 세계 최대의 구리 생산 회사인 Codelco에서는 직원들을 채광 업무에서 다른 업무로 전환하는 프로그램을 실행하였으며, 이에 대한 총체적인 ROI 평가가 시행되었다.

배 경

칠레는 남미에 위치한 길고 가는 국토를 가진 나라다. 태평양 연안, 중부 계곡지대, 안데스 산맥 근처 등지에 1,500만 명의 인구가 거주하고 있다. 인접 국가로는 아르헨티나, 페루, 볼리비아가 있다. 칠레는 생산 제품 덕분에 세계적으로 유명한 국가다. 모든 사람이 목재, 해산물, 칠레산 와인을 생각하나 실제 주 제품은 구리다.

Codelco는 공공 부문의 구리 추출 및 가공 회사로 칠레 중부와 북부를 주로 담당하고 있다. 막대한 생산량을 자랑하는 칠레 최고이자, 세계에서 최고로 중요한 회사다. 이 때문에 칠레 경제의 기반을 담당하고 있다.

프로그램 상황: 남부 광산의 북부 확산

북부 Codelco에 속한 구리 광산 중 한 곳이 생산량 차원에서 성장하는 중이다. 이는 단순한 광산의 확장에 그치는 것이 아니라 미네랄을 처리하는 신규 공장의 신축도 필요하다. 이 공장은 남부 광산(South Mine)이라고 불리는 광산의 신규 부분에서 추출된 미네랄을 처리하게 될 것이다.

이러한 성장에 따라 새로운 업무가 발생하기 때문에 훈련된 더 많은 직원들이 필요하게 된다. 따라서 남부 광산과 신규 공장 운영 요구를 충족하기 위하여 일시적으로 운영 인원을 170명에서 330명으로 증대하였다.

Codelco에서는 다른 지역의 잉여 인력을 활용하기 위해 채용 절차를 진행하였고, 그렇게 채용된 인력은 본래의 영역에서 새로운 영역으로 전환해야 할 필요가 생겼다. 〈표 14-1〉에 전환이 필요한 부분별 인력이 나타나 있다.

채광 운영팀에게 요구되는 역량을 기반으로 교육계획을 수립하였는데, 광산에서 일하든지, 공장에서 일하든지 간에 동일한 계획이 실행되었다. 이러한 교육 계획이 북부 Codelco 부서에서 최초로 작성된 개인개발계획으로부터 구성되었다는 점이 특징이다.

프로그램은 두 단계로 나누어져 있다.

1. 이론 단계: 사람들이 채광팀 운영과 일반적인 운영 기능을 수행하기 위해 필요한 새로운 지식과 능력을 얻는 단계다.
2. 실전 단계: 사람들이 한 사람씩 수업을 기반으로 일반적인 조건의 생산에서 장비를 작동하는 업무상 능력을 개발하는 단계다.

〈표 14-1〉 전환이 필요한 부분

실 행	인 원
정제 운영자에서 일반 광산 운영자로 전환	12
정제 운영자에서 채광 장비 운영자로 전환	29
채굴기 및 수송 영역 중 다기능공 역량을 최신 수준으로 상시 유지	38
운영자 역량 자격 취득	81
남부 광산 운영자 역량을 최신 수준으로 상시 유지	170

평가된 프로그램

남부 광산의 기존 직원

ROI 방법론을 남부 광산의 채광 장비 운영자 교육프로그램에 적용하였다. 그들은 52시간의 이론 단계 및 24시간의 실전 단계로 구성된 76시간 프로그램을 통해 역량 있는 작업자로 재훈련되었다.

이론 교육은 다음과 같은 내용으로 구성되어 있다.

- 남부 광산 경영 현황 소개
- 남부 광산의 운영상 보안
- 채광 장비의 작동 절차
- 징후 분석 및 결함 발견
- 비상 상황 대응 조직

실전 교육은 다음과 같은 내용으로 구성되어 있다.

- 작동 절차
- 광산에서의 작동상 안전
- 장비 시험

프로그램 평가는 한 부류의 직원들의 성과에 중점을 두도록 하였는데, 실험상 이유로 남부 광산의 트럭 운전자(스페인어로 CAEX)만 대상으로 하였다.

이 집단은 같은 조건하에서 동등한 기술을 구사하고 있기 때문에 프로그램 이수 전과 후의 운영자 성과를 비교하는 방법을 적용할 수 있었다. 교육을 받은 사람들과 받지 않은 사람들 간에 수행 차이를 보기 위한 목적으로 설정되었는데, 성과 지표를 통해 관련 정보를 알 수 있게 될 것이다.

이 경우에는 교육 사후 평가가 실행되었기 때문에 교육 활동이 종료된 후에 평가가 시작되었다.

평가 계획

목적 및 평가 수준

교육 활동은 교육을 이수한 후에 참가자들이 남부 광산과 남부 광산의 북부 확대(North Expansion of South Mine: NESM) 프로젝트에서 카터필라(Caterpillar) 789 트럭과 드레서(Dresser) 685 트럭의 추출 운영(Extraction Truck Operation: CAEX)의 생산성 차이(운송 무게, 평균 운전 거리 및 효과적인 가용 시간)를 인식하는 내용으로 구성되어 있다.

NESM 프로젝트는 회사 내의 전략적 목적과 높은 교육 역전 현상 때문에 평가를 시도하게 되었다. 초기에는 ROI를 평가하는 것이 목표였으나, 1단계 자료(반응 설문)가 존재하지 않아 첫 번째 수준은 분석하지 않았다.

2단계 평가는 이론 시험을 통해 측정하였고, 평가 결과를 통해 참가자들이 획득한 신규 지식을 파악할 수 있다. 적용 시험은 3단계 평가에 사용되었으며, 습득한 지식이 얼마나 실제 업무 시나리오에 전이되었는지를 파악할 수 있다.

4단계 평가는 문제가 없었다. 자료가 방대했을 뿐만 아니라 남부 광산이 지속적으로 사용해 온 정보 시스템에 이전의 사례들이 있었다. 자료는 계속 누적되어 온 것이며, 개인적인 정보 또한 매우 관련성이 높은 자료다.

따라서 4단계 평가를 위해서는 평가 계획을 보통의 프로그램과 동일한 방법으로 수립하였으나, 교육프로그램이 완료된 후에 평가를 실행하였다. 〈표 14-2〉는 자료 수집 계획을, 〈표 14-3〉은 ROI 분석 계획을 기술한 것이다.

〈표 14-2〉 자료 수집 계획

프로그램: 남부 광산 북부 확대 프로젝트					책임: GMS/GOP/GDP	
단계	프로그램 목표	척도	자료 수집 방법	자료원	시점	책임자
2	기술, 지식 평가: 운영 안전, 징후 분석 및 결함 발견, 비상 상황 대응 조직, 운영 절차	1에서 7점 척도 및 비상 상황에 대한 척도는 60% 기준	시험 기반 지식	참가자	각 이론 활동 종료시점	퍼실리테이터
3	운영에 대한 새로운 이론적 지식의 활용	운영 아이템의 관련성에 따라 영역별로 %를 규정	실전 시험/체크리스트/자격증	강사	각 실전 활동 종료시점	퍼실리테이터
4	교육과정에 의한 수행성과 지표의 증진	2003년 또는 2004년에 교육을 받거나, 받지 않았을 때 같은 작업 조건의 작업 프로세스에서 보이는 지표	전반적인 지표	운영자/운송/GOP(운영자 관리 시스템)	6~7월	GOP/효과분석 전문가
5	ROI>10%	ROI 가치는 지표 변경에 따라 경제적 이익 측면에서 결정될 것임				

〈표 14-3〉 ROI 분석 계획

프로그램: 남부 광산의 북부 확대 프로젝트   책임: GMS/GOP/GDP

자료 항목 (통상 4단계)	프로그램 효과를 분리하기 위한 방법	자료를 금전적 가치로 전환하기 위한 방법	비 용	무형의 이익	최종 보고서를 통한 목적
무게(톤), 거리(킬로미터), CAEX 시간효율	통제 집단	운영 관련 소득/예금 및 내부 표준 가치의 활용	행정 및 관리 시간/참가자 비용/재료/번역 및 운영/퍼실리테이터 비용/장비 및 설치비/평가 및 ROI 사례 정리	환경 개선/안정성/새로운 커뮤니케이션 네트워크/만족도	참가자/고객 담당/프로그램 개발 담당 팀/개발 담당 임원

자료 수집

자료 수집은 수집 계획에 수립된 대로 진행되었다. 그럼에도 불구하고, 사후 평가를 진행함에 있어서 자료를 찾는 데 몇 가지 어려움이 있었다.

1단계 평가에서는 평가팀이 정보가 존재하지 않는다고 하여 프로그램 당시에는 1단계 평가가 수행되지 않았다.

2단계 평가는 각 과정 종료 시 각 강사들이 지식 기반의 시험을 진행하여 측정하였다. 측정 척도는 1에서 7까지의 척도를 사용하였다(7=최고로 우수, 6=매우 우수, 5=우수, 4=충분, 3=불충분, 2=형편 없음, 1=매우 나쁨). 허용 기준은 4점 이상이었다. [그림 14-1]에서 보는 바와 같이 최종 평균은 6.82다.

3단계 자료는 채광 장비의 작동 사전, 중간, 사후 측면에서 구조화된 일일 작업 실행의 적용 수준을 측정하는 여러 가지 방법론을 통해 수집되었다.

• 실전 시험: 운영자가 특정 채광 기계 작동에 대해 얼마나 자격을 갖

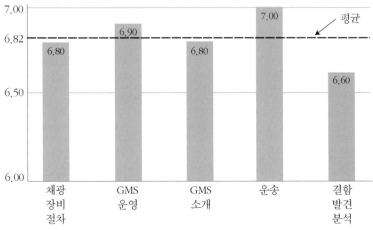

[그림 14-1] 2단계 평가: 학습 성취도

추었는지를 보는 2시간 과정으로, 결과(승인 또는 거절)에 따라 참가
자가 NESM 프로젝트에서 일할 자격을 갖추었는지를 판단

- 체크리스트: 채광 기계를 작동할 수 있는 특정 능력을 측정하는 도구
- 자격증: 작업자가 핵심 역량을 갖추었는지를 증명할 수 있는 업무
  현장 프로세스

[그림 14-2]는 참가자 전원이 3단계 평가 결과로 평균 90%를 받은 것
을 알 수 있다. 실전 시험 결과는 30%이며, 체크리스트의 최종 점수는
70%다.

4단계 자료 분석을 위해 GOP 유닛을 함께 수집하였다. GOP 유닛은 디
스패치 시스템, 전원 뷰, 비용 등 데이터베이스 시스템에 적절한 분석을
위해 필요한 모든 정보를 담고 있다. 따라서 일일 기준의 개인성과에 대한
정확한 정보를 추출할 수 있었다. 구체적으로 프로그램 참가자와 프로그

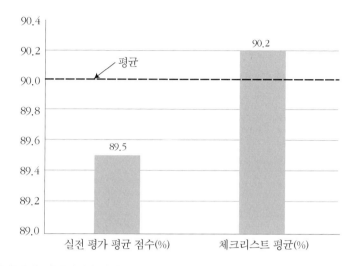

[그림 14-2] 3단계 평가: 결과

램에 참가하지 않은 작업자들의 실적을 비교할 수 있도록 2003년, 2004년, 그리고 2005년 초기 자료를 수집하였다. 두 집단 모두 유사한 조건과 작동 기준하에 작업을 진행하였다. 수송 무게, 이동 평균 거리, 사용 가능한 시간의 효과적인 활용의 측면에서 두 집단에 대한 메트릭스를 비교하는 방법으로 평가하였다. 두 집단의 차이를 비교하기 위하여 2004년 1월에서 2005년 2월까지의 자료를 분석하였다.

주요 지표는 '수행성과'로 표현되며, 다음의 세 가지 메트릭스가 모두 포함된다.

$$수행성과 = \frac{수송\ 무게 \times 평균\ 이동\ 거리}{유효\ 시간}$$

본 지표가 개선되었다는 것은 자원의 사용에 있어 더 큰 효율성을 가지게 되었다는 점을 의미한다. 분석은 다음의 세 가지 준거에 의해 진행되었다.

- 트럭의 유형: 카터필라 789/드레서 685
- 추출 지역: 남부 광산의 북부 확대/남부 광산
- 훈련된/훈련되지 않은 운영자

자료 분석

프로그램 효과의 분리

앞서 언급한 바와 같이, 교육 효과를 분리하기 위해 통제집단을 활용하였다. 실험집단은 프로그램에 참가한 55명의 운영자로 구성되어 있다. 이들의 결과를 프로그램에 참가하지 않은 유사한 업무 조건 및 운영 기준하에서 일하고 있는 22명의 통제집단과 비교하였다.

[그림 14-3]은 카터필라 789 트럭의 결과다.

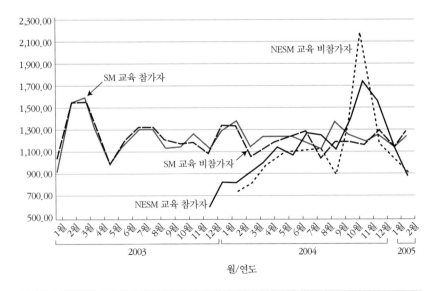

[그림 14-3] 카터필라 789 트럭의 결과

〈표 14-4〉 2004~2005년 카터필라 789 트럭 평균

		NESM		SM	
		교육 참가자	교육 비참가자	교육 참가자	교육 비참가자
카터필라 789 트럭	2004-2005년 평균	1,085.97	1,047.96	1,200.51	1,163.45
	교육 참가자/ 비참가자의 차이	38.01		37.07	

〈표 14-5〉 4단계 평가 결과

	NESM	SM
카터필라 789 트럭	38.01	37.07
드레서 685 트럭	58.61	45.65

〈표 14-4〉는 2003년과 유사한 성과를 보여 주고 있다. 하지만 2004년
에는 상황이 바뀌어 교육받은 운영자들이 받지 않은 운영자들보다 더 나
은 성과를 보여 주기 시작하였다.

카터필라 789 트럭만큼 좋지는 않지만, 드레서 685 트럭 또한 긍정적
인 결과를 보여 주었다. 종합적인 최종 4단계 평가 결과는 〈표 14-5〉와
같다.

금전적 가치로의 자료 전환

금전적 가치로 전환하는 것은 측정이 복잡하기 때문에 매우 어려운 프로
세스인데, 분야 전문가와 팀으로 협업하여 성공적으로 도출할 수 있었다.

1. 수행성과 측정은 무게(톤) 및 시간효율 지표로 계산하였다.

$$수행성과 = \frac{수송\ 무게 \times 평균\ 이동\ 거리}{유효\ 시간}$$

이는 다음과 동일하다고 간주되었다.

$$\frac{수송\ 무게}{유효\ 시간} = \frac{수행성과}{평균\ 이동\ 거리}$$

2. 평균 이동 거리 관련 수치는 〈표 14-6〉과 같다.

〈표 14-6〉 평균 이동 거리

	NESM	SM
평균 거리	2.01	2.65

3. 다음으로 〈표 14-7〉과 같이 수송 무게/유효 시간을 계산하였다.

〈표 14-7〉 수송 무게/유효 시간 미터법의 측정

	카터필라 789 트럭		드레서 685 트럭	
	NESM	SM	NESM	SM
수행성과	38.01	37.01	58.61	35.14
평균 이동 거리	2.01	2.65	2.01	2.65
수송 무게/유효 시간	19.0	14	29.20	17

4. 이어서 수행성과 개선과 관련된 무게를 측정하였다. 측정을 위해서 남부 광산의 북부 확대와 서부 광산 둘 모두의 '수송 무게/유효 시간'과 '교육을 받은 운영자의 유효 시간과 받지 않은 운영자의 유효 시간 간의 차이'를 곱하였다. 평균 시간은 〈표 14-8〉과 같다.

〈표 14-8〉 수행성과 관련 무게

	MESM			SM		
	교육 참가	교육 불참	차이	교육 참가	교육 불참	차이
카터필라 789 트럭	2,822.28	882.99	1,939.29	17,346.21	10,248.96	7,097.96
드레서 685 트럭	20,435.37	5,446.43	14,998.94	608.18	258.14	350.04

	카터필라 789 트럭		드레서 685 트럭	
	NESM	SM	NESM	SM
광물 무게	19 × 1,939.29	14 × 7,097.96	29.2 × 14,998.92	17 × 350.04
자갈 무게	36,753	99,441	437,978	6,041

5. 다음으로 얼마나 많은 광물 및 자갈이 있었는지 확인하였다. 생산
등록에 따르면, 〈표 14-9〉와 같이 남부 광산은 20%가 광물, 80%가 자갈
이었다. 남부 광산 북부 확대 지역은 100%가 자갈이었다.

〈표 14-9〉 광물 무게 vs. 자갈 무게

	카터필라 789 트럭		드레서 685 트럭	
	NESM	SM	NESM	SM
광물 무게		19,888		1,208
자갈 무게	36,753	79,553	437,978	4,833

6. 마지막으로, 금전적 가치를 계산하였다. 보수적으로 계산하기 위해
〈표 14-10〉과 같이 자갈 무게만 계산에 활용하였다.

〈표 14-10〉 자갈 무게로부터의 이익

	카터필라 789 트럭		드레서 685 트럭	
	NESM	SM	NESM	SM
자갈 이익($)	47,172	111,507	562,143	6,774
총 이익($)		727,596		

프로그램 비용

〈표 14-11〉과 같이 프로그램 비용은 모든 프로젝트 변수, 단계, 비용과 관련된 메트릭스를 사용하여 도출하였다. 주요 내용은 다음과 같다.

- 요구 분석, 컨설팅 및 평가 비용
- 설계 및 개발비
- 과정운영: 참가자의 시간, 컨설팅, 실행계획, 운영 등
- 평가: 평가자, 출장/이동, 식사, 숙소 등

〈표 14-11〉 프로그램 비용

요구 분석		11,386$
급 여	9,756$	
컨설턴트	1,630$	
설계 및 개발		8,033$
급 여	8,033$	
교육운영		306,937$
급 여	81,127$	
운영 준비	44,097$	
실행계획	31,808$	
컨설턴트	149,905$	
평 가		11,995$
급 여	10,683$	
출장 및 숙박	1,312$	
합 계		338,351$

ROI 계산

$$BCR = \frac{727{,}596\$}{338{,}351\$} = 2.15 : 1$$

$$ROI = \frac{727{,}596 - 338{,}352\$}{338{,}351\$} \times 100 = 115\%$$

이러한 결과를 통해 프로그램이 잘 준비되었음을 알 수 있으며, 프로젝트 관련 활동들이 매우 성공적이었음을 과학적으로 증명할 수 있다. 안정성, 새로운 커뮤니케이션 네트워크 및 직무 만족과 같은 무형의 이익 또한 얻을 수 있었다.

시사점

1단계 평가 자료가 없는 등의 어려움은 향후 프로그램에서 반드시 반영되어야 할 요소다. 1단계 평가로부터 얻어진 자료는 향후 활용의 측면에서 매우 중요한 자료다.

유효한 자료를 얻고, 시간이 흐른 후에도 자료의 가치가 어떤지 예측할 수 있기 위해서는 모든 평가 수준의 도구를 개발하여야 한다.

자료 부족과 그로 인해 자료 분석 계획을 실행하는 것이 어려워 사후 평가에 많은 어려움이 있었다. 요구 분석 프로세스가 실시되는 맨 처음부터 ROI 방법론을 사용하는 것이 편리하며, 신뢰할 만한 자료를 얻기 위한 좋은 방법이다.

이처럼 역량을 개발하는 프로세스에 대한 ROI 평가 방법론의 중요성은 매우 명확하다. ROI 프로세스는 경력 개발, 역량, 교육 및 개선 등 다른 인적자원 관련 프로세스에도 적용되어야 한다.

토론을 위한 질문

1. 연구를 두 단계(이론 및 실전)로 나누어 진행한 이점은 무엇이라고 생각하는가?
2. 1단계 자료는 필수적이었는가? 1단계 평가 자료가 더 많이 수집되기 위해서는 무엇을 할 수 있겠는가?
3. 본 연구는 신뢰할 만한가? 이유를 설명하시오.
4. ROI 분석을 이해하기 위한 충분한 자료가 있는가? 자료를 설명하시오.

저자에 관하여

Christian Faune Hormazabal

North Codelco의 인재개발 영역을 이끌고 있는 심리학자인 그는 학습, 개발 및 성과관리 전문가다.

Marcelo Mardones Coronado

엔지니어링 분야를 공부하였고, Codelco의 인적자원 관리 분야에서 일하고 있다. 현재 그는 SAP 컨설턴트로 근무하고 있다.

Rodrigo Lara Fernández

Jack Phillips와 Instituto ROI Chile(www.institutoroi.com)를 설립하였고, 남미 국가에서 ROI 방법론 워크숍 및 컨설팅을 제공해 주고 있다. 그는 ASTD 멤버이며, ASTD Awards를 위한 평가자이자 평가와 ROI 네트워크를 위한 자문가로도 참여하고 있다.

Jaime Rosas Saraniti

심리학자이자 MBA 출신이며, ROI 방법론 자격 소지자로, MAS Consultore의 시니어 인사 컨설턴트로 일하고 있다. 특히 요구 분석, 팀 빌딩, ROI에 전문성이 있으며, 현재 Instituto ROI의 프로젝트 디렉터로 일하고 있다.

찾아보기

편저자 소개

Patricia Pulliam Phillips, Ph.D.

ROI 협회 회장이며 ROI 역량개발, 실행지원, 네트워킹, 연구에 중추적인 역할을 하고 있다. Chelsea 그룹의 의장이자 CEO다.

Phillips는 ROI 자격증 과정을 통해서 ROI 방법론 능력을 증진시킬 수 있도록 돕고 있다. ASTD의 ROI와 측정 평가교육 워크숍에서 강사로 활동 중이고, 대학원 평가과정에서 겸임교수로 활동 중이다. 또한 전 세계에서 열리는 학회에 참석하며 ROI에 대해서 강의하고 있다.

Phillips는 국제개발학 전공으로 박사학위를 받았고, 공공부문과 사기업 관리로 석사학위를 받았다. ROI 평가로 자격증을 취득했으며, 공인 성과 기술사라는 칭호를 받았다. 그리고 신뢰성과 ROI에 관한 많은 저서를 썼다. Phillips의 이메일은 patti@roiinstitute.net이다.

Jack J. Phillips, Ph.D.

세계적으로 유명한 신뢰성, 측정, 평가에 관한 전문가다. 『포춘지』가 선정한 500대 회사와 대규모 글로벌 기업에 컨설팅을 하고 있다. 50권 이상의 책 저자이자 편집자다. Phillips는 전 세계를 다니며 워크숍과 학회에서 발표를 하고 있다.

Phillips는 ROI 방법론을 발전시켜서 모든 종류의 학습, 성과 향상, 인적 개발, 기술, 공공 정책 프로그램에 대한 최소 수치와 신뢰도를 제공하는 새로운 과정을 보여 줬다. Phillips는 북남미, 유럽, 아프리카, 호주, 아시아 등 44개국에 있는 제조, 서비스, 정부기관의 고객을 대상으로 정기적으로 컨설팅을 하고 있다.

Phillips는 그의 저서와 일로 여러 개의 상을 받았다. 인사관리학회에서는 저서 중 한 권으로 상을 받았고, 그의 창의력과 ROI 연구에 대하여 가장 큰 상을 수여했다. Phillips는 학부에서 전기공학, 물리학, 수학을 전공했고, 조지아 주립대학교에서 의사결정학 석사를 받았으며, 앨라배마 대학교에서 인적자원관리로 박사학위를 받았다. 그는 ASTD를 포함해서 여러 사기업과 비영리단체에 임원으로 활동하고 있다. 또한 ROI 협회 회장이며, 연락처는 205-678-8101이고, 이메일은 jack@roiinstitute.net이다.

역자 소개

이 성(Lee, Sung)
서울대학교 농촌사회교육과 학사
서울대학교 대학원(교육학 석사)
University of Missouri-Columbia 대학원[교육학 박사(Ph.D.)]
전) 포스코 인재개발원 부관리직(차장), 대통령자문 사람입국 신경쟁력특별위원회 전문위원
　　한국직업능력개발원 연구위원, 경기도 김문수 도지사 교육정책보좌관
　　한국액션러닝학회 회장
현) 한국액션러닝협회 회장, 한국산업교육학회 부회장
　　아주대학교 교육대학원 겸임교수
　　경기도평생교육진흥원 원장

〈주요 역서 및 논문〉
『혁신적 HR 성공전략, ROI』(학지사, 2003)
「성인의 평생학습을 통한 행복과 행복요인의 관계분석」(2014)
「공정사회 구현을 위한 직업능력개발 기본방향 연구」(2011)
「공공부문 인적자원개발 우수기관 인증제」(2011) 외 다수

임강모(Lim, KangMo)
University of Missouri-Columbia 대학원[교육학 석사(M.ED) 및 교육전문가(ED.S)]
현) 한양여자대학교 영어과 겸임교수
　　가천대학교 전임강사
　　디지털서울문화예술대학교 겸임교수
　　경희대학교 · 용인송담대학교 · 중앙대학교 강사

〈주요 저서〉
『Guided Writing Skills』(커리큘럼하우스, 2007)
『Intensive Reading 5』(커리큘럼하우스, 2006)

조현지(Cho, HyunJi)
이화여자대학교 교육공학 및 경영 학사
이화여자대학교 대학원(교육공학 석사)
University of London 대학원(교육학 석사)
전) 포스코 · CJ 인재원 근무

HR 3.0 성공사례 ROI
ROI in Action Casebook

2016년 1월 13일 1판 1쇄 인쇄
2016년 1월 20일 1판 1쇄 발행

편저자 • Patricia Pulliam Phillips · Jack J. Phillips
옮긴이 • 이 성 · 임강모 · 조현지
펴낸이 • 김진환
펴낸곳 • (주)**학지사**
      04031 서울특별시 마포구 양화로 15길 20 마인드월드빌딩
대표전화 • 02-330-5114   팩스 • 02-324-2345
등록번호 • 제313-2006-000265호

홈페이지 • http://www.hakjisa.co.kr
페이스북 • https://www.facebook.com/hakjisa

ISBN 978-89-997-0853-4 03370

정가 18,000원

인터넷 학술논문 원문 서비스 뉴논문 www.newnonmun.com

이 도서의 국립중앙도서관 출판시도서목록(CIP)은 서지정보유통지
원시스템 홈페이지(http://seoji.nl.go.kr)와 국가자료공동목록시스템
(http://www.nl.go.kr/kolisnet)에서 이용하실 수 있습니다.
(CIP 제어번호: CIP2015033394)